새생명 기쁨 축제 설교모음

다시 태어나는 기쁨

| 허원구 지음 |

"사람이 물과 성령으로 나지 아니하면 하나님 나라에 들어갈 수 없느니라"

쿰란출판사

추 | 천 | 사

저 자신이 오랫동안 목회를 하면서, 또 여러 동역자들의 사역을 지켜보면서 하나님께 사로잡혀 있으며, 올바른 생각과 성숙한 인품을 갖춘 한 사람의 목회자가 얼마나 소중한가 하는 생각을 새삼 하게 됩니다. 그 한 사람의 목회자를 통해 하나님께서 얼마나 귀한 일들을 이루실 수 있는가를 생각하면, 저 자신을 돌아보게 되고 동역자들을 위한 기도가 절로 나옵니다.

허원구 목사님에게서는 선교사로서의 뜨거운 열정과 목회자로서의 넉넉한 품이 느껴집니다. 그리고 참 열심히, 성실히 사역하는 목회자라는 인상이 강합니다. 또 제가 느끼는 허 목사님은 한 사람을 사랑하는 사람입니다. 잃어버린 양 한 마리를 찾아 나서는 목자의 마음, 집 나간 아들을 기다리는 아버지의 마음으로 한 영혼을 얻기 위해 수고하고 있음을 봅니다. 뿐만 아니라 새 생명을 얻은 그 한 사람을 그리스도 안에서 온전한 자로 든든히 설 때까지 은혜의 말씀과 성령의 능력으로 양육하고 훈련하는 일에 전심전력하는 귀한 분입니다. 그래서 허 목사님을 통해 하나님께서 이루실 일들을 기대하게 됩니다.

복음을 전하는 일은 우리 목회자의 본분임에도 불구하고 많은 목회자들은 복음 설교를 두려워하거나 불편하게 여깁

니다. 그러나 예수님을 믿지 않는 이들에게 복음을 증거하는 것은 우리가 피할 수도 피해서도 안 되는 일입니다. 이 일은 우리가 준비하고 채워야 하는 영역인 것입니다. 이 설교집은 전도 집회라는 현장에서 증거되어 열매를 거둔 살아 있는 설교들입니다.

이 설교들을 통해 실제적인 도움을 얻을 뿐 아니라 영혼을 얻는 일에 대한 열정이 새롭게 불붙을 수 있기를 기대합니다.

2007년 11월 1일
사랑의교회 원로목사, 국제제자훈련원 원장
옥 한 흠 목사

머 | 리 | 말

저는 선교사입니다.

칠레에서 11년간의 선교사 생활을 마치고 부산에서 목회한 지 10년이 지났지만 저는 아직도 선교사입니다. 선교사는 명령을 받고 사는 사람입니다. 예수님의 명령을 받고 사는 사람입니다.

"너희는 가서 모든 민족을 제자로 삼아 아버지와 아들과 성령의 이름으로 세례를 베풀고 내가 너희에게 분부한 모든 것을 가르쳐 지키게 하라"(마 28:19-20).

선교사는 복음이 들어가 있지 않은 곳에 들어가 복음을 전하고 제자삼고 세례를 베푸는 일을 해야 합니다. 주님께서 부르시면 땅 끝까지라도 복음을 들고 가는 사람이 선교사입니다.

제가 맨 처음 부산에서 목회를 시작할 때는 주님의 명령과는 반대로 땅 끝인 칠레에서 선교를 마치고 조국인 한국으로 귀국했습니다. 그런데 이상한 것은 선교지보다도 더 심한 복음화율을 자랑하는 도시가 있었습니다. 부산의 복

음화율이 6%로 미전도 종족이었습니다. 바로 옆 나라인 중국의 복음화율이 10%라고 하는데 부산은 올해도 복음화율이 7%라고 하니 부산은 여전히 미전도 종족입니다. 골목마다 철학관과 점집이 있으며, 초파일 연등행사는 전국에서 가장 화려하게 열리는 곳, 이곳이 바로 부산입니다.

1997년 처음 산성교회에서 목회를 시작할 때의 느낌은 광야와도 같았습니다. 부산의 영적 분위기뿐만 아니라, 제가 부임한 교회는 한번 교회가 나뉘는 고통을 겪었기에 성도들은 모두 상처의 골이 깊었습니다. 어디에서부터 양을 돌봐야 할지 모르는 막막함이 있었습니다.

이때 선교사였던 저의 유일한 치유책은 '복음'이었습니다. 주일 강단마다, 새벽마다 모든 설교 속에 복음을 담았고, 하나님께서는 성도들을 조금씩 치유하셨습니다. 복음을 받은 성도들은 살아나기 시작했고, 예수 그리스도를 자랑했으며, 자신이 누린 복음을 전했습니다.

또한 이러한 복음의 효과는 놀라웠습니다. 교회는 전 세계에 42명의 선교사를 파송하는 데까지(2007년 5월 현재)

  이르렀으며, 제가 받은 사명인 선교가 중심된 교회를 하나님께서 직접 일구셨습니다. 결국 저는 복음으로 인해 가장 행복한 목회자가 되었습니다.

  이 책에 담긴 설교는 특별히 복음의 농도가 진한 복음의 엑기스입니다. 1년에 두 차례 열리는 전도 축제인 '새생명 기쁨 축제' 때에 선포된 복음의 말씀입니다. 이 설교 속에는 말씀을 준비하면서 흘린 설교자의 눈물, 밤새워 씨름하며 영혼 구원을 부르짖는 선교사의 기도, 그리고 하나님께서 구원하신 많은 성도들의 믿음의 흔적이 있습니다.

  이 설교집이 각 교회 강단에서 복음이 회복되는 데 도움이 되길 소망합니다. 또한 우리를 위하여 죽으시고, 사흘 만에 부활하시며, 다시 오실 예수 그리스도, 우리의 유일한 빛이요 말씀이신 그분께 집중되길 바랍니다.

2007년 9월 1일
허 원 구

차 | 례

추천사 | 옥한흠 _ 2
머리말 _ 4

9 | "목마르십니까?" | 요한복음 4장 1~14절
28 | "죄 씻기를 원하십니까?" | 마가복음 5장 25~34절
45 | "평안을 원하십니까?" | 마태복음 14장 22~33절
61 | "안전한 인생의 항해를 원하십니까?" | 사도행전 27장 9~25절
76 | "희망은 어디에서 옵니까?" | 창세기 28장 10~22절
92 | "붉은 옷의 비밀을 아십니까?" | 요한계시록 19장 11~13절
106 | "역전승의 비결을 아십니까?" | 요한복음 5장 2~9절
121 | "집으로" | 누가복음 15장 11~24절
139 | "너를 넘어가리라" | 출애굽기 12장 21~27절

152 | "히딩크를 아십니까?" | 누가복음 5장 1~7절

163 | "잃었다가 다시 찾은 기쁨" | 누가복음 15장 8~10절

177 | "다시 태어나는 기쁨" | 요한복음 3장 1~8절

190 | "보물을 발견한 기쁨" | 마태복음 13장 44절

201 | "영원한 친구를 만나는 기쁨" | 누가복음 5장 1~11절

214 | "무엇을 두려워하십니까?" | 누가복음 8장 22~25절

225 | "하늘의 축제" | 누가복음 15장 3~7절

240 | "인생의 분기점" | 누가복음 23장 33~43절

251 | "진실한 친구를 원하십니까?" | 요한복음 11장 1~11절

267 | "무거운 짐을 지고 계십니까?" | 마태복음 11장 28~30절

282 | "천국행 비자를 받으셨습니까?" | 빌립보서 3장 20~21절

"목마르십니까?"

요한복음 4장 1~14절

예수의 제자를 삼고 세례를 주는 것이 요한보다 많다 하는 말을 바리새인들이 들은 줄을 주께서 아신지라 (예수께서 친히 세례를 주신 것이 아니요 제자들이 준 것이라) 유대를 떠나사 다시 갈릴리로 가실새 사마리아로 통행하여야 하겠는지라 사마리아에 있는 수가 하는 동네에 이르시니 야곱이 그 아들 요셉에게 준 땅이 가깝고 거기 또 야곱의 우물이 있더라 예수께서 행로에 곤하여 우물 곁에 그대로 앉으시니 때가 제 육시쯤 되었더라 사마리아 여자 하나가 물을 길러 왔으매 예수께서 물을 좀 달라 하시니 이는 제자들이 먹을 것을 사러 동네에 들어갔음이러라 사마리아 여자가 가로되 당신은 유대인으로서 어찌하여 사마리아 여자 나에게 물을 달라 하나이까 하니 이는 유대인이 사마리아인과 상종치 아니함이러라 예수께서 대답하여 가라사대 네가 만일 하나님의 선물과 또 네게 물좀 달라 하는 이가 누구인줄 알았더면 네가 그에게 구하였을 것이요 그가 생수를 네게 주었으리라 여자가 가로되 주여 물 길을 그릇도 없고 이 우물은 깊은데 어디서 이 생수를 얻겠삽나이까 우리 조상 야곱이 이 우물을 우리에게 주었고 또 여기서 자기와 자기 아들들과 짐승이 다 먹었으니 당신이 야곱보다 더 크니이까 예수께서 대답하여 가라사대 이 물을 먹는 자마다 다시 목마르려니와 내가 주는 물을 먹는 자는 영원히 목마르지 아니하리니 나의 주는 물은 그 속에서 영생하도록 솟아나는 샘물이 되리라

 찰톤 헤스톤이 주인공으로 나오는 영화 벤허를 본 적이 있습니까? 영화에 보면 주인공이 포로가 되어 잡혀가는 장면이 나옵니다. 그런데 목이 말라서 물을 먹고 싶은데 물이 없습니다. 악질 로마병정은 죄수들에게 물을 주지 않습니다. 얼마나 목이 마른지 "물! 물! 물!" 하면서 죽어가고 있습니다.

이 부분을 보면서 인생의 전형을 생각해보게 됩니다. 수많은 인간들이 묶인 채 목이 말라서 고통당하며 살고 있습니다. 돈에

목말라 사는 사람들도 있고, 쾌락에 목말라 사는 사람들도 있습니다. 물을 마시고 싶은데 마실 수가 없습니다. 자유가 없기 때문에 그렇습니다.

큰손이라고 불리는 유명한 사람이 있었습니다. 그는 사기를 세 번이나 계속 치고도 돈에 대한 갈증이 끝나지 않았습니다. 그런가 하면 세상의 권력에 대한 갈증을 가진 사람들도 많이 있습니다. 일흔이 넘은 사람이 권력에 대한 욕망이 끝나지를 않아 국회의원에 또 출마했습니다. 일흔 아니라 여든, 아흔이 되어도 권력에 대한 욕망은 우리 속에 끊임없이 갈증처럼 일어납니다. 쾌락에 대한 갈증도 마찬가지입니다.

얼마 전에는 하버드대학 학장인 유명한 박사가 제자들 몰래 살금살금 음화라고 부르는 이상한 그림들을 모았다가 문제가 됐습니다. 무려 3천 장을 컴퓨터 안에 넣어두고 있다가 틈만 나면 그걸 보았습니다. 학생들 앞에서는 아무런 내색없이 가르치다가 혼자 있는 시간이 되면 그걸 보면서 시간을 보냈습니다. 결국 그것 때문에 퇴직을 당하고 말았습니다.

인생의 목마름

사람 속에는 이렇게 쾌락을 향한 끊임없는 갈증들이 있습니다. 본문 속에도 목마른 주인공을 하나 발견합니다. 그 사람의 성(性)은 여자입니다. 이 여인은 엄청나게 목이 말랐습니다. 남자에 목이 말랐습니다. 이 여인에게 문제가 있습니다. 남자만 보면 몇 초 내로 쉽게 사랑에 빠집니다. 그래서 함께 동거를 시작합니다. 좀 살다가 싫증나면 또 남자를 바꿉니다. 무려 다섯 번을 갈아치웠습니다. 그리고 여섯 번째 또 한 남자를 만나 살고 있는 중이었습니다. 행실이 이렇다 보니 동네 사람들은 이 여인을 손가락질했습니다. 이상한 여자, 바람기 많은 여자라고 놀려댑니다. 여인은 그 소리를 듣기가 죽기보다 싫었습니다. 그래서 우물에 물을 길러 가야 하는데 사람들이 수근거리니까 시원한 아침에는 갈 수가 없어서 뜨거운 태양이 쏟아지는 사막이지만 12시에 물을 길러 갑니다. 그 시간에는 자기를 향해 손가락질하는 동네 아줌마들이 없기 때문입니다. 오늘 본문에서 이 여인이 물을 긷고 있는 모습을 보게 됩니다.

사람에게 있는 하나님의 형상

그렇다면 왜 사람은 갈증을 가질까요? 여기에 대한 답변을 드리려고 합니다.

사람은 누구나 갈증을 가지고 있습니다. 우리는 많이 먹는 사람 보고 꼭 돼지처럼 먹는다고 말합니다. 그런데 돼지도 할 말이 많습니다. 왜 많이 먹는 사람을 가리켜 돼지처럼 먹는다고 하며 자꾸 자신의 이름을 들먹이냐고 합니다.

연구에 의하면 돼지들은 자기 배가 찰 정도만 먹고 그만 먹는다고 합니다. 그런데 사람이 먹는 걸 보면 정말 돼지 이상으로 먹는 것을 볼 수가 있습니다. 동물의 욕심은 끝이 있습니다. 배가 터지도록 먹지는 않습니다. 석낭하면 그만둡니다. 모든 동물의 욕심은 끝이 있습니다.

그런데 사람의 욕심은 끝이 없습니다. 가지고 또 가지고, 먹고 또 먹고, 취하고 또 취하고 하는 게 사람의 모습입니다. 왜 사람은 이처럼 갈증이 끝이 없을까요? 몇 가지 이유를 찾아볼 수 있습니다.

우선 사람 속에는 동물에게 없는 하나님의 형상이 있기 때문입니다. 하나님의 형상대로 지음 받은 인간이 하나님을 떠났습니다. 하나님을 잃어버렸습니다. 이 사람이 갈증을 가지게 되는 이유는 바로 잃어버린 하나님을 찾으려고 하는 그 몸짓 때문입니다. 그런데 하나님은 잘 찾아지지가 않고, **하나님이 있던 그 자리를 다른 것으로 채우려고 하기 때문에** 갈증을 가지게 되는 것입니다.

얼마 전 해외 입양아가 부모를 찾기 위해서 한국에 왔습니다. 텔레비전에 나와서 울면서 아버지가 보고 싶다고 말합니다. 공부 잘하고 모든 게 잘 되고 있지만 아버지를 한번 보고 싶다는 말이었습니다. "아버지, 나는 아버지를 절대로 미워하지 않습니다. 그저 아버지를 한번만 만나봤으면 좋겠는데……꼭 저를 찾으시고 전화해 주세요" 하면서 눈물을 흘립니다.

다른 무엇도 부모를 찾고자 하는 마음을 채울 수는 없을 것입니다. 빈 곳을 다른 것으로 채우려 하는 마음들이 있지만 인간의 마음속에 있는, 원래 하나님이 계시던 그 자리는 하나님이 오시기 전까지는 채워지지 않습니다.

아기와 엄마 품

신학교 시절 저는 암사동에서 학교까지 통학을 했습니다. 하루는 공부를 하고 있는데 옆집 아주머니가 저에게 아기를 맡겼습니다. "걱정하지 마라. 우리 아기는 잘 울지 않는다"라며 아주머니는 저를 안심시켰습니다. 그런데 그 말은 거짓말이었습니다. 아주머니가 가고 난 다음부터 아기가 울기 시작하는데 너무나 기가 막혔습니다.

그때부터 공부를 다 접어두고 아기를 보는데 과자를 사주고 어떻게 해도 아기는 울음을 그치지 않았습니다. 그래서 앞에 앉혀놓고는 쇼를 시작했습니다. 춤을 추면서 산토끼 토끼야 어디를 가느냐를 부르며 열심히 춤을 췄습니다. 그런데 아기가 울음을 그치지 않고 더 심하게 우는 것이었습니다. 한 시간이 지났습니다. 아기는 울면서 기진맥진하고, 저는 아기를 달랜다고 기진맥진했습니다. 시간이 한참 지나자 '딩동' 소리와 함께 그 아기의 어머니가 왔습니다.

그런데 아기는 이상하게도 자기 엄마를 보자마자 울음을 그치는 것이었습니다. 깜짝 놀랐습니다. 제가 그렇게 열심히 쇼를 하고, 맛있는 과자를 사주어도 울음을 그치지 않던 아기가 엄마를 보고는 단번에 울음을 그치고 품에 안기는 것이었습니다. 그 모습을 보면서 저는 인간의 모습에 대해 생각할 수가 있었습니다.

인간은 하나님을 만날 때까지 만족이 없다

우리 인간도 마찬가지로 아무리 맛있는 것이 많고, 재미있는 것이 많아도 하나님을 만나기까지는 만족이 없습니다. 하나님의 형상이 우리 속에 있기 때문입니다. 과자로 해결되지 않습니다. 다른 쾌락으로 해결되지 않습니다. 하나님의 형상을 따라 지음 받은 인간은 하나님을 만날 때까지 그 속에 만족이 없고, 참된 행복이 없는 것입니다.

파스칼이라고 하는 철학자는 사람의 마음속에 그를 지으신 분만으로 채워지는 공간이 있다고 했습니다. 옳은 말이라고 생각합니다. 그렇기 때문에 하나님이 채우지 않으면 안 되는 부분이 바로 우리 안에 있는 것입니다. 유명한 어거스틴도 그랬습니다. "내가 당신을 만나기까지 평안이 없었나이다"라고 하였습니다. 이 어거스틴은 17세 때, 사생아를 낳을 만큼 방탕했습니다. 그러나 하나님을 만나자 그 모든 갈증이 다 사라지는 경험을 했습니다.

우리 속에 끝없는 갈증이 있습니까? 자꾸만 하고 싶고, 또 하고 싶고, 또 취하고 싶은 이런 욕망과 갈증들이 있습니까? 그것은 바로 우리가 하나님의 형상대로 지음 받은 존재라는 증거입니다. 하나님을 만나기까지 그 어떤 갈증도 채워지지 않을 것입니다.

갈증을 느끼는 또 한 가지 이유는 영혼이 병들었기 때문입니다. 당뇨병을 옛날에는 소갈증이라고 했습니다. 당뇨병이 든 사람은 물을 많이 마십니다. 건강한 사람은 한 잔만 마시면 해갈되는데 이 사람은 마시고 또 마시고, 계속 마셔야 하는 것입니다. 이상 징후를 발견할 수 있게 됩니다.

우리 인간들이 자꾸만 갈증을 가지고 무엇에 탐닉하는 모습들을 봅니다. 어떤 사람은 성에, 또 어떤 사람은 술에 탐닉합니다. 마약에 탐닉하고 도박에 탐닉합니다. 계속해서 그것을 추구하는 이유가 무엇입니까? 무엇인가 속에 잘못된 부분이 있기 때문입니다. 다시 말하면 영혼이 병들었기 때문입니다.

저의 아버지는 다른 곳은 다 건강했지만 한 부분에 문제가 있었습니다. 식도 정맥류가 파열되었던 것입니다. 피가 줄줄 새서 계속 수혈을 해도 끝이 없었습니다. 결국 1980년 5월 1일 돌아가셨습니다. 사람이 계속해서 이것저것을 찾는 이유가 있습니다. 그것은 어딘가에 병이 들었기 때문입니다.

죄를 해결해야 갈증이 사라진다

저는 미국에서 공부할 때 템포라고 하는 중고차를 산 적이 있었습니다. 그런데 자꾸만 엔진오일이 새는 것이었습니다. 그래서 가서 물어보았습니다. 그랬더니 차를 한참 살펴보더니 "5천 달러는 주셔야 하겠습니다"라고 대답합니다. 3천5백 달러 주고 샀는데 5천 달러를 주고 어떻게 고칩니까? 그래서 저는 샐 때까지 타고 다니자 생각하고 계속 그 차를 타고 다녔습니다. 기름은 자꾸 줄어들었습니다. 줄면 또 채우고, 줄면 또 채우고, 계속 채웠습니다.

그러다 어느 조그마한 카센터에 갔습니다. 보여주었더니, 이 사람이 한참 고개를 갸우뚱거리더니 "이것 10달러면 고치겠습니다" 하더니 고무줄 하나를 끼워넣었습니다. 차가 깨끗하게 고쳐졌습니다. 그 뒤로 기름이 한 번도 새지 않았습니다.

새는 부분을 쉽게 고칠 수 있기를 바랍니다. 고쳐지면 이제 더 이상 기름은 새지 않고, 갈증은 중단될 것입니다. 계속해서 탐닉하는 삶은 이제 중단하게 될 것입니다. **인간은 죄라고 하는 병이 들었습니다.**

이 근본적인 병을 해결해야 갈증도 중단될 수 있는 것입니다. 사람이 열병에 걸리면 계속 물을 찾습니다. 그렇다고 물을 계속 주면 그 사람은 곧 죽습니다. 먼저는 그 사람의 열을 떨어뜨려야 합니다. 열만 잡으면 그 다음에 물을 줄 수가 있습니다. 열을 잡지 않고 물만 계속 주어서는 안 됩니다.

목마른 여인을 찾아오신 예수님

마찬가지로 우리 영혼의 잘못된 부분 그걸 먼저 해결해야 합니다. 계속해서 방치하다가는 파멸에 이를 수밖에 없다는 사실을 꼭 기억하시기 바랍니다.

인간 속에 죄라고 하는 병이 있어서, 이것 때문에 갈증이 계속 일어난다고 하면, 도대체 이 본문 속에서 예수님은 여인을 위하여 무엇을 하셨을까요? 본문 말씀 4절에 보면 "사마리아로 통행하여야 하겠는지라"고 말씀했습니다. 예수님은 사마리아로 통행하기를 원하셨습니다. 이 사마리아는 여러 가지 역사적인 배경이 있었습니다. 자기의 혈통을 지키지 못하고, 다른 이방민족과 혼인해서 혼혈이 되었습니다. 그래서 이 유대 사람들에게 개와 같은 취급을 받는 그런 민족이었습니다. 유대인들은 아예 이 사마리아 땅도 지나가지를 않았습니다.

그러나 주님께서는 의도적으로 사마리아 땅으로 지나가기를 원하셨습니다. 아무리 더럽고, 아무리 누추한 곳이라도 하나님의 사랑은 찾아오시는 사랑입니다. 주님께서는 그곳에 살고 있는 목마른 그 여인을 만나기 원하신 것입니다. 인간의 모든 갈증과 고통을 아시고 세상 속으로 찾아오시는 그것은, 바로 하나님의 사랑입니다. 하나님은 고통당하는 인간을 쳐다보면서 내버려두시는 분이 아닙니다. 직접 찾아오시는 분입니다.

나를 찾아오시는 하나님의 사랑

그래서 요한복음 3장 16절에 이렇게 말씀하십니다. "하나님이 세상을 이처럼 사랑하사 독생자를 주셨으니 이는 저를 믿는 자마다 멸망치 않고 영생을 얻게 하려 하심이니라." 하나님이 세상을 이처럼 사랑하사 오셨습니다. 더럽다고 하지 않으시고 예수님이 사마리아 땅으로 가시듯이 이 땅에 오셨습니다.

또 로마서 5장 8절 말씀에 "우리가 아직 죄인 되었을 때에 그리스도께서 우리를 위하여 죽으심으로 하나님께서 우리에게 대한 자기의 사랑을 확증하셨느니라"고 했습니다. 하나님은 수천 년 전부터 이 땅에 오실 계획을 세우셨습니다. 그리고 그 모든 구원 계획을 진행하셨습니다. 하나님은 인간의 갈증을 그냥 보시는 분이 아닙니다. 내 고통을 그냥 보고 계시는 분이 아닙니다. 주님은 아무리 더럽고 누추해도 오십니다. 아무리 연약해도 오십니다.

하나님께서 오신다고 하는 사실, 이게 바로 복음입니다. 하나님께서는 우리 개인 속에 오시기를 원하고, 우리 마음속에 오시기를 원하십니다. 우리의 모든 가정 속에 오시기를 원하고, 남이 모르는 지저분한 삶의 그 부분, 끊임없이 일어나는 삶의 갈증 속에 오셔서 해갈해주기를 원하고 계시는 것입니다.

먼저 말을 거신 주님

주님은 드디어 여인에게 접근하셨습니다. 그러고는 물 좀 달라고 말씀하셨습니다. 본문 7절 말씀을 보면 "사마리아 여자 하나가 물을 길러 왔으매 예수께서 물을 좀 달라 하시니"라고 했습니다.

예수님이 사마리아 땅으로 오셨습니다. 그 더러운 땅에, 유대인들은 절대로 가지 않는 땅으로 들어오셨습니다. 그러고는 여자를 만났습니다. 갈증을 가진, 세상 쾌락의 갈증을 가진 그 여인을 주님이 만나주셨습니다. 만나고는 "물 좀 달라"고 말씀하시는 것입니다. 주님께서는 접근하셔서 먼저 말을 거셨습니다.

이것은 중요한 사실입니다. 여자가 먼저 말을 건 것이 아니라 예수님이 먼저 말을 거셨습니다. 하나님이 먼저 우리를 사랑하셨습니다. 우리가 하나님을 생각하기도 전에 하나님이 먼저 우리를 생각하셨다는 말씀입니다. 내가 믿기 전에 하나님이 먼저 나를 사랑하셨다는 사실입니다.

그래서 성경 요한일서 4장 10절에서 그 사랑을 이렇게 말하고 있습니다. "사랑은 여기 있으니 우리가 하나님을 사랑한 것이 아니요 오직 하나님이 우리를 사랑하사 우리 죄를 위하여 화목제로 그 아들을 보내셨음이니라." 우리가 하나님을 생각하기도 전에 먼저 주님께서 우리를 생각하시고, 계속해서 말을 걸어오셨다는 사실은 중요합니다.

제가 만난 어떤 사람은 예수를 어떻게 믿게 되었냐고 물어봤더니 지긋지긋해서 믿었다고 했습니다. 이사만 가면 예수 믿는 사람을 만나게 되고, 피하면 또 만난다는 것이었습니다. 결국은 '아이고, 내 인생 조용하게 살려면 빨리 교회나 나가야겠다'고 생각해 교회에 왔다고 했습니다.

인간을 사랑하사 낮아지신 하나님

이런 아름다운 이야기도 있습니다. 어느 임금님이 시골로 지나가다가 우물가에서 물동이를 이고 있는 아리따운 여인을 만났습니다. 너무 예뻐서 임금의 능력으로 그 여자를 그냥 취할까도 생각했지만 그 여인의 사랑을 받기를 원했습니다. 그래서 고민하다가 한 가지 묘책을 생각해냈습니다.

그는 평민의 복장으로 그 마을에 들어갔습니다. 아무도 몰래 거기서 농사를 지으면서 그 여인에게 조금씩 조금씩 접근해 들어갑니다. 평범한 한 남자로 그 여인을 만났습니다. 그 여인의 사랑을 받기 위하여 온갖 노력을 다했습니다. 임금의 신분에서, 임금의 왕좌에서 내려와서 한걸음씩 접근하여 드디어 그 여인의 사랑을 취할 수가 있었습니다.

하나님의 사랑이 그와 같은 것입니다. 하나님은 우리를 강제로 취하시는 그런 폭군이 아닙니다. 하나님은 우리의 사랑을 받기를 원하십니다. 그래서 하늘 보좌를 다 버리고 이 땅에 오셨습니다. 낮아지셨습니다. 십자가에서 돌아가셨습니다. 하나님께서 우리 인간을 사랑하사 이 땅에 오셔서 낮아지고 또 낮아지셨습니다. "물 좀 달라"며 접근해 오셔서 결국은 우리의 사랑을 받기를 원하시는 분이 바로 주님입니다.

주님의 초청에 응하려면

하나님은 목마른 우리의 사정을 모두 아시고 이 땅에 예수님을 보내주셨습니다. 예수님은 십자가 위에서 죽으셨고 다시 살아나셨습니다. 그리고 목마른 우리를 향해서 말씀합니다. "물 좀 달라." 주님께서 물 좀 달라고 말씀하실 때, "주님, 여기 있습니다" 하며 주님의 초청에 귀를 기울이시기 바랍니다. 주님께서는 이미 우리를 사랑하시고 찾아오셨습니다. 그러면 우리는 어떻게 해야 합니까?

본문 말씀은 그것을 우리에게 잘 보여주고 있습니다.

첫째는 영원히 목마르지 않는 물을 갈망해야 합니다. 예수님은 여인이 마시려고 하는 그 물, 마시고 있는 세상의 모든 쾌락은 영원히 해갈될 수 없음을 말씀하셨습니다. 여인이 마시고 있는 물, 세상 쾌락의 물, 마시면 끊임없는 갈증을 일으키는 물 말고 영원히 목마르지 않는 그런 물이 있다는 것을 말씀하십니다.

본문 13~14절 말씀에 "예수께서 대답하여 가라사대 이 물을 먹는 자마다 다시 목마르려니와 내가 주는 물을 먹는 자는 영원히 목마르지 아니하리니 나의 주는 물은 그 속에서 영생하도록 솟아나는 샘물이 되리라"고 했습니다. 세상의 모든 물은 마시면 마실수록 더 마시고 싶어집니다. 그러나 예수 그리스도가 주시는 그 물을 한번 마시는 자는 영원히 목마르지 않는다는 말씀입니다.

성경에 보면 영화를 누린 사람들이 많이 나옵니다. 그 가운데 가장 큰 영화를 누린 사람은 솔로몬이었습니다. 이 사람은 임금이었습니다. 옷도 얼마나 많았는지 모릅니다. 부인도 얼마나 많았는지 정실만 300명, 첩이 700명이었습니다. 부귀영화를 누렸습니다.

그런데 이렇게 평생토록 많은 부귀영화를 누린 솔로몬 임금이 내린 결론이 무엇이었습니까? "헛되고 헛되니 헛되고 헛되도다." 모든 것이 헛되다고 하는 그런 결론을 보여주고 있는 것입니다. "눈은 보아도 족함이 없고 귀는 들어도 차지 않는구나"라고 한 것입니다.

아무리 보아도 그걸로 차지 않습니다. 아무리 좋은 음악을 들어도 귀를 만족시켜주지 않는다고 합니다. 모든 욕망이 다 채워져도 그 모든 것은 또 새로운 욕망을 불러일으키는 요인이 된다는 사실입니다.

생명수 예수 그리스도를 마시자

바다에 표류했다고 생각해봅시다. 목이 마릅니다. 물을 마시고 싶습니다. 그런데 보니까 옆에 지천으로 깔려 있는 것이 바닷물입니다. 만약에 목마른 사람이 바닷물을 마시면 어떻게 될까요? 큰일 나는 것입니다. 바닷물은 마시면 마실수록 목이 더 말라 결국은 죽게 됩니다. 물이라고 무조건 마시는 것이 아닙니다. 세상에 있는 쾌락, 세상에 있는 모든 부귀영화는 어떤 면에서 바닷물과 같습니다. 마시고 또 마셔보지만 채워지지 않습니다. 결국은 더 큰 갈증이 생깁니다.

물을 마시되 제대로 된 물을 마셔야 합니다. 생명수를 마셔야 합니다. 예수 그리스도를 마셔야 합니다. 그것을 마시면 우리 영혼의 모든 갈증은 깨끗하게 중단되고, 채워질 수 있습니다. 영혼이 만족하는 귀한 축복을 받을 수 있습니다.

본문 말씀에 보면 여인은 드디어 갈망이 생겼습니다. 그 물을 한번 마셔봤으면 좋겠다는 갈망이 그 속에 생겼습니다. 그래서 15절에 이렇게 말씀합니다. "여자가 가로되 주여 이런 물을 내게 주사 목마르지도 않고 또 여기 물 길러 오지도 않게 하옵소서."

물에 대한 갈망이 생겼습니다. 지금까지 세상 쾌락을 찾아 다녀보았지만 만족할 수 없었습니다. 그런데 '만약에 저분이 주시는 영원히 목마르지 않는 저 물만 마시면 좋겠는데' 하는 갈망이 생겼습니다. 영원히 목마르지 않는 생수는 바로 예수 그리스도의 생수입니다.

예수 그리스도를 영접하면 갈증이 해결된다

예수 그리스도를 마음속에 영접하면 인생의 모든 갈증이 해결됩니다. 지존파의 김기환을 기억하십니까? 그는 무시무시한 사람이었습니다. 사람을 파리 목숨처럼 끊었던 그가 목마른 그 마지막 순간에 예수 그리스도를 만났습니다. 그가 마지막 죽는 장면을 기사로 읽고서는 가슴이 뭉클했습니다. 그는 자기의 모든 장기를 기증했습니다.

마지막 순간에 그는 예수 그리스도의 생수를 마셨습니다. 그리고 고백합니다. "어린 동생들은 다 살려주십시오. 나 하나만 죽으면 됩니다. 모든 죄를 용서해 주십시오. 범죄 장소였던 영광군 불갑면 그 막사에 교회를 세워주십시오."

그리고 그는 찬송을 불렀습니다.

나 같은 죄인 살리신 주 은혜 놀라와
잃었던 생명 찾았고 광명을 얻었네.

마지막 순간에 예수 그리스도를 만난 그 영혼은 비로소 평안히 죽을 수 있었습니다.

우리는 물을 갈망해야 합니다. 영원히 목마르지 않는 물, 모든 갈증을 해소해주는 그런 물이 있습니다. 그분이 바로 예수 그리스도이십니다.

둘째는 죄를 자백해야 합니다. 본문 16절 말씀에 "가라사대 가서 네 남편을 불러 오라"고 했습니다. 여인이 그 물을 마시기를 원한다고 말할 때, 예수님은 그 여인의 마음을 보고 계셨습니다. '네가 물을 마시기 원한다면 네 속에 있는 가장 중요한 그 문제를 해결해야 해. 네 남편을 데리고 와.' 지금 예수님은 그 여인 속에 있는 가장 중요한 죄의 문제를 지적하고 계십니다.

물이 콸콸 쏟아지게 하기 위해서는 막힌 수도관을 뚫어야 합니다. 막힌 곳이 있으면 물이 나오지 않습니다. 우리 삶 가운데 아직도 주님 앞에 고백하지 않은 죄가 있습니까? 그 죄는 생명수가 콸콸 내 인생에 차고 넘치는 것을 막는 원인이 됩니다.

막힌 곳을 뚫어라

이 여인은 회피해보려고 "아이고, 나는 남편이 없습니다"라며 거짓말을 하기 시작했습니다. 그러자 주님은 말씀합니다. "네게 남편 다섯이 있었지만 지금 살고 있는 그 남자도 네 남편이 아니니 네게 남편이 없다는 말이 옳구나."

도망가려다가 호되게 걸렸습니다. 주님은 이미 그 속을 다 알고 계셨습니다. 그 죄를 알고 있었습니다. 그 사람의 문제를 다 파악하고 있었습니다. 막힌 수도관을 먼저 뚫어야 합니다. 그래야 물이 콸콸 쏟아집니다.

제가 대학에 다닐 때 일입니다. 기숙사에 50명이 살고 있었는데 수도꼭지가 하나밖에 없었습니다. 그런데 이 꼭지마저도 물이 나오지 않는 것이었습니다. 그러던 어느 날 수도공이 왔습니다. 그러더니 우리에게 말했습니다. "내게만 맡겨주십시오. 내일 아침부터 바가지가 뚫어지도록 물이 콸콸 나오도록 해줄 테니 맡겨만 주십시오."

그 사람은 열심히 공사를 했습니다. 그런데 놀라운 걸 발견했습니다. 수도관이 막혀 있었던 것입니다. 온갖 녹이 거기에 다 있고, 찌꺼기가 있었습니다. 관이 막혀서 물이 나오지 않는 것을 발견했습니다. 그 부분을 잘라냈습니다. 다 뚫었습니다. 수도꼭지를 틀자 쫄쫄 나오던 물이 확 쏟아지는데 정말 바가지가 뚫어질 정도로 물이 콸콸 나왔습니다. 그 다음날부터는 모든 것이 다 해결되었습니다.

죄를 자백하고 막힌 데를 뚫어라

우리 인생의 모든 갈증은 막혀 있는 데서부터 비롯됩니다. 막힌 그 부분을 해결하지 않으면 생명의 물을 마실 수가 없습니다. 그래서 주님은 우리에게 말씀합니다. 바가지가 뚫어지도록 생명수가 너희 인생 가운데 넘치게 될 것이라고 장담하고 계십니다. 예수 그리스도를 영접하고, 모든 죄들을 자백하기만 하면, 주님께서는 우리 죄를 사하시고 우리의 삶 가운데 생명수가 넘치게 되는 그런 축복을 허락해주십니다.

이사야 59장 1~2절 말씀에 "여호와의 손이 짧아 구원치 못하심도 아니요 귀가 둔하여 듣지 못하심도 아니라 오직 너희 죄악이 너희와 너희 하나님 사이를 내었고 너희 죄가 그 얼굴을 가리워서 너희를 듣지 않으시게 함이니"라고 했습니다. 죄가 가려 있어서 하나님의 은혜와 축복이 우리에게 임하지 못한다는 말씀입니다. 너희 죄가 너희와 하나님 사이를 내었다고 말씀합니다. 막힌 것이 무엇입니까? 아직도 고백하지 않은 죄, 다른 사람은 모르지만 하나님은 알고 있는 그 부분, 그것이 무엇입니까? 그것을 자백하시기를 바랍니다.

누구든지 죄가 없다고 하면 스스로 속이는 것이라고 말씀하십니다. 요한일서 1장 9절 말씀에 "만일 우리가 우리 죄를 자백하면 저는 미쁘시고 의로우사 우리 죄를 사하시며 모든 불의에서 우리를 깨끗게 하실 것이요"라고 했습니다.

우리가 만약 자백만 하면 하나님께서는 묻지 않으시고 그 모든 죄를 깨끗하게 하시며, 용서하신다고 말씀하셨습니다. 주님의 말씀은 어렵지 않습니다. 죄를 자백하기만 하면 막힌 곳에서 생수가 터져 나오는 그 귀한 축복을 우리에게 주실 줄로 믿습니다.

예수님이 길이다

한 걸음 더 나아가서 어떻게 하면 우리가 이 귀한 물을 마실 수 있습니까? **예수님을 영접해야 합니다.** 요한복음 4장 26절 말씀에 "예수께서 이르시되 네게 말하는 내가 곧 그로라 하시니라"고 했습니다. 예수님은 이제 여인에게 자신을 나타내셨습니다.

여인은 바로 생수의 근원 되시는 예수 그리스도, 그가 그토록 갈망했던 모든 갈증을 채워줄 예수 그리스도를 직접 만났습니다. 그 여인은 영생의 물을 마시는 것이 어떤 이론이나 형식이 아닌 것을 알았습니다. 바로 예수님을 알고, 그를 영접하는 것임을 알았습니다.

어떤 선교사가 아프리카 밀림에서 열심히 전도했습니다. 그러던 하루는 다른 마을로 가다가 그만 길을 잃어버렸습니다. 한참을 헤매다가 토인 한 사람을 만났습니다. 선교사는 어눌한 아프리카 말로 부탁했습니다. "내가 마을을 찾기 원하는데 길을 좀 가르쳐 주십시오."

그러자 토인이 빙그레 웃으면서 하는 말이 "선생님, 날 따라오십시오"라고 했습니다. 길을 가르쳐 달라니까 왜 나를 따라오라고 하느냐고 물었더니 **"이 밀림 속에 길은 없습니다. 내가 곧 길입니다. 나를 따라오세요"** 라고 대답했습니다.

선교사는 그 토인의 뒤를 따라갔습니다. 그리고 길은 없었지만 그 사람의 뒤를 따라가서 마을까지 무사히 도착할 수가 있었다고 합니다.

인생 갈증을 해결할 유일한 길

"예수께서 가라사대 내가 곧 길이요 진리요 생명이니 나로 말미암지 않고는 아버지께로 갈 자가 없느니라." 예수님이 길입니다. 우리가 이 땅에서 아무리 열심히 길을 찾으려고 해도 길은 존재하지 않습니다. 다른 종교에서 길을 찾으려는 것은 어리석은 행동입니다. 선행 가운데, 학문 가운데서 길을 찾을 수도 없습니다. 우리의 갈증을 해결할 수 있는 유일한 길, 하나님 나라에 갈 수 있는 유일한 길은 예수 그리스도밖에 없는 것을 믿으시기 바랍니다.

주님은 요한계시록 3장 20절 말씀에서 우리를 초청합니다. "볼지어다 내가 문밖에 서서 두드리노니 누구든지 내 음성을 듣고 문을 열면 내가 그에게로 들어가 그로 더불어 먹고 그는 나로 더불어 먹으리라."

예수 그리스도만이 우리 인생의 모든 갈증을 해결할 수 있습니다. 예수님을 내 마음속에 영접하기만 하면, 수가 성 여인처럼 예수님을 바로 만나기만 하면, 그가 주시는 생명의 물을 마시고 그 인생이 완선히 달라질 수 있는 것입니다.

여인은 생명의 물을 마실 수 있었습니다. 예수님을 만났기 때문입니다. 주님께서는 지금도 우리 마음 문 밖에서 두드리고 계십니다. "볼지어다 내가 문밖에 서서 두드리노니." 주님은 우리의 마음 문을 두드리시며 "누구든지 내 음성을 듣고 문을 열면 내가 그에게로 들어가리라"라고 말씀하십니다. 열기만 하면 주님은 우리 마음속으로 들어오신다고 말씀하셨습니다. 그리고 "내가 그로 더불어 먹고 그는 나로 더불어 먹으리라" 하십니다.

물을 먹여주시고, 양식을 먹여주시고, 다시는 배고프지 않고,

다시는 목마르지 않는 이런 귀한 축복의 인생을 살 수 있도록 우리에게 약속해주십니다. 주님께서는 직접 생수를 들고 우리에게 먹여주시기를 원합니다. 우리는 그 물을 받아서 마시기만 하면 됩니다. 세상의 물로는 우리의 목마름을 채울 수 없습니다. 예수 그리스도, 그분의 말씀을 듣고 "**주님, 나는 죄인입니다. 이 시간에 마음 문을 엽니다. 내 속에 들어와 주시옵소서**" 하고 주님 앞에 기도하면 됩니다.

본문에 나오는 여인도 예수 그리스도를 만난 이후로 완전히 달라졌습니다. 마을로 내려가 메시아를 만났다고 고백하면서 수많은 사람을 만났습니다. 부끄러워 다른 사람들을 만날 수 없는 여인이었습니다. 그러나 예수님을 만난 다음에 모든 부끄러움이 사라졌습니다. 갈증도 사라졌습니다. 그리고 수많은 사람들에게 자기가 마신 물을 나누어주었습니다.

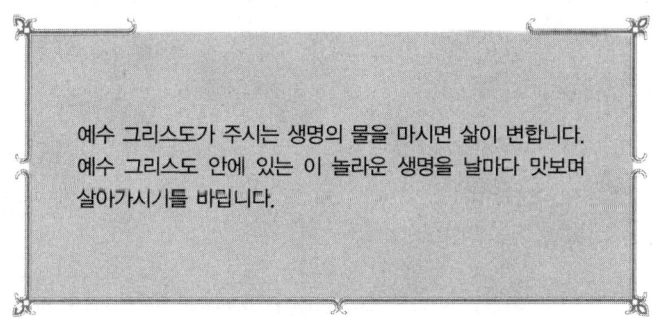

예수 그리스도가 주시는 생명의 물을 마시면 삶이 변합니다.
예수 그리스도 안에 있는 이 놀라운 생명을 날마다 맛보며 살아가시기를 바랍니다.

> ## "죄 씻기를 원하십니까?"
>
> 마가복음 5장 25~34절
>
> 열두 해를 혈루증으로 앓는 한 여자가 있어 많은 의원에게 많은 괴로움을 받았고 있던 것도 다 허비하였으되 아무 효험이 없고 도리어 더 중하여졌던 차에 예수의 소문을 듣고 무리 가운데 섞여 뒤로 와서 그의 옷에 손을 대니 이는 내가 그의 옷에만 손을 대어도 구원을 얻으리라 함일러라 이에 그의 혈루 근원이 곧 마르매 병이 나은 줄을 몸에 깨달으니라 예수께서 그 능력이 자기에게서 나간 줄을 곧 스스로 아시고 무리 가운데서 돌이켜 말씀하시되 누가 내 옷에 손을 대었느냐 하시니 제자들이 여짜오되 무리가 에워싸 미는 것을 보시며 누가 내게 손을 대었느냐 물으시나이까 하되 예수께서 이 일 행한 여자를 보려고 둘러 보시니 여자가 제게 이루어진 일을 알고 두려워하여 떨며 와서 그 앞에 엎드려 모든 사실을 여짜온대 예수께서 가라사대 딸아 네 믿음이 너를 구원하였으니 평안히 가라 네 병에서 놓여 건강할지어다

이탈리아에 정신이 온전치 못한 한 사람이 있었습니다. 그는 아침부터 저녁까지 씻는 게 일이었습니다. 그런데 그의 집 앞마당은 진흙탕이었습니다. 그는 대걸레를 가지고 진흙탕을 씻었습니다. 아침부터 저녁까지 계속해서 닦았습니다. 그러나 아무리 노력해도 진흙탕이 깨끗해질 리가 없습니다.

하지만 정신이 온전치 못한 사람은 진흙탕을 걸레로 씻으려고 무지하게 노력했습니다. 진흙은 아무리 닦아도 진흙입니다. 아무리 열심히 닦아도 깨끗해지지 않습니다. 처음부터 지저분한 것이기 때문입니다.

우리 인간은 모든 보편적인 욕구가 있습니다. 이 정신없는 사

람이 뭐든지 깨끗하게 씻으려는 마음이 있었던 것처럼 사람에게는 깨끗하게 되려는 욕구가 있습니다. 그래서 손에 더러운 것이 묻으면 씻습니다. 옷도 깨끗하게 빨고, 머리도 감고, 얼굴도 씻고, 온몸을 씻습니다. 사람 속에 있는 욕구가 바로 씻기를 원하는 욕구입니다.

셰익스피어의 작품 중에 '맥베드'가 있습니다. 맥베드가 한 고백이 있습니다. **"아라비아의 향수를 가지고도 내 손에 묻은 피를 씻을 수 없구나."** 맥베드는 자기 아버지를 죽이고 왕위에 올랐지만 그 마음속에는 늘 괴로움이 있었습니다. 아무리 노력해도 그 죄를 씻을 수가 없었던 것입니다.

미국의 어떤 기자가 실험을 해보았습니다. 미국에 살고 있는 10명의 명사들에게 전보를 급하게 쳤답니다. 전보의 내용은 이렇습니다. '당신의 모든 것이 발각되었다'는 딱 한마디였습니다. 그런데 이상한 일이 생겼습니다. 10명의 사람이 동시에 그 전보를 받고 24시간 안에 국외로 탈출했다는 재미있는 보고였습니다.

그들은 모두 존경받는 사람처럼 보였습니다. 그러나 그 속에는 남이 모르는 죄가 있었던 것입니다. 남이 모르는 흉한 부분들이 있었던 것입니다. 갈등이 없는 사람이 없고, 고민 없는 사람이 없습니다. 죄 때문에 고민하지 않는 사람은 아무도 없습니다.

혈루병을 앓는 여인과 죄인

본문 말씀에 한 여인이 등장합니다. 여인은 오랫동안 병을 앓았습니다. 무려 12년 동안, 피가 흐르는 병이었습니다. 피가 마르지 않고 계속 흐르는 병이었으니 냄새가 오죽 심했겠습니까?

사람들이 그 여인에게 가까이 가지를 않습니다. 소외된 여인, 아주 고독한 여인이었습니다. 절망적인 여인이었습니다. 해결책도 없고 희망도 없는 이 여인을 보면서 우리는 죄 지은 인간의 모습을 발견하게 됩니다.

이 여인은 여러 면에서 죄인의 전형입니다. 죄를 짓게 되면 더러워집니다. 냄새가 납니다. 그 죄는 다른 사람들에게 참으로 혐오감을 줍니다. 오래된 병, 12년을 앓던 병처럼 죄는 오늘, 내일, 어제의 문제가 아닙니다. 아주 오래된 역사를 가지고 있습니다. **더럽고 냄새나며 다른 사람들에게 소외된 여인의 모습은 바로 죄를 지은 인간의 모습과 흡사합니다.**

인간은 원죄를 지닌 죄인이다

성경은 이런 사람을 향해서 죄인이라고 말하고 있습니다. 로마서 3장 23절 말씀에 "모든 사람이 죄를 범하였으매 하나님의 영광에 이르지 못하더니"라고 했습니다. 물론 우리 중에는 "왜 내가 죄인입니까? 나는 민법상 형법상 죄를 하나도 짓지 않았고, 한번도 수감된 적이 없고, 고소를 당한 적도 없습니다"라고 말하는 사람들이 있을지도 모릅니다.

그러나 우리는 모두가 죄인입니다. 죄인으로 태어났기 때문에 죄인입니다. 죄를 지어서 죄인이 아니라 원래부터 우리의 본바탕이 죄인으로 태어났기 때문입니다. 이것을 우리는 원죄라고 말합니다. 아무리 죄가 없고 깨끗해 보이는 사람도 타고난 죄가 있다는 사실입니다.

1910년 한일합방이 된 다음에 태어난 모든 아기는 자기도 모르는 사이에 일본 사람이 되었습니다. 마찬가지로 우리 인간은 태어나면서 옛날부터 원래 인간이 가지고 있던 그 죄를 가지고 태어나는 것입니다.

저는 10년 동안 남미 칠레에 선교사로 가서 설교를 했기 때문에 스페인어를 잘합니다. 어느 정도로 잘했는가 하면 밤에 꿈을 꾸면 한국말로 꿈을 꾸지 않고 꿈의 모든 대화가 스페인어로 될 정도였습니다. 잠꼬대를 하면 잠꼬대가 스페인어로 나올 정도로 깊이 그 문화 속에 빠져서 그 나라 사람들과 함께 대화를 나누며 살았습니다.

그러나 아무리 제가 스페인어를 잘해도 저를 보고 스페인 사람이라고 말하는 사람은 없었습니다. 누가 봐도 된장과 고추장을 먹고, 김치를 좋아하는 그런 한국 사람이었습니다. 원래 저는 한국에서 태어났고, 한국 피를 가지고 태어났기 때문입니다.

사람은 선한 일도 할 수 있고, 또 기특한 생각도 할 수가 있습니다. 그렇다고 해서 그 사람이 선한 사람이 되지 않습니다. 타고난 죄, 조상이 물려준 죄, 선악과를 따먹지 말라고 하나님이 말씀하셨는데 그것을 어기고 따먹었던 조상의 죄를 그대로 갖고 태어납니다. 원죄를 가지고 태어납니다. 그래서 우리는 죄인입니다. 내가 노력하지 않아도, 선을 아무리 행하려고 해도 죄인입니다.

인간은 자범 죄인이다

우리가 죄인인 또다른 이유는 우리가 지은 죄 때문입니다. 우리가 범한 죄, 이것을 흔히 자범죄라고 합니다. 로마서 1장 28~31절을 보면 "또한 저희가 마음에 하나님 두기를 싫어하매 하나님께서 저희를 그 상실한 마음대로 내어버려 두사 합당치 못한 일을 하게 하셨으니 곧 모든 불의, 추악, 탐욕, 악의가 가득한 자요 시기, 살인, 분쟁, 사기, 악독이 가득한 자요 수군수군하는 자요 비방하는 자요 하나님의 미워하시는 자요 능욕하는 자요 교만한 자요 자랑하는 자요 악을 도모하는 자요 부모를 거역하는 자요 우매한 자요 배약하는 자요 무정한 자요 무자비한 자라"고 합니다. 성경은 거울이 되어서 우리가 지은 모든 죄들에 대하여 죄목을 이렇게 열거하고 있습니다.

인간은 하나님 앞에서 죄인이다

우리 인간들은 이렇듯 죄를 지었기 때문에 하나님 앞에 죄인입니다. 죄를 지은 자를 어떻게 처벌합니까? 이 세상에서 죄 지은 사람을 반드시 처벌하는 것처럼 우리 하나님도 죄인을 처벌하는 법을 분명히 말씀하셨습니다. 로마서 6장 23절에 "죄의 삯은 사망이요 하나님의 은사는 그리스도 예수 우리 주 안에 있는 영생이니라"고 했습니다.

죄 값은 사망이라고 했습니다. 죄를 지은 모든 사람은 사망에 이를 수밖에 없습니다. 한번 죽는 것은 누구에게나 당연한 일이겠지만 사망 다음에 있는 그 심판이 문제입니다.

히브리서 9장 27절에 "한 번 죽는 것은 사람에게 정하신 것이요 그 후에는 심판이 있으리니"라고 했습니다. 우리는 죄인입니다. 원죄와 자범죄를 지은 죄인입니다. 그 죄 때문에 우리가 죽게 되지만 그것으로 끝이 아니라 그 다음에는 심판이 있다는 사실입니다. 죽음 뒤편에 있는 심판, 천국과 지옥으로 나누어지는 심판이 우리에게 큰 갈등을 준다는 말입니다.

인간은 죄를 씻기 위하여 지금까지 여러 가지 노력을 해왔습니다. 수많은 노력을 했습니다. 인간이 했던 노력을 세 가지로 나누어 설명할 수가 있습니다. 제일 먼저 돈을 가지고 노력했습니다. 열심히 자선을 베풀기도 하고, 헌금을 하기도 했습니다. 그러나 베드로전서 1장 18절에 보면 "너희가 알거니와 너희 조상의 유전한 망령된 행실에서 구속된 것은 은이나 금같이 없어질 것으로 한 것이 아니요"라고 말씀합니다. 우리가 아무리 열심히 돈으로 적선을 하고, 구제 사업을 한다고 해도 돈은 우리의 죄를 씻어줄 수 없다는 사실을 분명히 말씀하고 있습니다.

어떤 사람은 지성이면 감천이라고 열심히만 하면 되지 않겠느냐고 생각합니다. 이런 생각을 가진 사람들은 열심히 무언가 하면 죄가 씻어질 것 같다고 말합니다. 그러나 요한복음 3장 6절에 보면 "육으로 난 것은 육이요 성령으로 난 것은 영이니"라고 말씀합니다. 아무리 열심히 해도 영과는 상관이 없습니다. 영으로 난 것은 영이고, 육으로 난 것은 육이라고 말씀하고 있습니다.

인간의 노력으로 죄를 씻을 수 없다

그런가 하면 선행을 통해 죄를 씻으려는 사람도 있습니다. 착한 일 많이 하면 되지 않느냐는 말입니다. 사람이 착한 일 한번 하면 자기 속에 있는 죄가 하나씩 없어진다고 생각하십니까? 적선을 많이 하면, 선을 많이 행하면 그것이 쌓여서 결국 나의 죄를 깨끗하게 만든다고 생각하십니까?

성경은 분명히 말씀하고 있습니다. 디도서 3장 5절에 "우리를 구원하시되 우리의 행한 바 의로운 행위로 말미암지 아니하고 오직 그의 긍휼하심을 좇아 중생의 씻음과 성령의 새롭게 하심으로 하셨나니"라고 했습니다. 돈도 열심도 선행도 다른 종교로도 그 모든 노력으로는 우리를 깨끗하게 할 수 없다는 것을 성경은 너무나 잘 말씀해주고 있습니다.

그러면 어떻게 우리가 죄 사함을 받을 수 있습니까? 죄 씻음을 받을 수 있습니까? 죄 씻음을 받고 구원에 이를 수가 있습니까? 혈루증을 앓는 이 여인이 깨끗하게 되는 과정을 잘 보면 그 속에서 비결을 발견할 수 있습니다.

인간의 힘으로 해결할 수 없는 죄 문제

제일 먼저 여인은 이제 자기 힘으로 병을 고칠 수 없다는 사실을 알았습니다. 여인은 **불치병임을 인정한 것입니다.** 본문 말씀 26절에 "많은 의원에게 많은 괴로움을 받았고 있던 것도 다 허비하였으되 아무 효험이 없고 도리어 더 중하여졌던 차에"라고 했습니다. 열심히 병을 고치려고 노력해 보았습니다. 돈을 다 투자했습니다. 용하다고 하는 의사는 다 찾아가 보았습니다. 그러나 병을 고칠 수가 없었습니다. 점점 더 상황은 나빠졌습니다.

세상 사람들이 얼마나 많이 이 죄라고 하는 인간의 가장 근원적인 병을 고치기 위해 노력합니까? 불교에서는 4월 초파일이 되면 방생을 합니다. 물고기를 방생하는데 더러는 웃지 못할 일도 있습니다. 방생하는 물고기를 국산 물고기는 너무 비싸니까 중국이나 외국에서 사온다고 합니다. 그래서 사람들이 풉니다.

그런데 판 사람이 방생하는 그 장소에 다시 와서 그 고기를 잡는다고 합니다. 물고기를 방생함으로 물고기가 자유하게 되는 그것 때문에 죄가 씻어진다고 방생을 하는데 사람들은 고기를 다시 잡아서 또 파는 것입니다. 비틀비틀하던 이 고기가 다시 방생을 당합니다. 한참 있으면 또 다시 잡힙니다.

그런가 하면 어떤 사람은 죄를 씻기 위해 수도원에 들어갔다고 합니다. 수도원 원장을 만났습니다.

"원장님! 제가 어떻게 하면 이 속에 있는 죄를 다 씻을 수가 있습니까? 내 속에 죄를 짓고 싶은 마음, 유혹의 생각들이 많이 나타나는데 어떻게 할까요?"

이렇게 묻자 수도원장이 권총을 가지고 와서 "간단해요. 이제부터 당신 속에 죄를 짓고 싶은 마음이 한번 일어날 때마다 권총을 가지고 '빵' 하고 한 번씩만 쏘십시오"라고 대답했다고 합니다. 그는 권총을 선물 받고 죄를 짓고 싶을 때마다 총을 쏘기 시작했습니다.

그런데 워낙 죄 짓고 싶은 마음이 자주 생기니까 하루 만에 몽땅 다 쓰고 말았습니다. 또다시 원장을 찾아왔습니다. 권총 총알을 더 받기 위해서 왔더니 원장은 기관총으로 하늘을 향해서 쏘고 있는 것이었습니다.

죄를 짓고 싶은 마음은 누구에게나 있다

우리 사람에게는 누구나 죄 짓고 싶어 하는 마음이 있습니다. 사람의 힘으로 죄를 해결할 수가 없다는 말입니다. 로마서 3장 10~12절에 보면 "기록한 바 의인은 없나니 하나도 없으며 깨닫는 자도 없고 하나님을 찾는 자도 없고 다 치우쳐 한가지로 무익하게 되고 선을 행하는 자는 없나니 하나도 없도다"라고 했습니다.

이 선고에 대해서 어떻게 생각하십니까? 의인은 하나도 없다고 했습니다. 선을 행할 수 있는 사람도 없다고 했습니다. 죄를 자기 힘으로 씻을 수 있는 사람은 아무도 없다고 말씀하고 있습니다.

노름꾼 가운데 노름을 다시는 안 하려고 손가락을 자르는 사람도 있습니다. 실제로 있었던 일입니다. 손가락을 자른 노름꾼이 얼마 되지 않아 다시 또 도박을 하고 싶어서 검지와 장지 사이에 화투를 집어넣고 노름을 했다고 합니다. 손가락을 잘라도 그 속에 일어나는 죄의 욕구를 감당할 수 없는 것입니다. 이것이 인간의 연약함입니다.

남미에는 재미있는 새가 있습니다. 새 가까이에 뱀이 있습니다. 뱀이 얼마나 아름답게 생겼는지 날아가던 새가 쳐다보기만 해도 날갯죽지가 얼어붙는다고 합니다. 뱀이 뚫어지게 쳐다보는데 너무 아름다워서 더 날아가지를 못하고 가만히 있다가 뱀에게 잡아 먹히는 그런 일들이 가끔 벌어진다고 합니다.

예수님만이 죄를 해결하는 길이다

죄라고 하는 것이 그렇습니다. 죄가 우리를 응시하고, 우리 속에 있는 그 모든 유혹의 꺼리들을 불러일으키면 꼼짝없이 죄의 밥이 되는 것입니다. 그렇기 때문에 바울이 로마서 7장 24절 말씀에서 "오호라 나는 곤고한 사람이로다 이 사망의 몸에서 누가 나를 건져내랴"라고 고백한 것입니다.

자신의 무능을 인정하는 것이 바로 죄를 씻는 첫 번째 비결입니다. 내 힘으로 할 수 없구나, 내가 불치병을 앓고 있구나, 이 죄는 돈으로도 안 되고 노력으로도 안 되고 선행으로도 안 되고 그 어떤 힘으로도 해결할 수가 없구나 하는 것을 깨닫는 것입니다. 이것이 나의 죄를 깨끗하게 씻을 수 있는 비결이 됩니다. 한걸음 더 나아가 오직 예수만이 치료자이심을 인정하시기 바랍니다. 오직 예수 그리스도만이 우리의 죄를 씻을 수 있는 분이기 때문입니다.

본문 말씀 27절에 "예수의 소문을 듣고 무리 가운데 섞여 뒤로 와서 그의 옷에 손을 대니"라고 했습니다. 여자가 들은 소문이 있었습니다. '예수가 병을 고친다더라' 하는 것이었습니다. 예수 그리스도를 그저 한번만 만나기만 하면 어떤 병이든지 깨끗하게 된다는 소문을 그가 들었습니다. 그에게 희망이 생겼습니다. 예수 그리스도가 병을 치료한다고 하는 소문, 그것이 유일한 희망이었습니다.

우리 중에는 이웃이나 친구의 손에 이끌려서 교회에 나가는 사람들도 있을 것입니다. '예수나 한번 믿어볼까? 교회나 한번 나가볼까?' 하는 생각을 가지고 교회에 나가는 사람들도 있을 것이고, 그저 한번 가볼까 하는 생각으로 예배에 참석하는 사람들도 있을 것입니다. 하지만 어떻게 믿게 되었든지 교회에 나가는 발걸음은 우리의 일생 중에 가장 복되고, 가장 귀중한 발걸음인 줄로 믿습니다. 왜냐하면 예수 그리스도만 우리의 죄를 사하고, 우리의 모든 문제를 해결하시기 때문입니다.

예수님만이 죄를 씻는 길이다

1893년에 미국 시카고에서는 종교 박람회의가 열렸습니다. 온 교회, 온 종교 지도자들이 다 모였습니다. 각자 자기 종교의 우월성을 설명합니다. 이슬람교는 이슬람교의 우월성, 불교는 불교의 우월성, 힌두교는 힌두교의 우월성을 설명했습니다.

그런데 그날 던져진 질문이 하나 있었습니다. 우리 인간 속에 있는 죄를 가장 효과적으로 씻을 수 있는 방법을 가진 종교가 무엇이냐는 것이었습니다. 그런데 그 질문에 대답하는 종교가 없었습니다. 그런데 한 사람이 손을 들고 앞으로 나왔습니다. 그는 바로 예수를 믿는 사람이었습니다.

그는 이렇게 말했습니다. "네, 우리 기독교에 모든 죄를 씻는 방법이 있습니다. 예수 그리스도의 피가 우리 인간의 모든 죄를 깨끗하게 사해 줍니다. 예수님이 십자가에 흘리신 보혈, 그것이 우리 인간의 죄를 사해 줍니다."

그 한마디가 거기에 모인 모든 종교인들을 숙연하게 만들었다고 합니다. 그들에게는 딱 부러지게 죄를 씻는 길이 없었기 때문입니다. 예수 그리스도의 피가 구원한다고 하는, 죄를 씻는다고 하는 이런 분명한 가르침을 가진 종교가 없기 때문입니다.

마호메트는 이렇게 말했습니다.

"나는 무릎이 닳도록 기도했노라." 자기의 죄를 씻기 위하여 무릎이 닳도록 기도했다고 했습니다. 그게 이슬람교의 교주입니다.

석가도 말했습니다.

"너희 구원은 너희가 이루라."

공자가 말했습니다.

"현재 일도 모르는데 미래 일을 나에게 알려 달라고? 죽음 다음의 일을 내가 어떻게 안단 말인가?" 솔직하게 그는 고백했습니다.

그러나 예수 그리스도는 분명히 말씀했습니다. **"내가 길이요 진리요 생명이니 나로 말미암지 않고는 아버지께로 올 자가 없느니라"**(요 14:6).

하나님의 독생자 예수님의 죽음

예수 그리스도의 피는 우리의 모든 죄를 사해 주십니다. 예수밖에 없습니다.

어느 버스 운전기사가 운전을 하고 있었습니다. 반 정도 승객이 탔습니다. 그런데 아주 위험한 커브를 돌고 있는데 갑자기 아이 하나가 튀어나왔습니다. 잘못 돌리다가는 그만 온 승객들이 낭떠러지로 떨어질 위기였습니다. 또 바로 가다가는 그 아이를 죽일 수밖에 없는 상황이었습니다.

기사는 갈등을 합니다. '어떻게 할까? 이 사람들을 살릴까? 저 아이를 죽일까?' 그는 마지막에 그 아이를 죽이기로 결심했습니다. 그래서 결국 아이가 죽었습니다. 그리고 차는 섰습니다. 많은 승객들이 고함을 지릅니다. "도대체 운전을 어떻게 하기에 이렇게 위험하게 운전합니까?" 고함을 지르고 있는데 한 사람이 버스를 타더니 이렇게 말하는 것이었습니다.

"여러분, 조용히 하십시오. 그런 소리 하지 마십시오. 저 아이가 누군지 아세요? 저 아이는 바로 이 운전기사의 아들입니다. 여러분을 살리기 위하여 자기 아들을 죽였으니 여러분, 아무 소리도 하지 마십시오. 감사하게 생각하세요."

우리 하나님의 사랑도 마찬가지입니다. 하나님은 세상 모든 사람을 살리기 위하여, 세상 사람들을 죄에서 구원하기 위하여 독생자 예수 그리스도를 십자가 위에서 죽이셨습니다. 아들을 죽이신 사랑, 그 사랑을 이해하고 계십니까?

예수님만이 우리의 죄를 사하신다

옛날에는 죄 씻는 길이 오직 하나밖에 없었습니다. 죄를 씻기 위해서 양이나 소, 염소와 같은 짐승을 데리고 제사장 앞에 나갔습니다. 그리고 그 앞에 손을 얹고 자기 죄를 고백합니다. 그러면 제사장은 칼을 들고 짐승을 죽입니다. 그리고 피가 나오면 그 피를 하나님 앞에 가지고 나가 죄를 깨끗하게 씻습니다. 짐승을 죽이는 길, 그 피를 가지고 나가는 길밖에는 없었습니다.

이것은 바로 예수 그리스도를 상징하는 의식입니다. 인간이 하나님 앞에서 죄를 씻는 길은 하나밖에 없는데 그것은 바로 하나님의 독생자 예수 그리스도가 십자가에 돌아가신 것을 믿는 것입니다.

히브리서 9장 13~14절 말씀에 "염소와 황소의 피와 및 암송아지의 재로 부정한 자에게 뿌려 그 육체를 정결케 하여 거룩하게 하거든 하물며 영원하신 성령으로 말미암아 흠 없는 자기를 하나님께 드린 그리스도의 피가 어찌 너희 양심으로 죽은 행실에서 깨끗하게 하고 살아 계신 하나님을 섬기게 못하겠느뇨"라고 했습니다. 예수님이 태어나시기 전에는 염소와 송아지의 피가 사람의 죄를 씻었습니다.

그러나 매번 죄를 지을 때마다 한 마리씩 죽여야 했습니다. 예수 그리스도, 죄 없는 하나님의 아들, 그분이 흘리신 그 보혈, 그 피를 믿는 자는 누구든지 깨끗하게 된다고 하는 하나님의 약속입니다.

드라마 '허준'에 보면 허준이 모든 관직을 박탈당하고, 귀양살이를 가게 되었는데 모든 대소 신료들은 임금에게 법대로 하라고 고함을 지릅니다. 그런데 임금이 뭐라고 합니까? 가만히 생각하다가 "내가 임금의 대권으로 허준을 용서하노라"라고 말합니다. 그랬더니 대소 신료들이 "전하, 아니 되옵나이다. 기강이 무너지나이다. 양반과 결혼을 하고, 법을 어긴 허준은 법대로 처리해야 합니다"라고 합니다.

그러나 임금은 "시끄럽다. 내 말을 듣지 않는 사람은 임금에 대하여 불충하는 것으로 간주하고 엄벌에 처하겠노라. 임금의 대권으로 선포하노라"라고 명합니다. 그리고 허준은 사함을 받습니다.

예수님을 믿으면 고침을 받는다

마귀는 이처럼 우리를 향해서 계속해서 참소합니다. 그러나 하나님은 어떻게 말씀합니까? "나의 대권으로 누구든지 예수 그리스도를 믿기만 하면 내가 무죄 방면하고 그 모든 죄를 사하노라." 하나님께서 이렇게 우리를 향해서 선포하고 계시는 것입니다. 그래서 복음이라고 말하고 있습니다. 오직 예수 그리스도만 우리의 죄를 사하시는 것을 믿으시기 바랍니다.

한걸음 더 나아가 이제는 예수를 믿기만 하면, 믿음으로 그분을 만지면 고침을 받습니다.

본문 28절 이하에 보면 "이는 내가 그의 옷에만 손을 대어도 구원을 얻으리라 함일러라 이에 그의 혈루 근원이 곧 마르매 병이 나은 줄을 몸에 깨달으니라"고 말씀합니다. 그는 예수만이 치료한다고 믿었습니다. 믿고 가만히 있었으면 아마 아무런 일도 벌어지지 않았을 것입니다. 그러나 이 여인은 주님에게 다가갔습니다. 주님의 옷을 믿음으로 만졌습니다. 만지는 순간에 우리 주님의 치료하는 능력이 여인의 속에 들어와서 이 여인의 병을 깨끗하게 고쳤던 것입니다.

예수님을 영접하면 죄의 근원이 마른다

이것이 중요합니다. **예수 그리스도를 믿음으로 만져야 합니다.** 주님을 내 마음속에 영접해야 합니다. 믿음의 행동, 믿음의 결단이 있어야 합니다.

옛날에 짐승을 죽이기 전에 반드시 짐승의 머리에 손을 얹고, 나는 이런 이런 죄를 지었다고 고백한 다음에 제사장이 그 짐승을 죽였던 것처럼 예수 그리스도 앞에 '주님 저는 이런 죄를 지었습니다. 그러나 주님의 그 피가 저를 용서해 주실 줄로 믿습니다' 하고 예수님을 영접하면 그 순간에 모든 죄는 사함 받고 하나님의 자녀가 되는 것입니다.

여인이 예수님의 옷을 만지듯이 우리도 예수님을 영접해야 합니다. 그 순간 우리 하나님의 능력 가운데 우리의 모든 죄의 근원은 마르고, 하나님의 자녀가 되고, 하나님의 거룩한 백성이 되는 줄로 믿습니다.

옛날에 이스라엘 백성이 애굽을 탈출할 때, 이런 사건들이 있었습니다. 하나님이 애굽에 아홉 가지 재앙을 내리신 후 제일 마지막에는 장자를 죽이는 재앙을 내리셨습니다. 그러나 이스라엘 백성들은 문설주 위에다가 양의 피를 바르기만 하면 죽음의 천사가 지나간다고 믿었습니다. 그래서 피를 발랐습니다. 드디어 저 멀리서 죽음의 천사가 장자를 죽이러 옵니다.

그러나 피가 없는 집은 큰 문제가 생깁니다. 죽음의 소리가 들립니다. 죽음의 문턱에 있어도 피를 바르고 있는 사람들은 아무도 죽지 않았지만 피가 없는 집의 장자들은 다 죽었습니다.

믿음이 무엇입니까? 피를 바르는 것입니다. 누구든지 양을 잡아놓고, 피를 바르기만 하면 죽음의 천사는 그 집을 지나갑니다. 그러나 그 소리를 믿지 않고 듣지도 않고 가만히 있던 집은 장자가 죽었습니다. 심지어 바로 왕의 장자도 죽었습니다. 우리는 피를 바르는 일을 해야 합니다. 그것은 곧 예수님을 믿고 영접하는 일입니다.

주님을 마음속에 영접하기만 하면 그것은 마치 장자가 죽는 재앙에 직면한 이스라엘 사람들이 문설주에 피를 바른 것처럼 그 순간 우리는 죄 사함 받고, 하나님의 자녀가 되는 것입니다.

최근 번져나간 컴퓨터 바이러스의 이름 가운데 'I Love You'라는 것이 있다고 합니다. 이름은 좋지만 이걸 클릭하게 되면 어떻게 됩니까? 컴퓨터 안에 있는 모든 자료를 다 파괴해 버립니다. 컴퓨터를 고장냅니다. 이것은 필리핀에 있는 한 청년이 개발한 것이라고 합니다. 그러나 **하나님께서는 우리 각자를 향해서 천국에서 직접 'I Love You' 메일을 보내셨습니다.** 무조건 클릭만 하면 그 순간에 'I Love You' 메일이, 귀한 복음이 우리의 마음속에 삶 속에 들어와서 우리 안에 있는 모든 더러운 죄, 모든 과거의 나쁜 기억들을 깨끗하게 씻어 줍니다.

참으로 주님의 복음은 능력이 있습니다. 죄 씻기를 원한다면 오직 예수 그리스도 앞에 나가서 나의 죄를 자백하며, 예수님이 나의 죄를 위해 죽으신 것을 믿고 예수님을 영접해야 합니다.

"볼지어다 내가 문밖에 서서 두드리노니 누구든지 내 음성을 듣고 문을 열면 내가 그에게로 들어가 그로 더불어 먹고 그는 나로 더불어 먹으리라"(계 3:20).

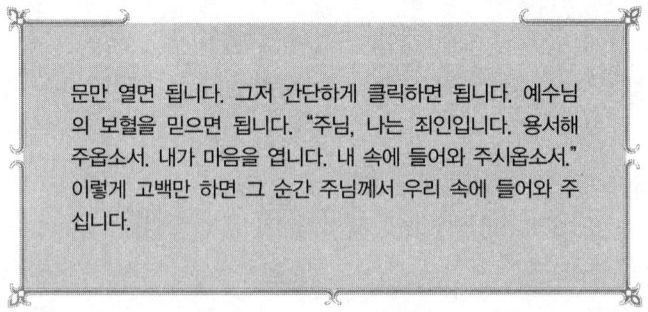

문만 열면 됩니다. 그저 간단하게 클릭하면 됩니다. 예수님의 보혈을 믿으면 됩니다. "주님, 나는 죄인입니다. 용서해 주옵소서. 내가 마음을 엽니다. 내 속에 들어와 주시옵소서." 이렇게 고백만 하면 그 순간 주님께서 우리 속에 들어와 주십니다.

"평안을 원하십니까?"

마태복음 14장 22~33절

예수께서 즉시 제자들을 재촉하사 자기가 무리를 보내는 동안에 배를 타고 앞서 건너편으로 가게 하시고 무리를 보내신 후에 기도하러 따로 산에 올라가시다 저물매 거기 혼자 계시더니 배가 이미 육지에서 수 리나 떠나서 바람이 거슬리므로 물결을 인하여 고난을 당하더라 밤 사경에 예수께서 바다 위로 걸어서 제자들에게 오시니 제자들이 그 바다 위로 걸어 오심을 보고 놀라 유령이라 하며 무서워하여 소리지르거늘 예수께서 즉시 일러 가라사대 안심하라 내니 두려워 말라 베드로가 대답하여 가로되 주여 만일 주시어든 나를 명하사 물 위로 오라 하소서 한대 오라 하시니 베드로가 배에서 내려 물 위로 걸어서 예수께로 가되 바람을 보고 무서워 빠져 가는지라 소리질러 가로되 주여 나를 구원하소서 하니 예수께서 즉시 손을 내밀어 저를 붙잡으시며 가라사대 믿음이 적은 자여 왜 의심하였느냐 하시고 배에 함께 오르매 바람이 그치는지라 배에 있는 사람들이 예수께 절하며 가로되 진실로 하나님의 아들이로소이다 하더라

 마젤란이 세계일주를 떠났습니다. 세계일주 중에 그가 만난 바다가 있습니다. 사납고, 꼴불견이고, 참기 어려운 바다였습니다. 너무너무 사나운 바다였습니다. 마젤란의 마음속에 '에이, 세상에 이런 험한 바다가 있는가? 제발 좀 평안해졌으면 좋겠다' 하는 생각이 들었습니다. 그래서 그 바다를 태평양이라고 명명했습니다.

인생을 살아가면서 태평양이라고 이름을 붙이고 싶은 일들이 많습니다. 지금도 아마 우리 가운데는 여러 가지 일들을 바라보면서 태평양이란 이름처럼 평안했으면 좋겠다고 생각하는 사람

들이 있을 것입니다.

우리 삶 속에 물질의 파도가 일어납니다. 돈 문제가 파도처럼 일어나서 마음을 흔들어놓습니다. 물질의 고통을 받아본 사람만이 이 파도가 얼마나 높은지 압니다. 또 건강이라고 하는 파도가 일어나면 걷잡을 수가 없습니다. 파도 중에 큰 파도가 이 건강의 파도입니다.

또한 실패라고 하는 파도도 있습니다. 사업이 실패할 때, 입학시험에서 떨어질 때, 자기가 바라는 것이 잘 되지 않을 때, 굉장히 마음에 파도가 많이 일어납니다. 죽을 것 같은 느낌이 듭니다. 그러나 이 땅에 살면서 건강이 회복되고, 돈이 회복되고, 직장이 회복되고, 내가 바라는 모든 것을 얻는다고 해도 과연 평안해질 것인가 하는 질문을 해볼 수 있을 것입니다. 모든 것이 다 채워져도 우리는 평안을 찾을 수 없습니다.

복지제도가 평안을 주는가?

어떤 한국 사람이 핀란드의 수도 헬싱키에 관광을 갔는데 그만 맹장염에 걸렸습니다. 그래서 그는 병원을 찾아갔습니다. 맹장 수술을 마치고 나흘 동안 거기에 입원을 했습니다. 그런데 걱정이 태산입니다. 나흘 동안 병원에 누워 있었으니 계산해보면 적어도 몇 백만 원은 나올 것 같았습니다. 떨리는 마음으로 계산서를 받았습니다.

그런데 한국 돈으로 계산을 해보니까 단돈 5천 원이 나왔더라는 것이었습니다. 눈이 휘둥그레졌습니다. 집으로 돌아왔는데 보험회사에서 어떻게 알았는지 그 5천 원을 가지고 찾아왔습니다. 완벽한 사회보장제도를 가진 나라, 나흘 입원하고 5천 원이 나왔는데 그것도 보험회사가 다 지불해주는 그런 아름다운 나라가 어디에 있습니까?

그러나 핀란드는 세계에서 자살률이 세 번째로 높은 나라입니다. 잘 살지만 그 사람들이 모두 평안한 것이 아닙니다. 물질이 있다고 절대 평안하지 않습니다. 건강이 있어도 다 평안하지 않습니다. 외적인 조건을 다 갖추어도 절대 평안하지 않습니다.

영화 '쿼바디스'에 보면 로마 시대에 박해당하는 그리스도인들이 죽음을 맞이하는 장면이 나옵니다. 경기장에서 사자가 기다리고 있지만 공포가 하나도 없습니다. 환경은 사람들을 완전히 죽이려고 하지만 마음의 공포는 하나도 없습니다. 그 속에 무언가 있습니다. 그들은 노래를 부르고 있습니다. 놀라운 장면입니다.

세상의 모든 것이 다 사라지고 건강이 없어져도, 심지어 직장이 없어져도 그 마음에 평안이 있는 놀라운 비결, 그것을 가진 곳이 바로 교회입니다. 그 평안을 주시는 분이 바로 예수 그리스도입니다. **예수를 모신 사람은 죽음 앞에서도, 질병 앞에서도, 실패 앞에서도, 고독 앞에서도 절대로 마음이 흔들리지 않고 평안할 수 있습니다.** 노래할 수 있습니다.

혼자라고 생각할 때 평안이 없다

본문의 이 제자들은 지금 풍랑이 일어나 두려워하고 있습니다. 평안이 없습니다. 너무나 큰 풍랑이 일어났기 때문입니다. 왜 그들이 지금 두려워하며 떨고 있습니까? 의지할 곳이 없습니다. 예수님이 안 계셨습니다. 그래서 두려워하고 불안해하는 모습을 볼 수가 있습니다.

인간이 두려울 때가 언제입니까? 나 혼자 있다고 생각하고 아무도 나를 도와줄 사람이 없다고 느낄 때입니다. 그때 절망에 빠지고 평안이 없어지는 것입니다.

저는 지금도 자전거를 처음 배울 때 생각이 납니다. 형과 함께 어느 초등학교 운동장으로 자전거를 배우러 갔습니다. 그때 저는 초등학교 5학년이었습니다. 그리고 그때 형을 '새야!'라고 불렀습니다. "새야! 꽉 붙들어라." "알았다. 걱정하지 마라." 형님이 저를 열심히 따라오셨습니다. 수시로 물어보았습니다. "새야! 꽉 잡았나?" "걱정하지 마라." 열심히 자전거를 타고 갔습니다.

그런데 한참을 가다보니까 혼자 있는 것 같아 휙 돌아보니까 아무도 없었습니다. 얼마나 두렵던지 비틀비틀하다가 '쾅' 하고 넘어지고 말았습니다. 뒤에 있다고 생각하면 무섭지 않지만 혼자 가고 있다고 생각하면 자전거를 겁내던 저처럼 두려움이 옵니다. 그러나 **성경 말씀은 참된 평안을 회복하는 길을 잘 보여주고 있습니다.** 평안을 회복하는 처음 단계입니다.

하나님의 손을 붙잡자

본문 25절을 보면 "밤 사경에 예수께서 바다 위로 걸어서 제자들에게 오시니"라고 했습니다. 제자들이 고함을 지르고, 죽겠다고 두려워 떨고 있는데 예수님이 물 위로 걸어서 지금 제자들에게 다가오고 있습니다. 나를 돕는 자가 없고, 나 혼자라고 생각하면 두렵고 평안이 없습니다. 그러나 예수님께서 제자들을 찾아오시는 모습을 여기서 볼 수가 있습니다.

어떤 사람이 홍수가 나서 지붕 위에서 구조를 기다리고 있었습니다. "사람 살려" 고함을 지르면서 기다리고 있는데 아무리 기다려도 사람이 오지 않았습니다. 한참 있다 보니까 보트 하나가 보였습니다. 그런데 이 사람은 고함을 지르다가 하나님 앞에 기도하자는 생각을 했습니다. "하나님, 저를 좀 살려주세요." 그 기도를 드리는 순간에 보트가 곁으로 왔습니다. "여보세요, 빨리 보트에 타세요."

그런데 기도하던 이 사람이 말합니다. "아니요, 하나님이 날 구해줄 거요." 한참 있다 보니까 이번에 다시 또 보트 한 대가 왔습니다. 또다시 이 사람이 말합니다. "가시오, 하나님께서 날 구해주실 거요." 보트가 다시 지나갔습니다.

"하나님, 좀 구해주세요." 고함을 지르고 있는데 이번에는 헬리콥터가 다가왔습니다. 밧줄을 내렸습니다. "빨리 올라오시오." "아니요, 하나님이 날 구해주실 것이요." 그런데 그 기도가 끝남과 동시에 물이 불어서 그 사람은 물에 빠져죽고 말았습니다.

이 사람이 하나님 앞에 갔습니다. 따졌습니다. "하나님, 왜 내가 기도했는데 도와주지 않았습니까?" 하나님께서 말씀합니다. "야! 내가 네 기도를 듣고 보트를 두 번 보내고, 헬리콥터를 한 번 보냈는데 왜 타지 않았니?"

노심초사 아들을 지키는 아버지의 사랑

우리는 하나님의 끈질긴 초청을 받고 교회에 나왔습니다. 아마 여러 모양으로 교회 가자고 하는 사람을 많이 만났을 것입니다. 하나님은 우리를 구원하고, 평안을 주시기 원하십니다. 그래서 불러주셨습니다. 혼자 있다고 생각하면 두렵습니다. 그러나 우리 하나님은 찾아오시는 분입니다. 나도 모르는 사이에 오래 전부터 우리 뒤를 따라오고 계셨습니다.

우리는 이렇게 개화된 문명 사회에서 살지만 지금도 인디언 족속은 전통을 지키면서 살고 있습니다. 아메리칸 인디언에게는 독특한 관습이 하나 있습니다. 무슨 관습이냐 하면 어른이 되기 위한 성인식입니다. 인디언의 성인식은 대단히 혹독합니다. 20세가 되면 아이를 혼자 산으로 보냅니다. 그 아이는 밤새도록 그 산 위에서 혼자 오들오들 떨면서 고독한 밤을 보내야 합니다. 짐승과 싸워야 하고, 두려움과 싸워야 합니다. 그래서 두려워 떨면서 산으로 올라갑니다.

그 밤을 통과하지 못하고 도망가면 어른이 영원히 되지 못하는 것입니다. 바람 소리가 나고, 짐승 울음 소리가 들립니다. 얼마나 무서울까요? 두려운 마음으로 밤을 보냅니다. 드디어 아침이 희미하게 밝아옵니다.

그런데 놀라운 사실이 있습니다. 그 아이의 아버지가 저 멀리 아들이 보이는 나무 옆에 서 있습니다. 화살을 하나 겨누고 혹시나 사나운 짐승이라도 달려들면 맞추려고 온통 신경을 거기에 집중하면서 자기 아들을 보고 있는 것입니다. 그러나 아이는 그 사실을 모릅니다.

아버지는 나무 뒤에서 혹시 내 아들이 어떻게 될까 해서 노심초사합니다. 그리고 새벽이 밝아오자 아들은 비로소 밤새도록 아버지가 한잠도 자지 않고 자기를 지켰다는 사실을 깨닫게 됩니다. 아버지와 아들이 와락 끌어안고 사랑을 나눕니다. "장하다. 내 아들아, 네가 바로 이제는 어른이로구나."

나를 내버려 두지 않으시는 하나님

우리 하나님이 그렇습니다. 우리는 마치 혼자 있는 것처럼 보입니다. 어려운 일을 당할 때, 아무런 도움도 받을 수 없는 그런 고독 가운데 있다고 생각합니다. 그러나 우리 하나님은 한번도 우리를 버리신 적이 없습니다. 먼발치에서 우리를 보고 계셨습니다. 그리고 손에는 화살을 들고, 우리를 보호하고 계셨습니다.

우리가 교회를 떠났을 때도 하나님은 절대로 우리 곁을 떠나지 않으셨습니다. 계속 뒤를 따라오셨습니다. 밤새도록 우리를 지키셨습니다. 하나님께서 우리 곁에 계십니다. 눈에 보이지 않아도 내 곁에 계시고, 어려운 순간에도 나와 함께 계셨고, 참으로 주님은 놀라운 사랑과 은혜로 우리와 동행하셨습니다.

새 한 마리가 둥지에서 퍼드덕거리고 있는 것을 조류학자가 관찰하고 있었습니다. 그런데 그때 마침 둥지에 불이 났습니다. 그 둥지에는 새끼들이 삐약삐약거리면서 어미를 기다리고 있었습니다. 이 어미새는 날아다니면서 안절부절못합니다. 조류학자가 보고 있는데 놀라운 일이 벌어졌습니다. 이 어린 새들이 불에 타죽자 어미는 한참을 떠돌다가 그대로 불속으로 뛰어들어가는 것입니다. 그리고 새끼 새들을 날개 밑에 다 안았습니다.

우리 하나님의 사랑을 표현하는 좋은 이야기입니다. 우리 하나님께서도 이와 마찬가지로 사람들이 죄악 가운데 고통당하고, 말할 수 없는 풍랑 가운데 두려워하고 염려하는 모습들을 바라보면서 그냥 내버려 두지 않으셨습니다.

외아들을 보내주신 하나님

"세상을 이처럼 사랑하사 독생자를 주셨으니 이는 저를 믿는 자마

다 멸망치 않고 영생을 얻게 하려 하심이니라"(요 3:16).

하나님께서는 외아들을 보내셨습니다. 하나님은 절대로 인간을 버리는 하나님이 아닙니다. 늘 곁에 계시고, 따라오시며, 그 옆에서 보호하시고 인도하시는 하나님이십니다. 풍랑에 고통당하는 제자들을 그냥 버리지 않고 파도 위를 걸어서 그 모든 풍랑 사이로, 제자들 곁으로 오셨습니다. 그 하나님이야말로 우리의 소망이요, 평안의 근원이 되는 것을 믿으시기 바랍니다.

주님은 오셔서 어떻게 하십니까? 말씀하시기 시작합니다. 본문 말씀 27절에 보면 "예수께서 즉시 일러 가라사대 안심하라 내니 두려워 말라"고 했습니다. 주님은 오셔서 가만히 계시는 분이 아닙니다. 오셔서는 반드시 말씀합니다. 제자들은 예수님을 몰라보고 귀신이라고 유령이라고 고함을 지릅니다. 예수님을 몰라보고 무서워 소리를 질렀습니다.

예수님을 몰라보면 평안이 없다

예수님을 몰라보는 인생은 평안이 없습니다. 지금까지 세상을 지으신 하나님이 누구라고 생각했습니까? 이 세상이 저절로 생겼다고 생각했습니까? 사람이 원숭이로부터 진화했다고 생각했습니까? 길이 여기 있다고, 저기 있다고 세상의 온갖 종교들이 우리를 현혹합니다. 그러나 예수님을 모르는 인생은 늘 불안합니다. 예수님 음성을 듣지 않고, 세상 음성을 듣는 사람에게는 평안이 없습니다.

어떤 사람은 결혼도 날을 받아서 합니다. 길일을 찾습니다. 이사도 좋은 날, 손 없는 날을 찾아서 합니다. 심지어 못 하나 박는 것도 잘 따져가면서 박아야 한다고 말합니다. 얼마나 복잡한지 모릅니다. 저는 귀신 들렸다가 나은 사람에게 물어보았습니다. 그가 대답했습니다. "아이고, 목사님 복잡해요. 복잡해. 얼마나 복잡한지 모르겠어요." 예수님을 몰라보는 인생은 한마디로 복잡하다는 말씀입니다.

지금까지 어떻게 사셨습니까? 오직 예수 그리스도 한 분을 영접하면 그 순간부터 간단한 인생이 됩니다. 복잡하지 않습니다. 오직 한 분 예수 그리스도만을 내 마음속에 모시면 그때부터 다른 것은 문제가 되지 않습니다. 동서남북 마음대로 이사를 가도 괜찮습니다. 잠잘 때도 남쪽을 보고 잘 필요가 없습니다. 다 잊어버리고 오직 예수 그리스도 한 분만을 기억하고 살면 그때부터 마음속에, 삶 속에, 가정 속에 평안이 임하는 것을 보게 됩니다.

주님을 몰라보면 복잡해집니다. 묘터가 나쁘다고 조상의 묘를 뒤집는 사람도 있습니다. 예수 믿지 않고 죽은 조상은 죽어서도 고생을 합니다. 죽은 지 10년, 20년 됐는데 갑자기 어느 날 후손들이 와서 삽으로 묘자리를 파내서 다시 태우고 뿌리는 이런 골치 아픈 일이 생깁니다. 그러나 예수 그리스도 한 분을 알면 얼마나 간단해지는지 모릅니다.

하나님 한 분만 섬기면 평안하다

부산에 사업을 잘하는 사람이 있었습니다. 돈을 많이 벌었습니다. 그런데 관상협회에서 그 사람의 관상을 보고는 절대로 돈 벌 수 없는 관상이라고 발표했습니다. 절대 부자가 될 수 없는 관상이라는 것이었습니다. 상황을 알게 된 관상쟁이들이 곤란해졌습니다. 결론을 내려야 하겠는데 가만히 뒤져보니까 그 사람은 예수 믿는 사람이었습니다.

그래서 그 사람들이 내린 결론이 "이 사람은 관상 나쁘고, 족장도 나쁘고, 태어난 일시도 다 나쁜데 한 가지 하나님을 믿는 사람이기 때문에 이 모든 걸 초월하노라"라고 했다는 것입니다. 저는 그 글을 읽으면서 할렐루야! 했습니다.

예수 그리스도만 알면 인생이 조용해지고 평안해집니다. 쓸데없는 것 때문에 두려워하지 마시기 바랍니다. 너무 복잡한 인생 살지 마시기 바랍니다. 따지고 살지 마시기 바랍니다. 예수님 한 분 믿으면 그때부터 인생이 얼마나 행복하고, 얼마나 기쁨이 충만해지는지 모릅니다.

주님은 이렇게 말씀합니다. "내니 두려워 말라." 예수를 처음 믿는 성도의 집에 가면 별의 별것이 다 있습니다. 부적부터 시작해서 온갖 액자들이 다 붙어 있습니다. 그걸 다 걷어오는 날들이 있습니다. 그러면 성도들은 두려워합니다. 그걸 잘못 건드렸다가 혹시 큰일 당하는 거 아니냐고 말합니다.

그러면 저는 "걱정하지 마십시오. 하나님은 크신 하나님, 하나님 한 분 바로 섬기면 모든 것들은 다 평안하고 잠잠해집니다"라고 하면서 제 손으로 신주단지도 가져오고, 모든 액자, 족자를 걷어옵니다. 한번은 차가 가득 찰 정도로 걷어와 몽땅 직접 폐기 처분한 일도 있습니다.

예수님만 믿으면 평안하다

어떤 사람은 또 한 집안에 종교가 두 개 있으면 복잡하다고 말합니다. 그러나 전부 거짓말입니다. 예수 그리스도만 믿으면 그때부터 모든 것은 평안해집니다.

그래서 요한복음 14장 27절에 주님이 이렇게 말씀합니다. "평안을 너희에게 끼치노니 곧 나의 평안을 너희에게 주노라 내가 너희에게 주는 것은 세상이 주는 것 같지 아니하니라 너희는 마음에 근심도 말고 두려워하지도 말라." 이제 그들은 예수님의 음성을 듣고 예수님께로 가기 시작했습니다.

본문 말씀 28절 이하에 "베드로가 대답하여 가로되 주여 만일 주시어든 나를 명하사 물 위로 오라 하소서 한대 오라 하시니 베드로가 배에서 내려 물 위로 걸어서 예수께로 가되"라고 했습니다. 중요한 것은 이제는 각자 예수님께로 가야 한다는 것입니다. **우리 모두가 각자 주님 앞으로 나아가야 합니다.** 그래야 평안이 옵니다. 그냥 구경만 하고, '저기 가면 참 좋겠구나' 생각만 하면 안 됩니다. 평안이 있는 곳으로 발걸음을 옮겨야 합니다.

두려움에 가득 차 있던 베드로는 예수님께 가기로 결심했습니다. '풍랑이 높이 일고 있지만 예수님의 귀한 말씀을 따라서 내가 풍랑 위로 걸어가기만 하면 되겠구나' 하는 생각이 베드로에게 있었습니다. 예수님께로 가는 단순한 마음, 그 속에 평안이 일어나는 것입니다.

아버지를 믿는 아이는 두려워하지 않는다

어느 배가 출항하여 한참을 항해하는데 그만 큰 풍랑이 일어났습니다. 배 안에 탄 사람들은 모두 두려워 떨고 있었습니다. '이제 죽었구나' 하며 모두 떨고 있었습니다. 그런데 한 아이만은 하나도 떨지 않았습니다. 싱글벙글 얼마나 얼굴이 환하고 밝은지 옆에 있던 어른이 꾸짖었습니다. "얘야, 너 이 배가 당장 가라앉을지도 몰라. 그러니 자꾸 웃지 말고 아저씨처럼 손잡이를 꽉 잡아. 구명조끼도 잘 입고 준비하고 있어."

그러자 이 아이가 싱글벙글 웃더니 한마디 합니다. "아저씨, 걱정하지 마세요. 이 배의 선장이 누군지 아세요? 우리 아빠예요. 우리 아빠 지금까지 한 번도 사고를 당하지 않으셨어요. 안전하게 우리를 바다 건너편까지 인도하실 거예요."

아버지를 믿고 있는 이 아이는 풍랑 가운데서도 두려워하지 않았습니다. 평안이 있었습니다. 하나님을 믿는 인생, 예수 그리스도를 믿는 인생은 어떤 풍랑과 바람이 불어도 절대 두려워하지 않을 수 있는 것입니다.

베드로는 물 위로 주님 앞에 나아갔습니다. 그런데 문제가 발생했습니다. 주님이 오라고 할 때, 베드로는 성큼 바다 위로 걸어서 갔습니다. 몇 발자국은 잘 옮겨 갔습니다. 그런데 걸어가다가 그만 마음속에 의심이 생겼습니다. '아이고, 지금 내가 바다 위로 걸어가고 있구나. 이건 도저히 있을 수 없는 일인데…….' 이런 생각을 하자 베드로는 물에 다시 빠지고 말았습니다.

우리 중에도 이런 생각을 하는 사람들이 있습니다. '내가 혹시 잘못된 길을 가다가 푹 빠지면 어떻게 하나? 이거 혹시 잘못되면 어떻게 하나? 내 인생이 수렁 속으로 빠지면 어떻게 하나? 한 집안에 종교가 틀리면 풍비박산 된다던데…….'

그러나 우리 주님은 어떤 순간에 있든지 우리 손을 붙드셔서 구원해 주실 것을 믿으시기 바랍니다. 빠져가던 베드로를 주님은 버리지 않으셨습니다. 그의 손을 잡고 이끌어 주셨습니다. 물에 빠질까봐 염려하지 마십시오. 주님의 손이 우리를 붙들어 주십니다.

하나님 아버지는 내 손을 절대 놓지 않으신다

본문 말씀 30절 이하에 "바람을 보고 무서워 빠져가는지라 소리 질러 가로되 주여 나를 구원하소서 하니 예수께서 즉시 손을 내밀어 저를 붙잡으시며 가라사대 믿음이 적은 자여 왜 의심하였느냐"라고 했습니다. 빠질 염려가 없습니다. 빠지더라도 주님이 우리를 건져주십니다.

《닥터 지바고》에 보면 소냐라고 하는 아이가 나옵니다. 닥터 지바고의 딸입니다. 그런데 그 아이가 아버지를 잃어버렸습니다. 그때 누군가 묻습니다. "애, 너 왜 혼자 됐니?" "우리 아버지가 내 손을 놓았어요." "아버지?" "전쟁 중에 내 손을 놓았어요." 그러자 그 사람이 말합니다. **"아버지가 아니야. 아버지라면 네 손을 절대 놓지 않을 거야.** 네 진짜 아버지가 누군지 보여줄까? 닥터 지바고!"

전쟁이 심하고, 어떤 일이 생겨도 진짜 아버지는 딸을 절대로 놓지 않습니다. 팔이 잘려도 자식의 손을 놓지 않습니다. 그러나 가짜 아버지는 놓아버립니다. 하나님이 우리의 진짜 아버지인 줄로 믿으시기 바랍니다. 하나님 아버지는 절대로 우리 손을 놓지 않습니다. 끝까지 놓지 않습니다.

예수 그리스도의 손은 우리 인생이 어떤 궁지에 몰리더라도 우리를 붙들어주고, 그 궁지 가운데서 우리를 이끌어주는 사랑의 손입니다. 지금 잡고 있는 손이 누구 손인지를 확인해 보시기 바랍니다.

세상의 손은 다 우리를 다 놓아 버립니다. 헛된 종교의 손도 다 우리를 놓아버릴 것입니다. 돈도 건강도 사람도 우리를 놓아버릴 것입니다. 환경도 놓아버릴 것입니다. 그래서 사람은 늘 불안합니다. 그러나 천지를 지으시고, 우리를 사랑하시고, 예수 그리스도를 이 땅에 보내주신 우리 하나님의 손, 그 사랑의 손은 절대로 우리를 놓지 않고 천국까지 인도해주실 것을 믿으시기 바랍니다.

예수님은 절대로 우리 손을 놓지 않으십니다. '주님! 내가 주님을 나의 친아버지, 나의 구주로 고백합니다. 이 손을 맡기오니 일생 동안 저를 놓지 마시고, 인도해 주시옵소서.'

예수님을 영접하면 평안하다

이제 우리는 마지막 단계에 이르게 됩니다. 본문 32절 말씀에 "배에 함께 오르매 바람이 그치는지라" 했습니다. 바람이 어떻게 그쳤습니까? 예수님이 배 위에 오르시자 모든 풍랑은 잠잠해졌습니다. 그렇습니다. 모든 풍파가 확실하게 걷히고 평안을 누리게 되는 비결이 바로 여기 있습니다. 예수님을 내 배 속에 영접하는 것입니다. 예수님을 내 마음속에 영접하는 것입니다. 예수님을 내 가정 속에 영접하는 것입니다. 예수님을 내 인생 속에 영접하는 것입니다.

요한복음 1장 12절에 "영접하는 자 곧 그 이름을 믿는 자들에게는 하나님의 자녀가 되는 권세를 주셨으니"라고 했습니다. 예수님을 영접하기만 하면 하나님의 자녀가 됩니다. 영접하는 그 순간부터 평안이 넘치게 된다는 말씀입니다. 요한계시록 3장 20절에서 "볼지어다 내가 문밖에 서서 두드리노니 누구든지 내 음성을 듣고 문을 열면 내가 그에게로 들어가 그로 더불어 먹고 그는 나로 더불어 먹으리라"고 했습니다.

우리 주님께서 문밖에 서서 두드린다고 말씀하셨습니다. 누구든지 그 음성을 듣고 문만 열면 주님은 그의 인생 속에 들어오십니다. 그 가정 속에 들어오십니다. 그 마음속에 들어오십니다. 그래서 절대로 떠나지 않고 능력의 손으로 우리를 잡으셔서 일생 동안 놀라운 축복의 삶, 평안의 삶을 살도록 인도해 주신다는 약속의 말씀입니다.

예수님을 모시면 평안이 넘친다

주님은 우리에게 평안을 주시기 위하여 천국을 버리시고, 낮고 천한 인간의 몸으로 세상 속에 오셨습니다. 주님을 밖에 세워두어서는 안 됩니다. 마음을 열고 주님을 영접하기를 바랍니다. 내 모든 마음의 근심, 걱정, 염려, 불안의 바람이 그치게 될 것입니다. 내 가정 속에 예수님을 모십시다. 불안, 믿음, 분쟁의 바람이 그치고, 사랑과 화목과 평안이 넘치는 가정이 될 것입니다. 예수님을 국가에 모시면 나라에 평안이 넘치게 될 것입니다.

여리고 성에 살던 삭개오가 주님을 모셨을 때, 참으로 그 마음속에 평안이 임했습니다. 빌립보 간수의 집에 주님을 모시자 그 집 전체에 평안이 임했습니다. "주 예수를 믿으라 그리하면 너와 네 집이 구원을 얻으리라"(행 16:31). 예수님을 모시면 내가 구원 받을 뿐 아니라 나 때문에 가정도 구원받는 위대한 축복을 받게 됩니다.

해적 나라 영국이 예수님을 모실 때 신사의 나라가 되지 않았습니까? 센트럴아메리카호라고 하는 배가 항해를 하다가 풍랑을 맞았습니다. 많은 사람들이 타고 있었습니다. 다른 한 척이 구조하기 위해서 다가왔습니다. 빨리 사람들에게 알리고 승객들을 대피시키라고 했습니다. 그런데 선장은 조금 있다 하라고 합니다. 지금 말했다가는 우왕좌왕하다가 온 배가 난장판이 될 것이니 내일 아침에 하자면서 시간을 끌었습니다. 그런데 놀랍게도 한 시간 뒤에 그 배는 완전히 가라앉고 말았습니다.

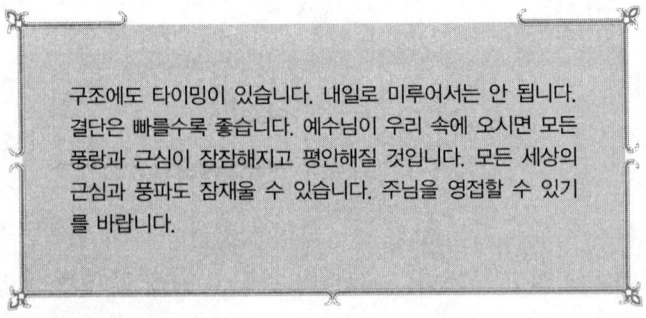

구조에도 타이밍이 있습니다. 내일로 미루어서는 안 됩니다. 결단은 빠를수록 좋습니다. 예수님이 우리 속에 오시면 모든 풍랑과 근심이 잠잠해지고 평안해질 것입니다. 모든 세상의 근심과 풍파도 잠재울 수 있습니다. 주님을 영접할 수 있기를 바랍니다.

"안전한 인생의 항해를 원하십니까?"

사도행전 27장 9~25절

여러 날이 걸려 금식하는 절기가 이미 지났으므로 행선하기가 위태한지라 바울이 저희를 권하여 말하되 여러분이여 내가 보니 이번 행선이 하물과 배만 아니라 우리 생명에도 타격과 많은 손해가 있으리라 하되 백부장이 선장과 선주의 말을 바울의 말보다 더 믿더라 그 항구가 과동하기에 불편하므로 거기서 떠나 아무쪼록 뵈닉스에 가서 과동하자 하는 자가 더 많으니 뵈닉스는 그레데 항구라 한편은 동북을, 한편은 동남을 향하였더라 남풍이 순하게 불매 저희가 득의한 줄 알고 닻을 감아 그레데 해변을 가까이 하고 행선하더니 얼마 못 되어 섬 가운데로서 유라굴로라는 광풍이 대작하니 배가 밀려 바람을 맞추어 갈 수 없어 가는 대로 두고 쫓겨 가다가 가우다라는 작은 섬 아래로 지나 간신히 거루를 잡아 끌어 올리고 줄을 가지고 선체를 둘러 감고 스르디스에 걸릴까 두려워 연장을 내리고 그냥 쫓겨 가더니 우리가 풍랑으로 심히 애쓰다가 이튿날 사공들이 짐을 바다에 풀어 버리고 사흘째 되는 날에 배의 기구를 저희 손으로 내어 버리니라 여러 날 동안 해와 별이 보이지 아니하고 큰 풍랑이 그대로 있으매 구원의 여망이 다 없어졌더라 여러 사람이 오래 먹지 못하였으매 바울이 가운데 서서 말하되 여러분이여 내 말을 듣고 그레데에서 떠나지 아니하여 이 타격과 손상을 면하였더면 좋을 뻔하였느니라 내가 너희를 권하노니 이제는 안심하라 너희 중 생명에는 아무 손상이 없겠고 오직 배뿐이리라 나의 속한 바 곧 나의 섬기는 하나님의 사자가 어젯밤에 내 곁에 서서 말하되 바울아 두려워 말라 네가 가이사 앞에 서야 하겠고 또 하나님께서 너와 함께 행선하는 자를 다 네게 주셨다 하였으니 그러므로 여러분이여 안심하라 나는 내게 말씀하신 그대로 되리라고 하나님을 믿노라

할렐루야! 할렐루야는 '하나님을 찬양합니다'라는 뜻입니다. 우리 사람들이 할 수 있는 아름다운 말 가운데 제일 아름다운 말은 '할렐루야'라는 말입니다. 하나님께서 우리 사람을 만드실 때, 사람들을 통해서 영광을 받기 위해서 만드셨습니다. 할렐루야를 외침으로 하나님께 영광을 돌릴 수 있습니다.

사람들은 안전한 인생살이를 원합니다. 그래서 험한 산을 등산하기 전에 고사를 드리는 사람들이 있습니다. 이때마다 등장하는 짐승이 있습니다. 아주 재미있게 생긴, 코가 하늘로 향하는 돼지입니다. 사람들은 또 프로 축구를 시작할 때도 관객이 많이 오도록 하기 위해서 돼지 머리를 들고는 콧구멍에 만 원짜리 지폐를 끼워 넣고 절을 합니다.

그런가 하면 새 차를 구입한 사람이 시운전을 하기 전에 차를 앞에 두고 절을 꾸벅꾸벅 하는 모습도 보았습니다. 안전한 운행을 원하는 마음이 있기 때문입니다. 사람들은 집을 지은 후에 고사를 지내기도 합니다. 프로야구 개막전에도 고사를 지내고, 시무식 하면서 지내기도 합니다. 누구나 안전한 인생 항해를 원합니다.

우리의 인생 문제

누구나 인생이 편안하고, 안전하게 진행되기를 바라는 마음이 있습니다. 그렇기 때문에 좋다고 하는 것은 다 찾아 다닙니다. 좋은 방향을 찾아서 택일하고 이사합니다. 누워 잘 때도 북쪽을 보면 안 좋다고 해서 남쪽을 향해서 머리를 두는 사람이 많습니다.

그뿐 아닙니다. 날짜도 좋은 날짜, 손 없는 날로 잡습니다. 그날 결혼도 하고, 이사도 합니다. 이사를 할 때도 문제가 안 될 날과 좋은 방향을 잡아서 이사를 합니다. 결혼하기 전에도 혹시 결혼 생활에 문제가 있을까 궁합을 봅니다. 집의 제일 좋은 자리에 신주 단지를 모셔놓고 그 신주 단지에 영혼이 있기를 바라는 마음으로 거기에 밥을 떠놓는 사람들도 많습니다. 부적을 붙이기도 합니다. 식당 옆에 가면 이상한 글자가 붙어 있는데 그것이 바로 부적입니다. 비싼 부적은 1천만 원짜리도 있습니다. 그걸 붙여놓고 장사가 잘 되기를 바라는 사람들이 많습니다. 북어 대가리를 달아놓기도 합니다.

그러나 문제는 아무리 고사를 잘 지낸 차라도 사고가 나는 것을 막을 수 없다는 것입니다. 북어 대가리를 달아 두었는데 장사가 안 되는 것을 어떻게 합니까? 열심히 택일해도 사고 날 수 있고, 또 방향을 잘 잡아도 잘못된 방향으로 갈 수 있는 것입니다. 이게 우리 인생의 문제라고 말할 수 있습니다.

딱 한 분만 따지자

이것저것 따지면 숨도 크게 못 쉽니다. 못 하나도 박을 수가 없습니다. 제주도 사람들은 이사를 갈 때 1년 중에 딱 며칠 동안만 이사를 할 수가 있다고 합니다. 신구간이라고 해서 신정과 구정 사이에만 이사를 갈 수가 있습니다.

언젠가 신구간에 제주도를 간 적이 있었습니다. 사람들이 이사하느라고 정신이 없어보였습니다. 물어보았더니 신정과 구정 사이에 이 땅에 있는 모든 귀신들이 옥황상제님께 일 년 보고를 하러 다 올라간답니다. 그래서 땅에는 귀신이 하나도 없다는 것이었습니다. 그래서 일 년 동안에 모든 이사를 그 기간에 다 한다는 것이었습니다. 일 년에 제주도는 약 2만 5천 회선 정도 전화를 정선한답니다. 그런데 2만 회선이 바로 신구간 동안에 다 이루어집니다.

사람들이 이렇게 안전한 항해를 원하고 있는 것입니다. 신년이 다가오면 토정비결도 봐야 하고 운수도 한번 봐야 합니다. 또 뭐가 잘 안 되면 족상도 한번 보고, 수상도 보고, 또 여러 가지 관상을 보면서 이것저것을 따져보는 사람들이 얼마나 많은지 모릅니다. 아주 복잡합니다.

그러나 이것저것 다 안 따져도 딱 한 분만 따지면, 딱 한 사람 앞에서만 인생을 정리하면 하나님이 완전히 책임져주십니다. 바로 예수 그리스도이십니다. 본문에 바울이라고 하는 사람이 나옵니다. 그가 죄수가 되어서 배를 타고 지금 저 이탈리아를 향해 항해하고 있습니다. 로마를 향해 항해하고 있습니다.

바울이 이 로마를 향해서 항해하는 것에 대해 역사가 토인비는 **"인류의 미래가 바로 그 배 속에 있었다"** 라고 말했습니다. 유럽의 장래가 바로 그 배 위에 있었다는 뜻입니다. 왜냐하면 바울이 귀한 믿음의 사람이었는데 그 배를 타고 로마로 건너가서 로마에 복음을 전했기 때문입니다. 전 세계가 기독교로 변하는 그런 귀한 일들이 일어났기 때문입니다.

아무튼 그는 죄수가 되어서 배를 타고 로마로 향해 가고 있는 것입니다. 몇 명이 그 배에 타고 있었을까요? 그 배에는 무려 276명이 타고 있었습니다. 몇 년 전에 KAL기가 떨어졌는데 사할린 상공에서 똑같은 숫자 276명이 죽었습니다.

자기를 믿는 사람

배 속에는 세 부류의 사람들이 타고 있었습니다. 먼저는 선장입니다. 그는 경험과 기술을 가졌습니다. 배를 출항하려고 하는데 선장이 가도 괜찮다고 사인을 했습니다. 선장은 오랜 경험을 다 비추어볼 때, 지금 운행해도 전혀 문제가 없다는 결론을 내리고 사람들에게 말했습니다. 세상에는 선장 같은 사람이 있습니다. 자기 기술을 믿습니다. 자기 지식을 믿습니다. 자기의 능력을 믿습니다. 자기의 주먹을 믿고, 자기의 건강을 믿습니다. 큰소리치는 사람이 많습니다. "나는 누구보다 뛰어나다. 내 사업은 평탄하다. 난 능력이 있어. 사막 가운데 나를 버려두어도 난 일어날 수 있어." 이렇게 자기를 믿고 호언장담하는 선장 같은 사람이 있습니다.

돈을 믿는 사람

또 한 부류는 바로 선주, 배의 주인입니다. 배 주인도 선장과 함께 그 배를 타고 있었습니다. "내 배는 튼튼해." 배가 얼마나 좋았는지 이 선주는 자기 배에 대한 확신이 있었습니다. 어떤 풍파도 이길 수 있다고 큰소리쳤습니다.

타이타닉이라고 하는 거창한 배에는 수천 명이 타고 있었습니다. 아무도 이 배를 침몰시키지 못할 것이다, 풍랑도 이길 것이라며 큰소리치고 출발했습니다. 거대한 거인과도 같던 타이타닉호는 얼마 뒤에 별로 크지도 않은 빙산과 충돌하였습니다. 구멍이 뚫렸습니다. 배가 침몰했습니다. 인간의 모든 경험과 지식을 총동원해서 만든 타이타닉호는 침몰하고 말았습니다. 많은 사람이 죽었습니다.

인간이 아무리 열심히 온갖 재주를 부려 만든 배라도 파선될 수 있습니다. 좌초할 수 있습니다. 선주가 말하는 좌우명이 있었습니다. "돈이 힘이다. 내 돈을 믿어라. 지금까지 나는 큰 돈을 벌었고, 이 배를 통해서 지금도 많은 돈을 벌고 있다. 돈이면 모든 것을 할 수 있다." 이 배의 주인은 늘 이렇게 말했습니다. 과연 그럴까요? 돈만 있으면 안전한 항해를 할 수 있고, 배가 튼튼

하면 절대로 물에 빠지지 않는 그런 안전을 보장받을 수 있을까요?

권력을 믿는 사람

또 한 부류의 사람은 칼을 차고 있는 백부장입니다. 로마의 장교입니다. 그 배의 전체 276명을 호송하고, 보호할 책임을 가진 군인이었습니다. 그는 자기의 부하들, 병졸들, 군대만 있으면 든든하다고 믿었습니다. 칼은 나의 힘이라고 생각하던 그런 사람이었습니다. 자기의 힘을 믿고, 군대를 믿는 사람들이 그때뿐 아니라 지금도 있습니다.

절대 권력을 가진 것 같았던 태조 왕건은 죽으면서 이런 말을 남겼습니다. *"이렇게 허무하게 끝나는 것을 그렇게 욕심만 부렸구나."* 욕심을 부리고, 권력을 믿어보았지만 때가 되니까 다 허물어지고 말았던 것입니다. 돈을 믿어도 끝이 있습니다. 권력을 믿어도 끝이 있습니다. 자기 건강을 믿어도 한계가 있습니다. 이 땅에 있는 모든 것들은 우리의 안전을 보장해주지 못합니다.

하나님을 믿는 사람

그러나 제대로 알고 있는 한 사람이 있습니다. 그 사람의 이름은 바울입니다. 바울은 기술로도 안전하지 않고, 돈으로도 안전하지 않고, 권력으로도, 군대로도 안전하지 않다는 것을 알고 있었습니다. 하나님 없는 항해는 위험하다는 사실을 분명히 알고 있었습니다. 위험한 항해를 보고 바울은 이렇게 말하고 있습니다.

"여러분이여 내가 보니 이번 행선이 하물과 배만 아니라 우리 생명에도 타격과 많은 손해가 있으리라"(행 27:10).

바울이 이번 항해에 큰 타격이 있을 것이라고 분명히 말했습니다. 안전한 항해, 그것은 바로 바울이 섬기는 하나님 앞에서 하나님과 더불어 출발하는 항해라는 것을 그가 분명히 선언했습니다. 그런데 그 말을 듣는 사람이 아무도 없었습니다. 배 주인을 더 믿었습니다. 선장을 더 믿었습니다. 백부장을 더 믿었습니다. 그러나 진짜 믿어야 할 바울의 말, 바울이 섬기는 그 하나님은 아무도 믿지 않았습니다. 그들이 거기서부터 실패한 것을 볼 수가 있습니다.

고대 로마의 휴양도시 가운데 폼페이가 있습니다. 그 폼페이는 굉장한 문화시설을 가졌지만 성적으로 타락한 도시였습니다. AD 63년경에 한 노인이 나타났습니다. "이 도시는 망할 것이니 속히 범죄하기를 그치고 제 정신을 차려라. 살려면 이 폼페이를 벗어나서 도망가는 길밖에 없다"라고 고함을 질렀지만 아무도 그 말을 듣지 않았습니다. 오히려 비웃었습니다.

그러나 16년 후 AD 79년에 베스비오 화산이 폭발하기 시작했습니다. 용암이 넘실거리면서 베스비오 화산 분화구에서 흘러넘쳐 온 도시를 뒤덮었습니다. 결국 그 화산의 폭발로 2천 명이 죽었습니다. 하나님 없는 문명, 하나님 없는 기술, 하나님 없는 돈, 하나님 없는 정치, 하나님 없는 권력, 하나님 없는 재수, 이 모든 것은 너무나 위험합니다.

안전한 인생 항해를 하려면

결국 276명이 탄 이 배는 큰 풍랑을 만나서 다 깨어지고 말았습니다. 위험한 항해가 되었다는 말입니다. **어떻게 하면 우리가 안**

전한 인생 항해를 할 수 있을까요? 먼저 하나님 없는 항해를 중지하시기 바랍니다. 지금도 우리는 항해를 계속하고 있습니다. 오늘 여기까지 왔습니다. 그러나 더 이상은 하나님 없이 혼자 항해하지 말아야 합니다. 다른 것을 믿어서는 안 됩니다. 보장해 주지를 않습니다. 이 항해는 처음부터 출항하지 말았어야 했습니다. 위험한 항해였습니다. 그들이 풍랑을 만난 것은 자업자득이었습니다.

하나님 없이 혼자서 돈을 믿고, 권력을 믿고 항해하는 모든 인생은 풍랑을 만나게 되어 있습니다. 다른 것을 믿고 출발한 배는 얼마나 위험한지 모릅니다. 그 예가 역사에 많이 있습니다.

1923년 시카고에 에드워드비치 호텔이 있었습니다. 그 호텔에 당대에 유명한 7명의 부자가 모였습니다. 그 사람들이 가진 재산을 모으면 미국 국고보다 더 많을 정도로 엄청난 부자들이었습니다. 그래서 기자들이 대서특필했습니다. "여기 우리 미국의 심장이 다 모였다. 위대한 부자다." 완전히 이 부자들에 대한 기사로 가득 차 있었습니다.

그 가운데 한 기자가 생각해보니까 과연 이 사람들이 영원히 부자로 있을지 영원히 권력을 가질지 궁금해졌습니다. 그로부터 25년 뒤에 이 기자는 그때 모였던 7명의 갑부를 추적하기 시작했습니다. 그러고는 그들에 대해 기사를 썼습니다.

부자들의 최후

첫 번째 사람, 찰스 슈업은 강철회사의 사장이었습니다. 엄청나게 돈이 많은 사람이었습니다. 그러나 25년 뒤에 조사해 보았더니 한 푼도 없는 거지로 이미 죽은 뒤였습니다.

두 번째 사람, 알스카튼은 밀농사로 거부가 된 사람이었습니다. 조사해 보았더니 그는 파산당하고 혼자 쓸쓸하게 죽고 말았습니다.

세 번째 사람, 리처드 위튼은 뉴욕원의 총재였습니다. 찾아보았더니 그는 감옥에서 쓸쓸하게 최후를 보내고 있었습니다.

네 번째 사람, 알버트 홀은 재무부장관까지 지낸 사람이었습니다. 조사해 보았더니 그도 감옥에서 나와서 쓸쓸히 혼자 죽기를 기다리고 있었습니다.

다섯 번째 사람, 제이시 리브모아는 월스프리트 사장이었습니다. 그는 이미 자살한 뒤였습니다.

여섯 번째 사람, 리온 프레이즈는 국제은행의 총재였습니다. 그도 조사해보았더니 자살한 후였습니다. 마지막 사람, 이반 크루크리는 부동산 갑부였습니다. 조사해보았더니 자살 미수로 병원에서 치료를 받고 있는 중이었습니다.

기자는 일곱 사람을 다 조사한 다음에 결론을 내렸습니다. "과연 영원한 부자가 있을까? 그들이 믿고 있는 돈이 과연 영원토록 그들을 뒷받침해줄까?"

우리는 얼마나 많은 풍랑을 겪고 지금까지 왔습니까? 혼자 항해하지 마십시오. 우리는 이미 주님과 함께하는 여행이 얼마나 아름답고 안전하며, 하나님을 섬기며 가는 그 길이 얼마나 기쁘고 만족스러운 길인지를 맛보았습니다. 하나님께서 이끌지 않으시면 아무도 하나님 앞에 올 사람이 없다고 했습니다.

혼자 항해하지 마시기 바랍니다. 하나님 없이 혼자 노를 저어가는 위험한 항해를 중단하고, 우리가 이미 섬기고 있는 그 하나님, 바울이 믿은 그 하나님을 믿고 마음속에 영접하여 안전한 항해를 하는 주인공들이 되시기 바랍니다.

하나님께 속한 자
안전한 항해를 하는 또 다른 비결은 하나님께 속한 자가 되는 것입니다. 본문 27장 23~24절을 보면, "나의 속한 바 곧 나의 섬기는 하나님의 사자가 어젯밤에 내 곁에 서서 말하되 바울아 두려워 말라 네가 가이사 앞에 서야 하겠고 또 하나님께서 너와 함께 행선하는 자를 다 네게 주었다 하였으니"라고 했습니다.

하나님에게 속한 바울은 모든 것을 알고 있었습니다. 위기 가운데서도 바울은 아직도 늦지 않았음을 말했습니다. 하나님께 속했기 때문에 그 모든 문제의 해결책도 알고 있었던 것입니다. 지금이라도 늦지 않았으니 이제는 혼자 하는 항해를 중단하고 하나님의 말씀을 들으라고 그는 사람들에게 말했습니다.

지금까지 어려움을 겪었더라도 이제부터라도 하나님 말씀을 잘 들으면 하나님께 속한 자가 되어 안전을 보장받습니다. 하나님께서 모든 길들을 인도해 주실 것이기 때문입니다. 어느 집사님은 시골에서 태어나 하나님을 몰랐지만 하나님을 어느 날 알게 되면서부터 인생 문제를 해결할 수 있는 지혜를 배웠다고 했습니다. 하나님과 동행할 때 가난도 이기고 모든 문제를 극복할 수 있었다는 고백입니다.

하나님의 은혜로 달라진 인생
저도 하나님 없이 혼자 살던 사람이었습니다. 원래 우리 집은 경주에서 대대로 예수를 믿지 않는 가문이었습니다. 어머니는 저를 낳으려고 경주 불국사에 가서 새벽마다 예불을 드렸습니다. 얼마나 열심히 드렸던지 절하고 또 절하다 보니까 버선코에 구멍이 날 정도였습니다. 그렇게 열심히 불공을 드렸습니다. 그래서 아들이 태어났습니다. 그 사람이 바로 저입니다.

그렇게 저는 불교 가정에서 태어났지만 하나님을 알게 되었습니다. 하나님의 은혜로 하나님께 속한 자가 됐습니다. 하나님에게 속한 그 이후로 제 인생이 달라졌습니다. 나를 사랑하신 하나님은 질병 속에서도 치료해주셨고, 모든 곤경과 역경을 당할 때도 내가 속한 하나님, 내가 의지하는 하나님, 내가 바라보는 그 하나님은 나를 도와주시고 인도해 주셔서 지금까지 영광스럽게 이끌어주셨습니다. 하나님께 속하면 그 인생이 보장을 받습니다.

당신은 누구에게 속하였습니까? 아직 하나님께 속하지 않고 부처님에게 속했다고 믿는 사람도 있을 것입니다. 혹은 태양에게, 공자에게 속했다고 하는 사람이나 어떤 우상, 성황당이나 무당에게 속했다는 사람도 있을 것입니다. 그러나 속하려면 제대로 속해야 합니다. 이 땅에 있는 어떤 것도 우리를 보장해주지 못합니다. 가장 크신 하나님, 그 하나님 앞에 나올 때 우리의 인생은 보장 받을 수가 있는 것입니다.

태국에는 옥수수를 섬기는 신이 있습니다. 한번은 청년들이 복음을 선하면서 옥수수 신을 섬기지 말고 옥수수를 만드는 하나님, 옥수수를 만드신 그 하나님을 믿으라고 했더니 그들이 다 예수를 믿게 되었다는 보고를 들었습니다.

내 인생을 책임져 주시는 하나님

성황당 나무 앞에 절대로 빌지 마시기 바랍니다. 해를 보고 빌지 마시기 바랍니다. 보름달이 떠오를 때, 달을 보고 절하지 마시기 바랍니다. 달을 만드신 하나님 앞에 복을 비시고, 달을 만드시고 해를 만드신 하나님 앞에 인생의 안전을 기원하면 하나님께서 우리의 인생을 책임져주십니다.

이왕 믿을 바에야 이왕 속할 바에야 가장 큰 하나님, 가장 위대하신 그분에게 속하시기를 바랍니다. 하나님께 속한 자는 하나님의 보호를 받으며, 하나님의 인도를 받게 됩니다. 이사야 43장 1~3절에서 하나님은 이렇게 말씀합니다.

"야곱아 너를 창조하신 여호와께서 이제 말씀하시느니라 이스라엘아 너를 조성하신 자가 이제 말씀하시느니라 너는 두려워 말라 내가 너를 구속하였고 내가 너를 지명하여 불렀나니 너는 내 것이라 네가 물 가운데로 지날 때에 내가 함께 할 것이라 강을 건널 때에 물이 너를 침몰치 못할 것이며 네가 불 가운데로 행할 때에 타지도 아니할 것이요 불꽃이 너를 사르지도 못하리니 대저 나는 여호와 네 하나님이요 이스라엘의 거룩한 자요 네 구원자임이라."

하나님은 우리를 지키는 분이십니다. 하나님께 속하기만 하면 하나님은 자기에게 속한 모든 자를 책임지고 지켜주십니다. 눈동자처럼 지켜주십니다. 불 가운데 지날 때 그 불이 태우지 못한다고 했고, 물 가운데 지날 때 물이 침몰치 못한다고 하나님이 약속해 놓으셨습니다. 하나님께 속하면 하나님이 책임지십니다. 하나님은 여러분을 향해 "너는 내 것이라"고 말씀하십니다.

하나님께서는 오래 전 우리가 태어나기도 전에 우리를 알고 계셨습니다. 그리고 말씀합니다. "너는 내 것이다. 너는 예수 믿어야 될 사람이야." 꼭 깨달아야 할 것은 우리는 하나님의 사람들이라는 사실입니다. **하나님께 속하기만 하면 인생의 안전을 보장받는 축복의 인생이 될 것입니다.**

예수님을 영접하면 하나님께 속한다

그러면 어떻게 하나님께 속할 수 있을까요? 하나님이 보내신 하나님의 아들 예수 그리스도를 믿고 믿음으로 영접하면 됩니다. 그래서 이 믿는 방법을 주님은 이렇게 설명하고 계십니다. "영접하는 자 곧 그 이름을 믿는 자들에게는 하나님의 자녀가 되는 권세를 주셨으니"(요 1:12).

스페인에 가면 1992년 올림픽을 개최한 도시 바르셀로나가 있습니다. 그곳에 24세 된 비도 마틴이라는 젊은이가 있었습니다. 그가 바르셀로나 대학에서 박사학위를 따기 위해서 열심히 논문을 쓰고 있었습니다. 그래서 여러 종류의 책들을 다 모아서 읽던 중 꽤 낡은 책 한 권을 발견했습니다. 쭉 읽어나가는데 귀퉁이에 이런 구절이 있었습니다. "누구든지 이 글귀를 읽고 권리를 주장하기만 하면 내가 그를 위하여 준비해 놓은 25만 달러를 상속받을 것이니라. 누구든지 주장하기만 하라." 깜짝 놀랐습니다. 그는 그 책을 뒤집어 보았습니다. 수많은 사람이 이 책을 봤지만 아무도 그걸 믿지 않았습니다.

그런데 이 비도 마틴은 혹시나 하고는 변호사를 찾아가 말했습니다. "변호사님, 이게 사실일까요?" 변호사가 한참 전후좌우를 읽더니 "당신 횡재했소"라고 하였습니다. 그래서 법적 수속을 밟았습니다. 얼마 뒤에 비도 마틴은 25만 달러를 상속받을 수가 있었습니다.

예수님을 믿기만 하면 안전을 보장 받는다

그런데 하나님께서는 성경에 누구든지 믿고 예수 그리스도를 영접하기만 하면 천국을 선물로 주고 25만 달러가 아니라 이 땅의 모든 안전과 행복과 기쁨과 참된 복을 몽땅 다 공짜로 주시겠다고 약속하셨습니다. 믿기만 하면 됩니다. 노력하지 않아도 괜찮습니다. 새벽마다 불공을 드리지 않아도 괜찮습니다. 믿기만 하면 하나님의 자녀가 되고, 죄 사함을 받고, 믿기만 하면 안전을 보장 받을 수 있다고 주님이 말씀하십니다. 이것은 생명의 약속입니다.

누구든지 예수를 구주로 믿기만 하면 하나님의 아들이 됩니다. 그리고 아들로서 상속을 받게 됩니다. 아들의 복을 받고, 아들로서 보호를 받고, 아들이 받을 인도를 받고, 아들이 받을 선물을 받는 것입니다.

믿음은 영접하는 것입니다. 마음을 열고 받아들이기만 하면 천국은 우리의 것이 됩니다. 우리의 인생이 안전한 항해가 됩니다. 믿는 것은 바로 영접하는 것입니다. 비도 마틴이 읽고 바로 가서 법적 조치를 취했듯이 마음을 열고 주님을 인생에 모셔 들이시기를 바랍니다.

"볼지어다 내가 문밖에 서서 두드리노니 누구든지 내 음성을 듣고 문을 열면 내가 그에게로 들어가 그로 더불어 먹고 그는 나로 더불어 먹으리라"(계 3:20).

문만 열면 주님은 내 속에 들어오십니다. 나를 위하여 십자가에 달려 돌아가신 주님, 나를 나보다 더 잘 알고 계시는 주님, 나를 사랑하셔서 십자가 위에 달려 돌아가신 그 주님께서 우리가 마음 문을 열기만 하면 내 인생에 들어오신다고 말씀하셨습니다. 내 인생의 배에 올라오셔서 대신 노를 저어주시고, 인도하시고, 보호하셔서 천국까지 안전하게 도착하도록 우리를 인도하시겠다고 약속하십니다.

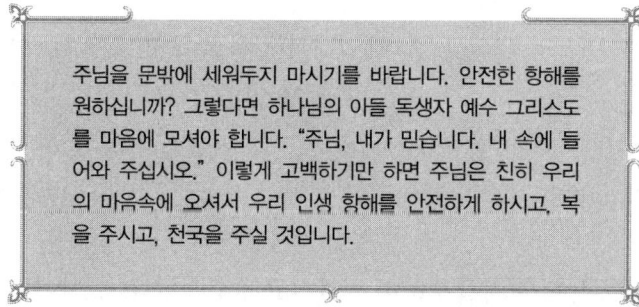

주님을 문밖에 세워두지 마시기를 바랍니다. 안전한 항해를 원하십니까? 그렇다면 하나님의 아들 독생자 예수 그리스도를 마음에 모셔야 합니다. "주님, 내가 믿습니다. 내 속에 들어와 주십시오." 이렇게 고백하기만 하면 주님은 친히 우리의 마음속에 오셔서 우리 인생 항해를 안전하게 하시고, 복을 주시고, 천국을 주실 것입니다.

> ## "희망은 어디에서 옵니까?"
>
> 창세기 28장 10~22절
>
> 야곱이 브엘세바에서 떠나 하란으로 향하여 가더니 한 곳에 이르러는 해가 진지라 거기서 유숙하려고 그곳의 한 돌을 취하여 베개하고 거기 누워 자더니 꿈에 본즉 사닥다리가 땅위에 섰는데 그 꼭대기가 하늘에 닿았고 또 본즉 하나님의 사자가 그 위에서 오르락내리락하고 또 본즉 여호와께서 그 위에 서서 가라사대 나는 여호와니 너의 조부 아브라함의 하나님이요 이삭의 하나님이라 너 누운 땅을 내가 너와 네 자손에게 주리니 네 자손이 땅의 티끌같이 되어서 동서 남북에 편만할지며 땅의 모든 족속이 너와 네 자손을 인하여 복을 얻으리라 내가 너와 함께 있어 네가 어디로 가든지 너를 지키며 너를 이끌어 이 땅으로 돌아오게 할지라 내가 네게 허락한 것을 다 이루기까지 너를 떠나지 아니하리라 하신지라 야곱이 잠이 깨어 가로되 여호와께서 과연 여기 계시거늘 내가 알지 못하였도다 이에 두려워하여 가로되 두렵도다 이곳이여 다른 것이 아니라 이는 하나님의 전이요 이는 하늘의 문이로다 하고 야곱이 아침에 일찍이 일어나 베개하였던 돌을 가져 기둥으로 세우고 그 위에 기름을 붓고 그곳 이름을 벧엘이라 하였더라 이 성의 본 이름은 루스더라 야곱이 서원하여 가로되 하나님이 나와 함께 계시사 내가 가는 이 길에서 나를 지키시고 먹을 양식과 입을 옷을 주사 나로 평안히 아비 집으로 돌아가게 하시오면 여호와께서 나의 하나님이 되실 것이요 내가 기둥으로 세운 이 돌이 하나님의 전이 될 것이요 하나님께서 내게 주신 모든 것에서 십분 일을 내가 반드시 하나님께 드리겠나이다 하였더라

지금부터 약 50년 전에 영국의 해협을 헤엄쳐서 왕복한 프렌치스 제드윅이라는 사람이 있었습니다. 얼마나 수영을 잘하던지 쉬지 않고 10시간, 20시간 이상을 헤엄칠 수 있는 사람이었습니다. 그가 카탈리나 섬에서 미국의 캘리포니아 해안까지 헤엄쳐 가겠다고 선언했습니다. 많은 미국 사람들이 과연 그것이 가능할까 궁금해하며 기다리고 있었습니다. 드디어 출발

했습니다. 무려 16시간 동안을 계속해서 헤엄을 쳤습니다. 그런데 갑자가 안개가 몰려오기 시작했습니다. 앞이 보이지 않았습니다. 한치 앞을 볼 수 없는 상황 가운데 제드윅은 더 이상 갈 수가 없어서 중간에 포기하고 말았습니다. 뒤따라오는 배에 신호를 해서 구조해 달라고 했습니다.

그런데 배를 타고 목적지까지 도착하게 된 그는 깜짝 놀랐습니다. 자기가 포기한 곳에서 목적지까지는 500m밖에 되지 않는 거리였기 때문입니다. 그는 땅바닥을 쳤습니다. '조금만 참았더라면 목적지까지 도착할 수 있었을 것을······.' 하며 후회했습니다.

기자들이 달려가 물었습니다. "왜 중간에 포기하고 말았습니까?" 그가 말합니다. "내가 힘이 없어서 포기한 것은 아닙니다. 충분히 힘이 있고 지금도 몸 상태가 매우 좋습니다. 그러나 한치 앞도 볼 수 없는 가운데서는 더 이상 갈 수가 없었습니다." 제드윅의 절망은 앞을 보지 못하는 데서 생겼습니다.

인간이 절망하는 이유

우리 인간이 절망하는 이유가 바로 여기에 있습니다. 내일 일을 모르기 때문입니다. 오늘 아무리 고생을 많이 해도 내일이면 다 해결될 것이라고 말하면 그 고생을 참지 못할 사람이 없을 것입니다. 내년만 되면 모든 것이 다 좋아질 것이라는 확실한 보장만 있으면 절망하고 낙심할 사람은 아무도 없을 것입니다.

그러나 사람들이 아무리 열심히 일하고 살아도 분명한 전망이 보이지 않을 때 쉽게 좌절하고 절망합니다. 어두운 터널을 통과하면서 그 끝이 보이지 않을 때 절망할 수 있습니다. **내일에 대**

한 분명한 비전이 보이지 않을 때 사람은 쉽게 절망할 수가 있습니다.

오늘 우리는 성경 가운데서 절망한 한 사람을 만나게 됩니다. 그는 앞이 보이지 않았습니다. 그의 이름은 야곱입니다. 그 이름은 '발뒤꿈치를 잡았다, 속이는 자, 아주 약은 사람' 이라는 뜻이 있습니다. 얼마나 약삭빠른 사람인지 요즘 말로 하면 머리가 잘 돌아가는 사람, 잔머리를 잘 굴리는 사람이라고 할 수 있을 것입니다.

그는 아버지를 속였습니다. 자기의 형도 속였습니다. 형이 그것을 알고 동생을 죽이기 위하여 지금 혈안이 되어 있습니다. 그는 도망치기 시작합니다. 도망치다가 사막 들판 한 귀퉁이에서 밤을 맞았습니다. 사막은 밤이 되면 기온이 내려가서 춥습니다. 옆에 있는 돌을 하나 취하여 베개 삼아 지금 잠을 자려고 합니다.

낙심의 돌베개

그가 지금 두려워하고 있는 것은 추위가 아닙니다. 사막의 짐승들도 아닙니다. 그가 한심하고 답답한 것은 앞길이 보이지 않기 때문입니다. '내 인생이 앞으로 어떻게 될까? 사막을 지나가다 일사병으로 죽지는 않을까? 독충들을 만나서 상하지는 않을까? 형이 쫓아와서 나를 죽이진 않을까?' 앞길에 대한 보장이 없어서 그는 조마조마하고 절망스러웠습니다.

그는 돌베개를 베고 잡니다. 그러나 그것은 돌베개가 아닙니다. 고독의 베개, 절망의 베개입니다. 낙심의 베개입니다. **야곱을 바라보면서 이 돌베개를 베고 자는 사람은 야곱만이 아닌 것을 우리는 고백하게 됩니다.** 오늘 이런저런 이유로 내일에 대한 희망이 없이, 확신이 없이 살고 있는 모든 사람들은 돌베개를 베고 있는 사람이라고 말할 수 있습니다.

　말기 환자를 돌보는 호스피스로 무려 13년 동안을 봉사한 사람이 있습니다. 13년 동안 봉사한 다음에 결론을 내린 것이 있습니다. 말기 환자들이 원하고 궁금해 하는 질문들을 요약 정리했습니다. 그들이 원하는 것은 돈이 아니었습니다. 출세가 아니었습니다. 쾌락이 아니었습니다. 환자들은 이런 의문이 있었습니다.

　'인간이란 무엇일까? 어디에서 왔다가 어디로 갈까? 죽음은 어디서 올까? 죽는 것이란 무엇일까? 죽은 후에 내세가 있을까? 내가 죽어서 차가운 땅속으로 들어가면 답답해서 어떻게 살까? 하나님은 정말로 있을까?'

　그들은 이런 질문들을 하고 있었다고 합니다. 모든 것이 희미하면 절망할 수 있습니다. 그러나 미래가 아주 분명하면 희망이 생길 수 있습니다. 내 인생의 미래까지도 환하게 보이고 희망의 노래를 힘차게 부를 수 있게 됩니다.

야곱에게 나타난 사닥다리

　앞길이 보이지 않아서 절망하던 야곱, 이 야곱에게 희망은 어디에서 왔습니까? 그 희망은 위에서 왔습니다. 본문 12절 말씀에 "꿈에 본즉 사닥다리가 땅 위에 섰는데 그 꼭대기가 하늘에 닿았고 또 본즉 하나님의 사자가 그 위에서 오르락내리락하고"라고 했습니다.

　지금 야곱이 머리를 대고 있는 땅위에는 희망이 전혀 없었습니다. 메마른 사막밖에는 없었습니다. 낙심밖에는 없었습니다. 암담한 사막만 야곱의 주변에 펼쳐져 있었습니다. 그런데 바로 그런 그에게 희망의 그림이 펼쳐지기 시작했습니다. 위로부터 희망이 다가오기 시작했습니다. 하늘까지 이어진 사닥다리가 나타났습니다. 그런데 이 사닥다리는 야곱이 만든 사닥다리가 아닙니다. 위로부터 하나님께서 그를 위하여 준비해놓으신 그런 사닥다리인 것입니다.

매년 여름 수해 때가 되면 많은 사람들이 죽습니다. 홍수로 말미암아 고립된 사람들이 죽어가는 현장에 헬기를 타고 급하게 출동한 구조대원들이 나타납니다. 이 헬기에서 줄사닥다리가 내려왔습니다. 절망 가운데 있던 사람들에게 이 줄사닥다리는 그냥 사닥다리가 아닙니다. 그것은 바로 희망의 사닥다리, 그들의 생명을 구원할 수 있는 구원의 사닥다리였습니다. 야곱이 사닥다리를 바라보니 거기에 천사가 오르락내리락했습니다.

고개를 들고 하는 인사

고개를 들어 위를 바라보시기 바랍니다. 하늘을 바라볼 수 있기 바랍니다. 하나님을 바라볼 수 있게 되기 바랍니다. 왜냐하면 하늘은 바로 우리의 소망이고, 희망은 바로 위에서부터 오기 때문입니다.

저는 남미 칠레에서 선교를 하였습니다. 칠레는 자그마치 남과 북이 4,400km나 되는 어마어마하게 긴 나라입니다. 그곳에서 복음을 전하는데 재미있는 풍속들을 많이 봤습니다. 우리는 반가우면 고개를 숙이면서 인사를 하는데 거기에 가면 반대로 고개가 위로 올라갑니다. 저는 남미 사람들이 인사를 하면서 고개를 드는 모습을 보면서 속으로 많은 생각을 했습니다.

이 땅을 보면 희망이 없습니다. 고개를 들어 하늘을 바라보기 시작할 때 그때부터 소망이 보이기 시작합니다. 고개를 들어 하나님을 바라보아야 합니다. 하나님이 우리를 위하여 준비해놓으신 인생을 바라볼 수 있어야 합니다. 고개를 들어 하늘을 바라보는 사람은 희망을 발견하게 됩니다.

원래 짐승들은 하늘을 볼 줄 모릅니다. 그저 땅만 봅니다. 그들의 몸 구조를 보면 다 땅만 바라보도록 되어 있습니다. 돼지를 보면, 목이 짧기도 하지만 땅을 보도록 구조가 되어 있습니다. 전부 땅을 바라보고 삽니다. 그들은 음식만 배불리 먹으면 만족할 줄 아는 존재입니다. 가끔 개가 달을 보고 짖었다는 말이 있습니다. 그러나 개에게 물어보면 절대로 달을 보지 않았다고 할 것입니다. 그냥 한번 고갯짓을 했는데 시인들이 그것을 보고 시적으로 '개가 달을 보고 짖었다' 고 표현합니다. 개는 달을 볼 줄 모릅니다.

하늘을 바라볼 줄 아는 존재는 오직 인간밖에는 없습니다. 하나님의 형상을 따라 지음 받은, 하나님의 귀한 피조물인 인간의 머리를 보면 신체의 가장 윗부분에 달려 있고 하늘을 보도록 설계되어 있습니다. 인간을 '안트로포스' 라고 하는데 하늘을 보는 존재라는 뜻입니다. 하나님은 우리 인간을 처음 창조하실 때부터 하늘을 바라보고 살도록 만드셨습니다.

하늘을 바라보면 소망이 있다

하늘을 바라보면 거기에 소망이 있습니다. 하늘에서부터 희망이 오는 것을 우리는 기억할 수 있습니다. 죄를 짓고 하나님을 떠난 인간은 이 땅 구석구석에서 희망을 찾기 위하여 열심히 노력합니다. 그러나 땅에는 희망이 없는 것을 알아야 합니다.

돈에 희망이 있는 줄 알고 돈을 찾는 사람이 있습니다. 그러나 돈은 우리의 희망이 될 수 없습니다. 더 많은 땅을 얻기 위하여 많은 인간들이 동분서주합니다. 그러나 땅에 행복이 있는 것도 아닙니다. 아무리 찾고 또 찾아도 이 땅 위에서는 참된 희망을 찾을 수 없습니다.

제 2차 세계대전 중에 6백만의 유대인들이 죽임을 당했습니다. 절망의 강제 수용소 가운데 유명한 곳이 아우슈비츠입 니다. 고통과 절망 속에서 6백만의 유대인들이 한 줌의 재로 쓸쓸히 죽어갔습니다. 많은 사람들이 절망 가운데 철조망 안에 살았습니다. 앞이 보이지 않았습니다.

그런데 크리스마스가 다가오면서 헛소문이 퍼지기 시작했습니다. 크리스마스가 오면 자유롭게 된다는 그런 소문이었습니다. 그러자 매일매일 자살하는 사람들이 많던 수용소에 그 소문을 듣고 죽는 사람들이 줄어들었습니다. 조금만 참으면, 크리스마스만 오면 집으로 돌아갈 수 있다는 희망 때문이었습니다.

그러나 성탄절이 되어도 석방 소식은 들려오지 않았습니다. 그들은 절망을 합니다. 이전보다 훨씬 더 허탈한 마음이 되어서 한 사람, 두 사람 사는 것을 포기하고 말았습니다. 헛소문은 사람들을 위로해 줄 수가 없습니다. 소망을 줄 수가 없습니다.

진짜 소식, 진짜 희망
그런데 어느 날 진짜 소식이 들려 왔습니다. 광석 라디오를 만들어서 듣고 있던 한 사람이 소리를 지르며 밖으로 나왔습니다. "그들이 왔다, 드디어 그들이 왔다." 바로 프랑스 해안 노르망디에 연합군이 도착했다는 소리였습니다. 이것은 진짜 뉴스였습니다. 구석구석 절망에 싸인 사람들에게 뉴스를 알렸습니다. "조금만 참으면 우리가 살 수 있으니 조금만 기다리자." 과연 얼마 뒤에 연합군들이 아우슈비츠 수용소에 와서 그들을 해방시켜 주었습니다.

이 땅의 많은 헛된 소문에 속지 마시기 바랍니다. 진짜 소식은 어디에서 옵니까? 그것은 위로부터 옵니다. 하나님이 인간을 위하여 참된 희망과 소망을 베풀어주시는데 그것이 진짜 소식인 것을 기억하시기 바랍니다.

이 땅의 돈이 주는 희망, 행복과 쾌락이 주는 잠깐의 희망, 이 모든 것들은 진짜 희망이 될 수 없습니다. 하나님께서 우리의 희망이 되십니다. 하나님을 바라보시기 바랍니다. 그리하여 위로부터 오는 진짜 소식, 진짜 희망으로 충만해지시기 바랍니다.

또 하늘에서부터 오는 희망은 바로 구원자에게서 오는 것을 볼 수가 있습니다. 위로부터 오는 희망의 내용은 무엇입니까? 본문 15절 말씀에 희망의 내용을 잘 설명하고 있습니다.

"내가 너와 함께 있어 네가 어디로 가든지 너를 지키며 너를 이끌어 이 땅으로 돌아오게 할지라 내가 네게 허락한 것을 다 이루기까지 너를 떠나지 아니하리라 하신지라."

참된 구원사

하나님께서 분명히 도와주시고 함께하며 친히 인도자가 되고 보호자가 되어 주겠다는 약속입니다. 막연히 하늘만 바라본다고 희망이 오는 것은 아닙니다. **하늘을 바라보았으면 참된 구원자를 찾아야 합니다.** 하늘을 바라본 야곱, 그는 하나님의 음성을 들었습니다. 막연히 하늘을 보지 말고, 우리에게 들려오는 하나님의 음성을 들을 수 있기 바랍니다.

이것은 사람의 말이 아니라 하나님께서 우리에게 전파하고 계시는 희망의 소리인 것을 기억하시기 바랍니다. 그분은 지금까지 나를 지켜 주신 인생의 지도자이십니다. 구원자가 되셨습니다. 야곱은 잔머리의 대가였습니다. 잔재주를 부리는 데 일가견이 있었습니다. 같이 거짓말해 주는 어머니도 있었습니다.

그러나 그 모든 것은 그의 인생에 별로 도움이 되지 않았습니다. 하늘에서 들려오는 진정한 보호자, 지도자, 구원자 되시는 하나님의 음성, 그것이 그에게 희망을 펼쳐준 것입니다. 인생의 성공과 실패는 어디에 달려 있습니까? 그것은 지도자에게 달려 있습니다. 누구를 따라가느냐에 따라 인생이 달라집니다.

비전 있는 지도자

섀클턴의 《서바이벌 리더십》이라는 책에 보면 배가 나오는데, 그 배는 바로 섀클턴이 27명의 대원들을 데리고 남극을 탐험하기 위하여 탔던 '앤디오런스'입니다. 거기에 보면 배가 남극을 횡단하지 못하고 중도에 얼음 사이에 갇혀 꽁꽁 얼어붙어서 침몰해버리고, 28명이 2년간에 걸쳐서 보트로 생활한 것이 다 기록되어 있습니다. 불가능한 상황에서, 얼음 구덩이에서 어떻게 그들이 다시 살아올 수 있었습니까? 거기에는 지도자가 있었기 때문입니다. 섀클턴이라는 위대한 지도자가 있었기 때문입니다.

학자들이 그를 연구했습니다. 어떻게 그 일이 가능했던 것일까 궁금했습니다. 여러 가지 가운데 섀클턴은 비전이 있는 지도자였다는 주장이 유력합니다. 사람들에게 꿈을 주는 지도자였습니다. '이리로 가면 살 수 있다'고 용기를 주는 지도자였습니다.

자기 몫만 챙기는 지도자가 아니라 대원들을 위하여 희생하는 지도자였습니다.

어느 날 노를 저어 가는데 대원 중에 장갑을 잃어버린 대원이 있었습니다. 그는 자신의 장갑을 서슴지 않고 벗어 주었습니다. 자기는 동상이 걸려도 대원들을 사랑하는 그런 훌륭한 지도자였습니다. 때로는 대원들이 비스킷 8분의 1조각을 가지고 싸우고 있을 때 자기가 가지고 있던 비스킷 한 조각을 대원들에게 줄 수 있는 그런 사람이었습니다. 이 섀클턴의 지도력 때문에 27명의 사람이 한 명도 죽지 않고 2년 만에 추위를 피하여 귀환할 수 있었던 것입니다.

또 한 사람이 있습니다. 그는 누구입니까? 스콧이라는 탐험 대장입니다. 그도 남극점을 정복하기 위해서 대원들과 함께 갔습니다. 그러나 그는 섀클턴과 좀 다른 지도자였습니다. 그는 대원을 뽑을 때부터 영국 황실 사관학교를 졸업한 우수한 인재들만 뽑았습니다. 시시한 사람들은 다 팽개치고 우수한 사람만 뽑았습니다.

그뿐 아니라 항상 상하 관계를 분명히 했습니다. 위에서 명령을 하던 사람이었습니다. 그 남극의 얼음더미 속에서도 아침마다 조회를 했습니다. 대원들이 동상에 걸려도 그것을 무시한 채 계속해서 손 검사를 하고 모든 검사를 하던 그런 지도자였습니다. 그뿐 아닙니다. 꽁꽁 얼어붙은 갑판을 닦으라고 명령을 하던 그런 지도자였습니다. 그의 지도로 대원들은 모두 남극의 얼음더미 위에서 죽어 갔습니다.

완벽한 리더십 예수 그리스도

지도자를 잘 만나는 것이 중요합니다. 누구를 따르느냐에 우리 인생의 성공과 실패가 달려 있습니다. 예수 그리스도에게서 바로 이런 섀클턴의 완벽한 리더십을 봅니다. 그는 우리의 지도자이며 구주이십니다.

그는 하나님이심에도 불구하고 인간의 몸을 입으시고 길 잃은 우리에게 오셔서 "내가 곧 길이요 진리요 생명이니 나로 말미암지 않는 자는 아버지께 올 자가 없느니라"고 말씀하시며 우리에게 참되고 안전한 길을 보여 주셨습니다. 우리 한 사람 한 사람의 사정을 너무나 잘 아시는 지도자였습니다.

그는 우리를 위해 피와 살을 다 내어 주시고 십자가 위에서 죽으셨습니다. 예수 그리스도를 지도자로 삼고 그를 따르는 자는 반드시 구원을 얻으며 안전한 인생의 귀환을 하게 될 것입니다. 그러나 이 땅에서 잘못된 지도자, 잘못된 구원자를 만나면 희망이 없습니다. 잘못된 우상을 섬기는 종교로는 절대로 구원 받을 수가 없습니다.

복잡한 지도자를 따라가지 마시기 바랍니다. 이 땅에 복잡한 지도자가 얼마나 많은지 모릅니다. 못 하나도 제대로 박지 못하는 종교가 많습니다. 이사를 마음대로 하지 못해서 택일을 하고 길일을 선택하고 결혼도 마음대로 하지 못해서 사주팔자, 궁합, 관상까지 다 봐야 하는 그런 복잡한 지도자들이 인도하는 종교가 얼마나 많은지 모릅니다.

예수 그리스도를 따르자

그러나 예수 그리스도를 따르면 문제가 없습니다. 우리가 자격이 없어도 괜찮습니다. 부족해도 괜찮습니다. "오직 믿기만 하라.

두려워하지 말고 믿기만 하라"라고 말씀하십니다. 우리의 지도자가 되시는 예수님께서는 그렇게 말씀해 주십니다. 헛된 철학이 우리의 희망이 될 수 없습니다. 헛된 종교를 통해서는 구원이 없습니다. 성경은 우리에게 분명히 말씀하고 있습니다.

사도행전 4장 12절 말씀에 "다른 이로서는 구원을 얻을 수 없나니 천하 인간에 구원을 얻을 만한 다른 이름을 우리에게 주신 일이 없음이니라"고 했습니다.

누구를 따를까 망설이고 계십니까? **참된 지도자 예수 그리스도를 따르시기 바랍니다.** 제가 아는 한 분이 최근에 교회에 나오게 되었습니다. 그분은 원래 절에 가서 열심히 불공을 드리는 보살님이었습니다. 얼마나 열심히 불공을 드렸는지 전도를 받고 교회로 나오는데 마음에 갈등이 생겼습니다. 그래서 절에서 기도했다고 합니다. "부처님, 죄송합니다. 이제 교회로 나가야 되겠습니다. 노여워하지 마시고 용서해 주시옵소서." 그리고 교회로 나가기 시작했습니다.

교회를 나가다 보니 마음이 편치 않습니다. 하나님 앞에 기도합니다. "하나님, 죄송합니다. 다음 주에는 제가 절에 한번 가봐야겠습니다. 용서해 주시옵소서. 부처님이 혹시 계시면 어떡합니까?" 그래서 다음 주는 절에 가서 기도했다고 합니다.

또 기도하다 보니 마음이 편치 않습니다. "부처님, 죄송합니다. 저는 다시 교회를 가야겠나이다." 이렇게 매 주일마다 이쪽 저쪽을 왔다갔다 하던 그분이 드디어 결정을 하고 지금은 교회를 열심히 다니는 훌륭한 믿음의 사람이 되었습니다.

망설이지 말고 영원한 우리의 지도자이시고 구원자이신 예수 그리스도를 주님으로 구주로 선택하기를 바랍니다. 주님을 구원자로 섬기기 시작할 때 우리 인생에 희망이 펼쳐지기 시작합니다. 미래가 보장될 것입니다. 주님은 결단코 우리를 떠나지 않습니다. 천국 갈 때까지 우리 인생의 모든 여정을 책임져주십니다. 희망은 어디에서 옵니까? 희망은 예수 그리스도 앞에 드리는 예배에서 비롯됩니다.

야곱에게 펼쳐진 미래

야곱은 하늘의 음성을 들었습니다. 구원자를 만났습니다. 그리고 그 앞에 무릎을 꿇고 예배를 드렸습니다.

"야곱이 잠이 깨어 가로되 여호와께서 과연 여기 계시거늘 내가 알지 못하였도다……야곱이 아침에 일찍이 일어나 베개 하였던 돌을 가져 기둥으로 세우고 그 위에 기름을 붓고 그곳 이름을 벧엘이라 하였더라 이 성의 본 이름은 루스더라"(창 28:16, 18~19).

야곱은 절망의 땅에서 자고 있다가 하늘을 보았습니다. 말씀하시는 하나님의 음성을 들었습니다. 그것으로 끝났다면 거기에는 희망이 없었을 것입니다. 음성을 들은 다음에 그는 베고 자던 돌베개를 앞에 두고 기름을 붓고 예배를 드리기 시작했습니다. 경배를 드리기 시작했습니다. 그가 하나님께 경배하기 시작하자 푸른 바다가 펼쳐지는 것처럼 아름다운 미래가 소망 가운데 펼쳐지는 것을 볼 수가 있었습니다.

하나님을 인정하라

그렇다면 야곱이 놀라운 희망을 발견하고 놀라운 보장을 받은 인생의 비결은 무엇입니까? 간단합니다. 긍정하시면 됩니다.

하나님이 계신 것을 인정하시면 됩니다. 야곱은 하나님이 그와 함께 계신 것을 몰랐습니다. 그러나 그 순간 그는 예배하면서 "하나님이 여기에 계셨군요!"라고 고백하였습니다.

하나님은 천지를 창조하시고 사람을 만드신 분입니다. 그 하나님을 인정하시기 바랍니다. 지금까지 우리를 사랑하사 독생자 예수 그리스도를 우리를 위하여 이 땅에 보내시고 십자가 위에서 죽게 하신 놀라우신 분이십니다. 그분을 인정하시기 바랍니다.

요한복음 3장 16절 말씀에 "하나님이 세상을 이처럼 사랑하사 독생자를 주셨으니 이는 저를 믿는 자마다 멸망치 않고 영생을 얻게 하려 하심이니라"고 했습니다.

야곱이 돌베개를 취하여 기름을 부어서 하나님께 머리 숙여 경배했듯이 지금까지 베고 있던 모든 절망의 돌베개, 의심의 돌베개, 고독의 돌베개, 교만의 돌베개, 이 모든 돌베개들을 하나님 앞에 내어놓고 "하나님 당신이 계신 것을 믿습니다. 나 혼자 인생을 살아왔던 것을 고백합니다. 의심했던 것을 내가 고백합니다. 그러나 주님 이 시간 내가 주님을 믿습니다"라고 입으로 시인할 수 있게 되기를 바랍니다.

"사람이 마음으로 믿어 의에 이르고 입으로 시인하여 구원에 이르느니라"(롬 10:10).

하나님 앞에서 입으로 시인하는 것은 중요합니다. '내가 믿습니다. 당신만이 나의 희망이요 나의 구주이십니다'라며 하나님 앞에 우리의 믿음을 고백하는 것, 이것이 예배의 출발이 되는 것입니다. 하나님이 우리를 위하여 보내 주신 독생자 예수님을 믿음으로 영접하시기를 바랍니다. 주님은 이 시간 우리의 마음을 두드리고 계십니다.

"볼지어다 내가 문밖에 서서 두드리노니 누구든지 내 음성을 듣고 문을 열면 내가 그에게로 들어가 그로 더불어 먹고 그는 나로 더불어 먹으리라"(계 13:20).

록펠러의 인생 전환

유명한 미국의 재벌 록펠러는 얼마나 부자인지 33세 때 백만장자가 되었습니다. 43세 때는 억만장자가 되었습니다. 그가 53세가 되었을 때는 하루에 100만 달러를 벌었습니다. 그런데 문제가 생겼습니다. 돈은 100만 달러씩 들어오는데 몸의 모든 털은 다 빠집니다. 그리고 병이 들었습니다. 시들어갑니다. 절망 가운데 그는 헤매고 있었습니다.

어느 날 그는 침대에 앉아서 하나님을 생각하기 시작했습니다. 하늘을 보기 시작했습니다. 그리고 하나님을 향해서 이렇게 중얼거렸습니다.

"하나님, 돈이 제일인 줄 알고 돈을 위해 달려왔습니다. 그러나 이제 내 인생이 돈에 달려 있지 않은 것을 알았습니다. 돈이 나의 희망이 아닌 것을 압니다. 주여, 내가 주님을 바라보고 주님을 내 마음에 모시기 원합니다."

록펠러는 가슴을 열고 예수 그리스도를 영접했습니다. "주님 내가 얼마까지 살지 모르지만 마지막 남은 시간을 보람 있게 보내길 원합니다."

그는 그때부터 일을 시작합니다. 교회를 하나 지어서 하나님께 드렸습니다. 그 교회가 뉴욕에 있는, 그 유명하고 아름다운 리버사이드 교회입니다. 뉴욕 사람들은 그 교회에서 결혼식 하기를 원하고 있습니다. 그리고 그는 록펠러 재단을 설립해서 수 많은 고아들과 고학생들을 도왔습니다. 53세 때 병들어 죽을 줄 알았는데 60이 넘고 70이 넘었습니다. 98세까지 살았습니다. 그는 건강하게 일생을 살고 아름다운 족적을 남기고 이 땅을 떠 나갔습니다.

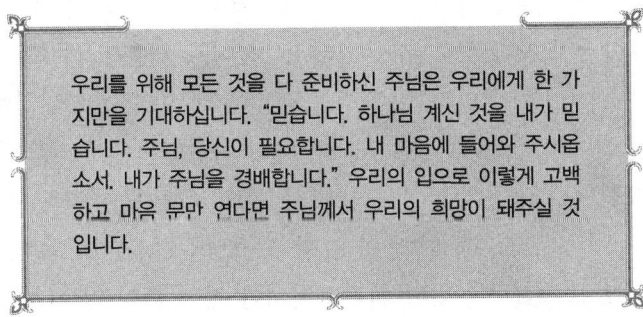

우리를 위해 모든 것을 다 준비하신 주님은 우리에게 한 가지만을 기대하십니다. "믿습니다. 하나님 계신 것을 내가 믿습니다. 주님, 당신이 필요합니다. 내 마음에 들어와 주시옵소서. 내가 주님을 경배합니다." 우리의 입으로 이렇게 고백하고 마음 무마 연다면 주님께서 우리의 희망이 돼주실 것입니다.

> ## "붉은 옷의 비밀을 아십니까?"
>
> 요한계시록 19장 11~13절
>
> 또 내가 하늘이 열린 것을 보니 보라 백마와 탄 자가 있으니 그 이름은 충신과 진실이라 그가 공의로 심판하며 싸우더라 그 눈이 불꽃 같고 그 머리에 많은 면류관이 있고 또 이름 쓴 것이 하나가 있으니 자기밖에 아는 자가 없고 또 그가 피 뿌린 옷을 입었는데 그 이름은 하나님의 말씀이라 칭하더라

월드컵 4강의 위업을 달성한 우리 태극 전사들이 주로 입는 옷 색깔이 무슨 색깔일까요? 붉은 색입니다. 지난 독일 전에는 무려 6백만 명 이상이 모였습니다. 무슨 옷을 입고 응원했습니까? 전부 붉은 옷을 입었습니다. 고함을 지르면서 목이 잠기도록 응원했습니다. 옷만 붉은 것이 아닙니다. 모든 태극 전사들의 마음도 붉습니다. 붉은 정열로, 또 나라 사랑하는 백성들의 마음도 온통 붉었습니다.

조선을 세우면서 우리가 잘 아는 이방원은 고려의 충신들을 회유할 필요가 있었습니다. 그래서 '하여가'라는 노래를 불렀습니다. "이런들 어떠하리, 저런들 어떠하리. 만수산 드렁칡이 얽혀진들 어떠하리. 우리도 이같이 하여 천년만년 살리라."

그랬더니 정몽주는 '단심가'를 불러 이렇게 대꾸했습니다. "이 몸이 죽고 죽어 일백 번 고쳐 죽어. 백골이 진토 되어 넋이라도 있고 없고. 님 향한 일편단심이야 가실 줄이 있으랴."

한 조각의 붉은 마음 일편단심 그 정신이 바로 우리 한국 백성들의 정신이 아니겠습니까? 한 조각 붉은 마음, 나라 사랑하는 마음, 한 임금만 섬기겠다는 이 마음으로 우리가 얼마나 열심히 응원했는지 모릅니다.

《차범근 칼럼》을 읽으면 참 재미있는 것이 많습니다. 그 책에 보면 요즘 유럽에 있는 많은 사람들이 이렇게 우리를 헐뜯는답니다. "저 한국 선수들 너무 열심히 뛰는 것 보니까 약 먹었다. 틀림없이 약물 복용했다." 그래서 차범근이 이렇게 말했습니다. "그래, 우리 약 먹었다. 무슨 약인지 아느냐? 나라 사랑하는 뜨거운 붉은 마음의 약을 먹었다. 그 붉은 마음으로 우리는 이기고 또 이겼다." 얼마나 속이 시원한지 모릅니다.

붉은 옷의 비밀

그런데 이 붉은 색의 비밀을 아십니까? **붉은 옷의 비밀을 아십니까?** 이 붉은 색은 특별한 색입니다. 밤에 교회의 십자가가 빛나고 있을 때, 그 색이 무슨 색입니까? 붉은 색입니다. 그뿐 아닙니다. 교인들이 들고 다니는 성경 첫 면을 보면 그 색이 무슨 색입니까? 붉은 색입니다. 성찬식을 할 때 우리가 마시는 붉은 포도주는 무엇을 의미할까요? 그건 바로 예수님이 십자가에서 흘리신 붉은 피를 의미합니다.

영혼에 붉은 옷을 입은 사람들은 축구뿐만 아니라 다른 모든 것에서도 이길 수 있습니다. 죄도 이길 수 있습니다. 저주도 이길 수 있고, 죽음도 이길 수 있고, 미움도 극복할 수 있고, 절망도 이길 수 있습니다. 주님을 만나고, 하나님의 사랑을 깨달으면 인생의 모든 면에서 승리할 수 있습니다. 천하무적이 됩니다. 영혼에 이 붉은 옷을 꼭 입기를 바랍니다. 그런데 우리 한국 축구가 잘하는 것처럼 보이지만 사실 우리가 잘 이기는 팀이었습니까? 그렇지 않습니다. 아주 져도 전문적으로 지는 팀이었습니다. 월드컵에 여섯 번 나갔는데 1승도 못한 팀이었습니다.

1954년 스위스 월드컵에 처음 참가하였습니다. 그때 우리는 헝가리와 싸워 9대 0으로 졌습니다. 또 터키와의 경기에서는 7대 0으로 졌습니다. 계속해서 지는 팀이었습니다. 우리는 패배를 잘하던 그런 팀이었습니다.

패배자 인류

그러나 이렇게 우리 축구만 패배를 잘하는 것이 아니라 우리 인간도 실은 다 패자였습니다. 모든 인류도 사실은 패배자였습니다. 언제부터 패배하기 시작했을까요?

하나님께서 이 땅을 만드셨습니다. 에덴동산을 만드시고, 거기에 아담과 하와를 살게 하셨습니다. 그들은 하나님께서 절대로 따먹지 말라고 하신 선악과를 따먹었습니다. 사단에게 처음부터 패배하기 시작했습니다.

로마서 3장 23절을 보면 "모든 사람이 죄를 범하였으매 하나님의 영광에 이르지 못하더니"라고 말씀합니다. 모든 사람이 죄를 범하였다고 했습니다. 에덴동산에서 아담과 하와가 하나님의 명령을 어기고 선악과를 따먹은 이후로 계속해서 원수 사단에게 지고 또 지는 패배자였습니다. 죄를 지은 인간, 즉 하나님의 명령을 지키지 않고 하나님을 떠난 인간들에게 주는 값이 있습니다.

로마서 6장 23절은 그것을 이렇게 말씀하고 있습니다. "죄의 삯은 사망이요 하나님의 은사는 그리스도 예수 우리 주 안에 있는 영생이니라." 그런데 죄를 지은 모든 사람들은 결국은 사망, 죽을 수밖에 없는 그런 운명에 처하게 됩니다. "한번 죽는 것쯤이야 뭐, 누구나 죽기 마련인데 죽음이 뭐 두려울까?"라고 말하는 사람도 있을 것입니다.

그러나 히브리서 9장 27절을 보면 그런 것이 아닙니다. 죽음 뒤에 또 다른 것이 있습니다. "한번 죽는 것은 사람에게 정하신 것이요 그 후에는 심판이 있으리니."

심판이 있다고 말씀하셨습니다. 우리는 죄로 말미암아 사망에 이르고 심판에 이를 수밖에 없는 그런 패배자의 운명이었습니다. 모든 인간들은 죄인으로 태어나게 되었습니다. 마치 일제시대 때 어린 아이가 '으앙' 하고 울고 태어나 보니 한국 사람이 아닌 일본 사람이었다는 이야기와 마찬가지입니다. 이미 한국은 일본에게 삼켜지고 말았기 때문이었습니다.

승리를 주신 대장

아담과 하와가 범죄한 이후로 태어나는 모든 인간들은 다 패배자로 태어나게 되었습니다. 날마다 우리는 약해서, 힘이 없어서 계속 원수와 싸우면서 스스로 짓는 수많은 죄로 말미암아 패배자의 신세가 되고 말았습니다.

로마서 7장 17절을 보면 우리의 이 모습을 잘 설명하고 있습니다. "이제는 이것을 행하는 자가 내가 아니요 내 속에 거하는 죄니라." 다시 말하면 자꾸만 우리가 원치 않는 죄를 짓는 그런 연약한 자리로 떨어질 수밖에 없다는 말씀입니다. 원수 마귀는 에덴동산에서 인류의 첫 조상 아담과 하와를 유혹하여 범죄하게 했습니다. 모든 인류를 사로잡아서 죄인이 되어 멸망당하고, 패배자로 살게 했습니다. 인류는 사단에 대하여 패배자로 살았습니다. 죄를 짓고 살았습니다. 하나님을 모르고 살았습니다. 그러나 백마를 타고 붉은 옷을 입고 우리에게 승리를 주시는 분이 계십니다.

"또 그가 피 뿌린 옷을 입었는데 그 이름은 하나님의 말씀이라 칭하더라"(계 19:13).

하나님은 죄로 말미암아 사단에게 패배하고, 멸망당할 수밖에 없는 우리를 위해서 우리를 구원하실 대장을 보내셨습니다. 늘 패배하고 있으니까 하나님께서 우리가 승리하도록 대장을 보내셨습니다. 그분이 바로 붉은 옷의 대장입니다. 피 뿌린 옷, 십자가에서 흘리신 그 피 묻은 옷을 입으신 예수 그리스도이십니다.

홍의장군 곽재우

역사에 보면 조선시대, 특별히 임진왜란 때, 수많은 의병들이 일어났습니다. 경상도 지방에서 활약한 아주 유명한 의병이 한 분 계신데 그는 함안 지역을 중심으로 의병 활동을 한 장군이십니다. 그분은 바로 홍의장군 곽재우 장군이라고 합니다.

이 장군은 붉은 옷을 입고 왜군과 더불어 싸웠습니다. 얼마나 싸움을 잘했던지 신출귀몰하면서 왜병들의 간담을 서늘하게 만들었습니다. 항상 붉은 옷을 입고 앞장서서 싸웠는데, 왜병들이 이 홍의장군만 보면 도망을 갔다고 합니다.

이 홍의장군은 왜군의 숫자가 아무리 많아도 두려워하지 않았습니다. 아무리 적어도 방심하지 않았고, 많다고 두려워하지 않았습니다. 홍의장군이 말을 타고 나타나기만 하면 많은 왜군들은 벌벌 떨었습니다. 그뿐 아닙니다. 부하들에게도 역시 붉은 옷을 입혔습니다. 붉은 응원단의 원조가 누군지 아십니까? 바로 이 홍의장군입니다. 그는 부하들에게 붉은 옷을 입히고는 태평소를 들고 불게 했습니다. 그리고 고함을 지르게 했습니다. 그때 뭐라고 고함을 질렀는지는 기록에 남아 있지 않습니다. 그러나 고함을 질렀습니다.

마치 우리 응원단들이 '대한민국' 하고 고함을 지르듯이 이 홍의장군이 이끄는 군사들도 고함을 지르면서 왜병을 교란시켰습니다. 정신을 빼놓았습니다. 임진왜란 시기에 굉장한 활약한 홍의장군을 우리는 기억하고 있습니다.

피 뿌린 옷을 입은 우리의 대장 예수 그리스도, 하나님의 독생자 예수 그리스도는 칼을 들고 싸우지 않으셨습니다. 총을 들고 싸우지 않으셨습니다. 그러나 더 강력한 무기를 들고 싸우셨습니다. 그것이 무엇입니까? 그것은 바로 십자가입니다. 그는 십자가 위에서 우리 모든 죄를 위하여 죽으셨습니다. 피를 흘리셨습니다. 그 피 뿌린 옷을 입으셨습니다. 그 피 뿌린 옷을 입고 모든 원수들과 더불어 싸웠습니다.

붉은 옷을 입은 대장

골로새서 2장 14절에서 15절을 보면 그가 피 뿌린 옷을 입을 수밖에 없는 이유가 나옵니다. "우리를 거스리고 우리를 대적하는 의문에 쓴 증서를 도말하시고 제하여 버리사 십자가에 못 박으시고 정사와 권세를 벗어 버려 밝히 드러내시고 십자가로 승리하셨느니라."

그가 붉은 옷, 피 뿌린 옷을 입고 싸우신 이유는 우리 모두가 죄를 지었기 때문입니다. 이 죄를 없애야만 했습니다. 누구도 죄를 가지고는 행복하게 살 수 없고, 죄를 가지고는 승리할 수도 없기 때문입니다. 우리 대장 되신 예수 그리스도는 우리의 죄를 위하여 십자가에서 피를 흘리심으로 모든 죄를 깨끗하게 제하여 주셨습니다. 그는 참으로 놀라운 붉은 옷의 대장이셨습니다.

예수님이 오시기 전에 구약시대에 죄를 지은 사람들이 죄를 씻는 길은 딱 하나밖에 없었습니다. 짐승을 잡아서 피를 가지고 성전에 나가면 하나님께서 피를 보고 죄를 용서해주셨습니다.

오직 피 흘림이 있어야 죄 사함을 받는 원리 때문에 인류의 모든 죄를 깨끗하게 씻기 위해서 하나님의 독생자, 죄도 흠도 없는 예수 그리스도가 십자가에서 피 흘리지 않으면 안 되었다는 사실입니다. 그래서 그는 십자가 위에서 피 흘리시고, 그 피로 말미암아 모든 인간의 죄를 깨끗하게 단 한 번 만에 완전히 제거해 주셨던 것입니다.

원수의 패배

그날 이후 원수는 패배하고 말았습니다. 그렇기 때문에 성경에 이렇게 놀라운 승리의 외침이 있습니다.

고린도전서 15장 55~57절 말씀에 "사망아 너의 이기는 것이 어디 있느냐 사망아 너의 쏘는 것이 어디 있느냐 사망의 쏘는 것은 죄요 죄의 권능은 율법이라 우리 주 예수 그리스도로 말미암아 우리에게 이김을 주시는 하나님께 감사하노니"라고 했습니다. 누가 우리에게 이김을 주신다고 했습니까? 예수 그리스도이십니다.

누가 우리에게 승리를 줍니까? 누가 우리에게 영생을 줍니까? 누가 우리에게 소망을 줍니까? 누가 우리에게 힘을 줍니까? 누가 우리에게 생명을 줍니까? 바로 예수 그리스도입니다. 피 뿌린 옷을 입은 붉은 옷의 대장 예수 그리스도가 우리에게 승리를 주시고, 죄 사함을 주시고, 기쁨을 주시고, 용기를 주십니다. 주님이 흘리신 십자가의 보혈, 이 붉은 보혈이 우리의 모든 죄를 이미 사하셨습니다. 그리고 그 붉은 보혈의 옷을 받아 입는 사람, 주님의 십자가의 보혈을 믿는 사람들은 승리하는 사람이 됩니다.

붉은 옷의 대장 예수 그리스도, 그분이 흘리신 보혈을 믿는 사람, 그분의 피 뿌린 옷을 받아서 입고, 위대한 붉은 옷의 대장으로서 십자가에 우리를 위해 피 흘리신 예수 그리스도의 이름을 부르는 자는 모두 다 승리하고 죄 사함을 받고, 구원을 받게 된다는 말씀입니다.

십자가의 붉은 전사, 붉은 옷의 대장을 따르는 붉은 전사가 되시기를 바랍니다. 예수 그리스도의 피 뿌린 옷을 입은 이 붉은 전사들이 오늘도 예수 그리스도의 이름을 찬양하며 예배를 드리고 있습니다.

붉은 전사의 옷을 입는 비결

붉은 옷의 대장 예수 그리스도, 그 주님을 따르는 붉은 전사들이 되시기를 바랍니다. 주님께서는 십자가를 지고 이기셔서 우리에게 승리를 주셨습니다. 우리는 승리를 얻은 십자가의 붉은 전사들입니다. 그런데 이 귀한 붉은 전사의 옷을 바로 입을 수 있는 비결이 있습니다.

첫째는 죄를 자백해야 합니다. 지난 시간의 모든 죄를 하나님 앞에 고백하고, 사람들에게 잘못했던 모든 죄, 하나님을 믿지 않았던 죄를 자백해야 합니다. '하나님 내가 잘못했습니다' 하고 죄를 자백하면 그 순간에 내가 입은 모든 옷들은 사라지고, 주님이 주시는 십자가의 붉은 옷이 우리의 옷이 될 것입니다.

"만일 우리가 우리 죄를 자백하면 저는 미쁘시고 의로우사 우리 죄를 사하시며 모든 불의에서 우리를 깨끗하게 하실 것이요"(요일 1:9).

그렇습니다. 하나님 앞에 "하나님, 내가 그동안 하나님 믿지 않은 것 용서해주옵소서. 내가 예수 믿는 사람 많이 비판한 것도 용서해주옵소서. 교회 나올 기회가 많았는데 이제야 온 것도 용서해주옵소서" 하며 자백해야 합니다. 우리가 만일 우리 입으로 자백만 하면 하나님은 우리 죄를 깨끗하게 사해주신다고 말씀하셨습니다. 고백보다 위대한 것은 없습니다. 우리가 자백하면 하나님은 우리 죄를 다 깨끗하게 용서하시고, 원수는 우리를 풀어줄 수밖에 없다는 사실을 기억하시기 바랍니다.

용서받은 개구쟁이

식모를 둘씩이나 거느린 부잣집이 있었습니다. 아들이 있었는데 아주 개구쟁이였습니다. 하루에도 몇 번씩 문제를 일으켰습니다. 그 집에 가보로 내려오는 아주 귀한 고려청자가 있었습니다. 그런데 이 개구쟁이가 장난치다가 그만 그 고려청자를 '쨍그랑' 하고 깨뜨리고 말았습니다.

다른 건 다 용서받아도 이 고려청자를 깨뜨리면 절대 용서받지 못할 것이라는 걸 아들은 알고 있었습니다. 그는 고려청자 깨어진 조각을 주워서 버리려고 했습니다. 그때 하필 방안으로 들어온 사람이 바로 그 집의 식모였습니다. 아이와 식모는 난리가 났습니다.

"내가 봤다."

"제발 아무 말도 하지 마. 아빠한테 아무 말도 하지 마."

"알았어. 내가 말 안 할게. 그런데 내가 말 안 하는 대신에 너 내 말 잘 들어야 돼. 누나 말 잘 안 들으면 일러바칠거야."

"그래, 뭐든지 할 테니까 제발 말만 하지 마."

그 다음날부터 문제가 생겼습니다.

"야! 방 좀 닦아."

"싫어, 누나가 식모니까 누나가 해야지."

"야! 고려청자"

그 한마디에 "그래, 할게" 하면서 물에 손도 넣지 않던 부잣집 도련님이 방바닥을 닦기 시작합니다. 그 다음날이 되었습니다.

"야! 저기 가서 마당 좀 쓸어."

"싫어, 누나가 해. 난 안 할 거야."

그러나 '고려청자' 한마디만 나오면 벌벌 기면서 하는 것이었습니다. 풀도 뽑고, 심지어 어머니, 아버지가 없을 때에는 설거지까지 시킵니다.

하루는 얼마나 기가 막힌지 그날도 설거지를 하다가 거칠어진 자기 손을 바라보고 있는데 이 아이가 결심을 합니다. 밤에 아버지가 돌아왔을 때 그는 아버지 앞에 갔습니다. 눈물을 뚝뚝 흘리면서 "아빠, 고려청자 내가 깼어요."

"그래? 네가 깼단 말이야?"

"네, 잘못했어요. 용서해주세요."

"괜찮아. 손 안 다쳤어? 에이, 고려청자 백 개라도 우리 아들하고 안 바꾸지. 괜찮아, 괜찮아." 아버지가 안아주었습니다.

다음날 아침이 되었는데 식모 누나가 또 아이를 부릅니다.

"야! 방 좀 닦아."

"싫어, 누나가 닦아."

"너 일러준다."

"일러주려면 일러줘라." 그 다음날부터 완전히 바뀌고 말았습니다.

원수 마귀의 협박

원수 마귀는 죄를 지은 인간들에게 이렇게 위협합니다. "너 죄인이지? 넌 지옥 갈 수밖에 없어. 넌 하나님이 사랑하지 않아. 넌 아무 희망도 없어." 우리를 협박합니다. 그러나 누구든지 하나님 앞에서 "하나님, 내가 잘못했어요. 저를 용서해주세요. 제가 하나님 앞에 나왔습니다"라고 말하면 용서함을 받고, 그 뒤로 다시는 원수가 우리를 공격할 수 없습니다.

"하나님 아버지, 내가 믿지 않았던 것 용서해 주세요. 그러나 지금부터 내가 주님을 믿기로 합니다. 나는 죄인입니다." 한마디만 고백하면 이미 십자가에서 피 흘리신 우리 주님 예수 그리스도는 우리를 용서하시고, 품에 안으시며, 자유와 속죄함과 구원을 허락해주십니다.

한걸음 나아가서 우리 대장이 하신 일을 믿으시기 바랍니다. 붉은 옷의 대장, 그분이 이미 이루신 일을 믿으시기 바랍니다. 그분은 이미 십자가 위에서 피를 뿌려 귀한 승리를 얻으셨습니다. 피 흘리고, 죽으심으로 이미 우리를 위하여 승리하셨습니다. 승리는 이미 이루어졌습니다. 우리 대장이 얻으신 승리를 믿어야 합니다.

남양군도의 일본 군인

얼마 전 남양군도에 짐승처럼 생긴 웬 남자가 발견되었습니다. 잡아서 가만히 보니까 머리에는 일본 군모를 쓰고 손에도 일본 군도를 들고 있는 것이었습니다. 이 사람은 아직도 전쟁을 계속 하고 있었습니다. 그 섬에서 자기 혼자 싸우는데, 제 2차 세계 대전이 끝난 것을 몰랐습니다. 자기 혼자 늘 보초를 서고, 일지를 쓰고 싸운 것이었습니다. 그 사람 이름이 나카무라 중위입니다. 그는 전쟁이 끝난 것도, 일본이 패배한 것도 몰랐습니다.

우리의 대장 예수 그리스도는 십자가 위에서 승리했고, 원수 마귀는 이로써 패배했습니다. 그러므로 인생의 모든 대적들, 원수 마귀, 귀신들은 우리를 괴롭히지 못합니다. 예수 그리스도의 십자가 보혈, 이 붉은 옷을 입고 사는 사람들을 공격할 수가 없습니다. 왜냐하면 이미 2천 년 전에 십자가 위에서 패배했기 때문입니다.

대장이 하신 일을 믿으면 대장이 주신 귀한 승리를 얻고 누릴 수 있는 복된 사람이 됩니다.

4강 신화, 히딩크 감독

한걸음 더 나가서 어떻게 우리는 붉은 옷을 입을 수 있습니까? 우리 한국 사람들은 이 사람을 너무나도 좋아합니다. 우리 한국 팀을 4강으로 끌어올렸던 위대한 감독, 패배만 계속하던 우리 한국 팀에 혜성같이 나타난 네덜란드 감독이 있었으니 바로 히딩크 감독입니다.

그 한 사람만 와도 4강이 되었는데 붉은 옷의 대장 예수 그리스도가 우리 마음에 오시면 인생에 놀라운 승리가 주어질 것입니다. 그분은 이미 십자가 위에서 승리했습니다. 모든 것을 이루셨습니다. 그분의 말씀대로 움직이면 반드시 우리는 승리하게 될 것입니다. 예수님을 모시는 자는 영원한 승리를 얻을 것입니다.

요한복음 1장 12절에 "영접하는 자 곧 그 이름을 믿는 자들에게는 하나님의 자녀가 되는 권세를 주셨으니"라고 했습니다. 그분을 믿는 것은 마치 우리 한국 대표팀이 히딩크를 감독으로 초빙했듯이 우리 모두가 예수 그리스도, 붉은 옷 입은 대장을 나의 구주로, 내 마음속에 모신다는 것입니다. 믿기만 하면, 영접하기만 하면 우리는 승리할 수 있습니다. 영접은 어떻게 합니까? 주님이 이렇게 말씀하십니다.

"볼지어다 내가 문밖에 서서 두드리노니 누구든지 내 음성을 듣고 문을 열면 내가 그에게로 들어가 그로 더불어 먹고 그는 나로 더불어 먹으리라"(계 3:20).

우리의 붉은 옷 입은 대장 예수 그리스도는 문밖에 서서 두드리고 계십니다. 마음 문을 두드리고 계십니다. 문을 열고 그분을 모셔들이면 우리 속에 들어오셔서 우리와 함께 먹고, 마시며, 우리의 약함을 채워주고, 우리 속에 있는 모든 허전함을 채워주고, 우리를 행복하게 하며, 우리를 기쁘게 하며, 우리의 죄를 사하고, 우리와 함께 사는 놀라운 은혜를 베풀겠다고 약속하십니다.

예수님을 모셔들이는 그 순간 예수 그리스도의 보혈로 물든 붉은 옷을 우리가 입게 될 것이고, 하나님의 자녀가 되고, 십자가의 군대가 됩니다. 그분이 지금 문 앞에 서 계십니다. 마음 문을 열고 그분을 모실 수 있기를 바랍니다.

"**역**전승의 비결을 아십니까?"

요한복음 5장 2~9절

예루살렘에 있는 양문 곁에 히브리 말로 베데스다라 하는 못이 있는데 거기 행각 다섯이 있고 그 안에 많은 병자, 소경, 절뚝발이, 혈기 마른 자들이 누워 [물의 동함을 기다리니 이는 천사가 가끔 못에 내려와 물을 동하게 하는데 동한 후에 먼저 들어가는 자는 어떤 병에 걸렸든지 낫게 됨이러라] 거기 삼십팔 년 된 병자가 있더라 예수께서 그 누운 것을 보시고 병이 벌써 오랜 줄 아시고 이르시되 네가 낫고자 하느냐 병자가 대답하되 주여 물이 동할 때에 나를 못에 넣어 줄 사람이 없어 내가 가는 동안에 다른 사람이 먼저 내려가나이다 예수께서 가라사대 일어나 네 자리를 들고 걸어가라 하시니 그 사람이 곧 나아서 자리를 들고 걸어가니라 이 날은 안식일이니

'아멘'이라는 말은 예수 믿는 사람들이 쓰는 말인데 '진짜로' 라는 뜻입니다. '아멘' 하는 것은 정말로 진짜로 내가 믿는다는 뜻입니다. 그리고 예수 믿는 사람들이 잘 쓰는 말 가운데 '할렐루야' 라는 말이 있습니다. '하나님을 찬양하라' 는 뜻입니다.

2002년 월드컵 때 멋진 역전승이 한 번 있었습니다. 이탈리아와의 시합에서였습니다. 우리보다 훨씬 실력이 좋은 팀이었습니다. FIFA 7위인 굉장히 축구 잘하는 팀이었습니다. 그런데 안타깝게도 그만 전반전에 우리가 한 골을 먹었습니다. 그리고 후반전 마지막 42분을 조금 넘긴 그때 설기현이 골을 넣었습니다. 그런데 더 기가 막힌 장면은 마지막 연장전에 반지의 제왕 안정환

이 역전골을 터뜨린 것이었습니다. 이 귀한 역전골을 통해서 우리는 아주리 군단 이탈리아를 여지없이 꺾고 말았습니다. 그때 그 시합을 통해서 우리 한민족의 위상이 높아지고, 하나님이 우리와 함께하신다는 것을 너무나 깊이 체험할 수가 있었습니다. 역전승의 짜릿함을 우리는 맛보았습니다. 그날 밤 온 한국은 기쁨과 승리의 도가니였습니다.

베데스다 연못의 역전승

이런 역전승이 성경에도 나타나고 있습니다. 예루살렘에는 베데스다 못이 있습니다. 지금은 물이 없습니다. 그런데 옛날에는 물이 많았습니다. 이 연못은 간헐천입니다. 간헐천은 항상 일정하게 물이 흐르는 것이 아니라 한번씩 물이 솟구치는 것을 말합니다. 가스 분출이 일어나면서 물이 위로 솟구칩니다.

그때, 막 물이 솟구치고 있을 때 누구든지 제 일착으로 뛰어들기만 하면 병을 고칠 수 있다는 신비한 힘이 있다고 알려진 연못이었습니다. 미국 옐로스톤 공원에 가도 이런 간헐천이 솟아오릅니다. 보통 때는 가만히 있다가 한번씩 확 솟아오르는데 얼마나 멋진지 모릅니다.

이 베데스다 연못도 한번씩 솟아오르는 그런 간헐천이었습니다. 그런데 거기에 많은 사람들이 마치 각국 대표선수들처럼 모여 있었습니다. 별의별 사람이 다 모여 있었습니다. 마치 월드컵에 참여한 각국 대표선수들처럼 전부 진을 치고 있었습니다. 여러 질환을 가진 병자들이 먼저 들어가려고 지켜보고 있었습니다. 그리고 물이 동하는 소리가 나면 앞을 다투어 뛰어들었습니다.

수많은 사람들 가운데 움직일 수 없어서, 그래서 뛰어드는 데 늘 꼴찌밖에 못하는 한 사람이 있었습니다. 그 사람은 38년 동안 병을 앓아 왔습니다. 중풍병을 앓아 왔습니다. 그날도 고치려고 왔는데 물은 동하는데 몸이 움직여주지 않습니다. 다른 사람이 아주 재빠르게 연못 속으로 뛰어들어가는 것이었습니다. 얼마나 답답했을까? 경쟁에 지고 있는 것입니다. 남이 먼저 가 버리니까 도저히 들어갈 수가 없습니다.

예수 그리스도가 오시면 역전승이 일어난다

그런데 오늘 여기 드디어 역전승이 일어났습니다. 늘 꼴찌 하는 이 사람, 38년 된 병자가 1등을 하게 되는 기적적인 사건이 일어났습니다. 38년 된 병자가 고침을 받았습니다. 제일 늦은 사람이 제일 먼저 고침을 받았습니다. 그걸 우리는 흔히 역전승이라고 말하지 않습니까? 질 수밖에 없었는데 뒤집어 이기는 현상인 역전승의 비결이 오늘 본문에 나타납니다.

이 비결을 배우면 우리가 이탈리아를 꺾는 것보다 훨씬 더 굉장한 기쁨과 행복을 맛보게 될 것입니다. 그 역전승의 비결은 이렇게 시작되고 있습니다.

예수 그리스도가 그 병자를 찾아주셨습니다.

"예수께서 그 누운 것을 보시고 병이 벌써 오랜 줄 아시고 이르시되 네가 낫고자 하느냐"(요 5:6).

이 중풍 병자는 전혀 희망이 없었습니다. 경쟁에서 질 수밖에 없는 그런 자리에 있었습니다. 누워 있는 곳도 목이 좋지 않았습니다. 지름길로 달리기엔 너무 불편한 곳에 그는 누워 있었습니다. 자기 힘으로는 이길 수 없는 그런 상황, 그런 장소, 그런 육체적인 조건이었습니다.

우리의 인생 경기는 어떻습니까? 인생 월드컵은 어떻게 진행되고 있습니까? 몇 승 몇 패였습니까? 얼마나 승리를 경험하며 살았습니까? 38년 된 병자처럼 '내가 아무리 이기려고 해도 내 인생은 잘 이겨지지 않더라. 왜 그렇게 힘든지 모르겠어. 내 인생이 자꾸만 꼬여드는 것을 느꼈어'라고 생각하는 사람은 없습니까? 경쟁에서 남보다 앞서 계십니까? 도와줄 사람이 많이 있으십니까? 남들보다 더 많이 가지셨습니까? 인생의 기쁨은 있습니까? 만족이나 희망은 있으십니까?

주님이 주시는 이 말씀은 역전승의 답이 될 것입니다. 비결이 될 것입니다. 아무리 패배하고, 아무리 조건이 좋지 못하고, 아무리 목이 좋지 못하고, 아무리 모든 면에서 부족하다고 해도 이 말씀을 통해서 우리 인생에 놀라운 역전승이 일어나게 될 것입니다. 우리는 스스로 교회에 찾아온 것이 아닙니다. **사실은 우리 인생에 주님께서 먼저 찾아오셨습니다.**

우리 인생을 아시는 예수님

본문 말씀에 중요한 단어 두 개가 나옵니다. "보시고"(6절)와 "아시고"(6절)입니다. 하나님이, 예수 그리스도가 보셨다고 말씀하셨습니다. 그 답답한 38년 된 경쟁에서 뒤처진 사람을 주님은 보셨습니다. 척 보시고 주님은 모든 것을 알았습니다. 그렇습니다. 이것은 예수 그리스도만 사용할 수 있는 단어입니다. 한번 척 보니까 그의 모든 마음을 알았습니다. 좌절을 알았습니다. 슬픔을 알았습니다. 그 속에 있는 근심을 알았습니다. 그 속에 있는 절망감을 알았습니다.

예수 그리스도는 우리의 인생을 다 보고 계십니다. 그리고 알고 계십니다. 무엇이 문제인지 알고 계십니다. '난 왜 이렇게 안 될까? 왜 번번이 경쟁에서 질까? 왜 나는 도와주는 사람이 없을까?' 근심하고 걱정하던 모든 문제, 내 속에 있는 고민을 우리 주님께서 지금 이미 보시고, 아시고 계십니다. 다른 사람은 몰라주어도 우리 주님께서는 그 모든 것을 알고 계십니다. 내 약함을 아십니다. 내 괴로움을 아십니다. 내 모든 염려를 아시고, 내 좌절을 아십니다.

어릴 때 속이 상해가지고는 어머니에게 달려가서, 어머니 품속에서 하소연했던 기억이 나십니까? 그리고 어머니에게 마구 자기 속에 있는 답답한 마음을 털어놓고 훌쩍훌쩍 울던 때가 기억이 나십니까?

어릴 때 저도 그런 일이 있었습니다. 어린 저도 답답한 마음이 많았습니다. 그래서 어머니 품에 안겨서 응석을 부리면서 여러 가지 문제를 다 이야기했습니다. 어린 제가 고민이 있었으면 얼마나 있었겠습니까?

그러나 아이는 아이대로 고민이 있는 것입니다. 고민을 한참 이야기하니까 어머니께서 제 가슴을 토닥거리면서 "아이고, 그래 괜찮다. 내가 다 안다"고 말씀하십니다. 그 한마디를 들으니 얼마나 속이 시원한지 모릅니다.

어머니가 우리를 안으시고, 내가 너를 안다, 걱정하지 마라 하면서 눈물 닦아줄 때, 얼마나 우리 마음이 편안합니까? 우리를 안고 눈물을 닦아줄 사람이 이 땅에 있습니까? 살아가면서 우리의 모든 사정을 하소연할 수 있는 존재, 그분을 가진 사람은 행복한 사람입니다.

예수 그리스도의 품에 안기자

예수 그리스도께서 여러분을 안으시기 원하십니다. 우리를 가슴에 안고 말씀하십니다. "그래, ○○○야 잘 왔다. 내가 너를 안다. 내가 네 사정을 알아. 네 마음속의 고민을 알아. 네 속에 일어나고 있는 모든 어둠의 그림자를 내가 알고 있어. 잘 왔다."

주님은 우리의 패배를 알고 있습니다. 고민도 알고 있습니다. 갈등을 알고 있습니다. 우리의 수치도 알고 있습니다. 그리고 말씀하십니다. "네가 낫기를 원하느냐? 네가 1등 하기를 원하느냐? 남들이 다 뛰어들고 있는데 너는 못 뛰어들어 속이 상하는구나. 너도 뛰어들기 원하느냐? 낫기를 원하느냐?"

주님이 이 시간 묻고 계신 것입니다. "네가 이기기를 원하느냐? 죄를 이기기 원하느냐? 네 속에 있는 미움을 이기기 원하느냐? 걱정을 이기기 원하느냐? 절망을 이기기 원하느냐? 네 속에 있는 고독을 이기기 원하느냐? 인생의 고민을 이기기 원하느냐? 행복을 원하느냐? 기쁨을 원하느냐? 죄 씻기를 원하느냐?" 주님께서 지금 질문하고 계십니다.

우리의 마음을 주님 앞에 털어놓자

그렇다면 우리는 어떻게 대답해야 합니까? "주님, 나는 머리도 부족합니다. 돈도 많지 않습니다. 힘도 없습니다. 도와줄 빽도 없습니다. 늘 경쟁에서 지기를 잘합니다. 내 인생에 도움 되는 사람은 없습니다. 9대 0으로도 지고, 7대 0으로도 졌습니다. 5대 0으로도 졌습니다. 지금도 지고 있습니다. 주님 내가 지고 있는 것 아시죠? 역전승할 수 없을까요?"

주님 앞에 우리의 마음을 털어놓고 하소연하기를 바랍니다.

그러면 주님이 이렇게 말씀합니다. "내 사랑하는 아들아, 내 딸아, 내가 너를 알고, 내가 너를 사랑하니 일어나 이제부터 역전승의 삶을 시작하라."

저도 옛날에는 지고, 또 지는 사람이었습니다. 약해서 힘도 없는 사람이었습니다. 20대 때 이미 절망을 경험했습니다. 인생의 희망이 보이지 않았습니다. 제가 어느 산골에 있었는데 아주 통통하게 살찐 참새 한 마리가 제 옆에 날아와 앉았습니다. 저는 그때 질병 속에 있었습니다. 내 인생에 아무런 희망이 보이지 않았습니다. 5대 0, 7대 0, 9대 0으로 계속 패배하고 있었습니다. 제 인생은 절망으로 드리워져 있었습니다.

그런데 참새 한 마리가 날아왔는데 얼마나 포동포동하게 생겼던지 먹음직스럽고, 기름이 좌르르 흘렀습니다. 얼마나 참새가 멋있게 생겼는지 저는 처음으로 인간이지만 참새를 부러워했습니다. 그리고 참새에게 이렇게 말했습니다.

"참새야, 넌 참 좋겠다. 너는 반지르르하니 기름이 좌르르 흐르니 참 행복해 보이는구나. 넌 고통이 없지? 너는 패배를 모르지? 넌 참 좋겠다. 나는 지금 지고 있다. 내 건강이 내 말을 듣지 않고 있다." 참새를 부러워했습니다.

내 인생의 역전승

그러나 그렇게 패배하고 있는 저를 우리 주님께서 사랑하시고, 찾아오셔서 위로해 주셨습니다. 그리고 저를 치료해 주셨습니다. 주님의 피 묻은 손으로 저를 만져주셨습니다. 저를 회복시켜 주셨습니다. 건강을 주셨습니다.

우리 주님과 함께 살아가는 인생의 여정 가운데 주님은 그날

이후 새로운 기쁨과 환희와 만족을 주셨습니다. 지치지 않는 건강으로 회복시키시고, 제 청춘을 독수리처럼 새롭게 해주셨습니다. 기쁨이 넘치게 하시고, 찬양이 넘치게 하시고, 환희가 충만한 그런 인생을 살도록 저를 복 주셨습니다.

그래서 저는 설교를 100번 해도 지치지 않습니다. 우리 주님이 찾아와 주셨기 때문에, 질병 가운데 저를 찾아와 주셨기 때문에, 만져 주셨기 때문에, 회복시켜 주셨기 때문에, 저를 새롭게 하신 주님을 생각만 해도 좋습니다. 주님은 우리를 찾아오시기 원하십니다. 그리고 7대 0으로 지고 있다면 이제 내가 너를 역전승할 수 있도록 인도하겠노라고 말씀하십니다. 일어나 너의 자리를 들고 걸어가라고 말씀하십니다.

우리는 어떻게 역전승할 수 있습니까? 예수님의 말씀을 들으시기 바랍니다. 다른 소리 듣지 마시고, 예수님이 하시는 말씀을 들어야 합니다. "예수께서 가라사대 일어나 네 자리를 들고 걸어가라 하시니"(8절).

예수님을 바라보면 역전승이 일어난다

지금까지 38년 된 병자는 무엇을 보고 있었을까요? 연못을 보고 있었습니다. 하염없이 보고 있었습니다. 그 연못을 보면서 그 사람의 마음은 너무나 답답했을 것입니다. 연못에 자기의 희망이 있다고 생각했습니다. 물이 끓어오르기를 기다렸습니다.

그러나 끓어올라봤자 기회는 자기에 오지 않았습니다. 얼마나 답답하게 연못을 쳐다봤겠습니까? 물이 동할 때마다 그가 본 것은 무엇입니까? 자기보다는 훨씬 더 몸이 가뿐한, 주변에 모인 다른 사람들이었습니다.

인생에서 패배자가 하는 일은 무엇입니까? 다른 사람을 보면서 저 사람 나보다 똑똑하고, 학벌이 더 좋고, 나보다 빽이 더 좋고, 나보다 잘생겼고, 나보다 크다고만 생각합니다. 이건 패배자가 하는 말입니다. 다른 사람과 비교합니다. 그리고 자기가 형편없다고 생각합니다. 그리고 절망하게 되는 것입니다.

그러나 역전승이 일어나는 순간은 어떤 순간이었습니까? 그가 연못을 바라보지 않고, 더 이상 사람을 보지 않고 찾아오신 예수님을 향해서 고개를 돌리기 시작한 때였습니다. 그때 역전승이 일어났습니다. 놀라운 역전승이 일어났습니다.

어느 학교에서 체육 선생님이 호루라기를 불었습니다. "먼저 오는 순서대로 쭉 줄을 서라." 그러니까 학생들이 있는 힘을 다해 뛰었습니다. 꼴찌까지 등수대로 다 섰습니다. 이 꼴찌가 생각하니까 얼마나 기가 막힌지 "아이고, 또 꼴찌 했구나. 왜 나는 이렇게 숏다리라서 암만 뛰어도 1등을 못할까? 내 신세야, 내 팔자야" 하며 하소연을 했습니다.

선생님이 그런데 갑자기 "뒤로 돌아. 번호"라고 하는 것이었습니다. 제일 꼴찌 했던 사람이 몇 번이 되었을까요? "하나" 하고 앉았습니다. 그 학생이 1등이 되었습니다. 이게 바로 역전승입니다.

나는 예수 안에서 사랑 받는 1등 인생이다

세상을 보고, 다른 사람을 보고, 연못을 보고 있으면 항상 꼴찌입니다. 비교가 돼서 늘 나보다 좋은 사람, 큰 사람, 더 많이 가진 사람만 보입니다. 그 사람은 항상 패배 의식에 사로잡혀 삽니다.

그러나 고개를 예수님을 향해 돌리는 순간 우리 주님은 우리에게 말씀합니다. "뒤로 돌아. 십자가를 향하여, 나를 향하여 뒤로 돌아." 뒤로 도는 순간에 보이는 것은 오직 한 분 예수 그리스도입니다. 그때 놀라운 역전승이 일어나게 되는 것입니다.

다른 것 보지 말고, 예수님을 향해 우리의 시선을 돌려야 합니다. 그러면 그때부터 예수님이 보이기 시작하고, 자기가 예수님 안에서 사랑 받는 1등 인생인 것을 깨닫게 되는 것입니다. **우리의 인생 하나하나는 패배를 당할 인생이 아닙니다.** 하나님께서 귀하게 보시고, 사랑하셔서 이 땅에 보내주셨습니다. 이 시간 고개를 돌려서 예수님을 바라보는 순간, 그 순간부터 우리의 인생에 역전승이 시작됩니다.

하나님이 이 세상을 만드셨습니다. 말씀으로 만드셨습니다. "빛이 있어라" 말씀하실 때, 빛이 있었습니다. 말씀으로 온 세상을 만들었습니다. 말씀으로 된 이 세상을 인간들이 죄를 지음으로 더럽게 하였습니다. 인간들은 죄를 지음으로 죄인이 되었고, 하나님이 지으신 아름다운 모든 것을 잃어버리고 말았습니다. 성경은 우리 인간을 향해서, 죄를 지은 인간을 향해서 너희들이 죄인이라고 말씀하고 있습니다.

예수를 믿지 않으면 패배할 수밖에 없다

로마서 3장 23절에 "모든 사람이 죄를 범하였으매 하나님의 영광에 이르지 못하더니"라고 했습니다. 죄를 지었기 때문에 항상 패배하고, 죄 때문에 항상 불만이 가득한 인생, 이게 바로 죄를 짓고 하나님을 떠난, 하나님을 믿지 못하는 인생의 모습입니다. 그런데 주님께서는 죄를 지은 사람이 받는 값이 있다고 말씀했습니다.

로마서 6장 23절에 이렇게 말씀합니다. "죄의 삯은 사망이요 하나님의 은사는 그리스도 예수 우리 주 안에 있는 영생이니라." 죄를 지은 사람에게는 사망이 옵니다. 죄 때문에 절망이 오고, 죄 때문에 죽음이 옵니다. 그러면 죽음 뒤에는 무엇이 옵니까?

히브리서 9장 27절에서 이렇게 말씀합니다. "한 번 죽는 것은 사람에게 정하신 것이요 그 후에는 심판이 있으리니." 죽음 뒤에는 심판이 있습니다. 하나님을 떠나서 예수를 믿지 않고 사는 사람의 죽음 뒤에는 반드시 심판이 있습니다. 영원토록 형벌을 받을 수밖에 없는 그런 절망적인 심판이 기다리고 있습니다.

그러나 하나님이 이런 인간을 그냥 두지 않으셨습니다. 패배하는 인간을 그냥 버려 두지 않으셨습니다. 우리를 위하여 이 땅에 예수 그리스도를 보내주셨습니다. 예수 그리스도를 통하여 인간의 모든 죄들을 사하시고, 예수님을 십자가에 돌아가시게 하심으로 누구든지 예수를 믿으면 구원받을 수 있는 귀한 은혜를 주셨습니다.

"하나님이 세상을 이처럼 사랑하사 독생자를 주셨으니 이는 저를 믿는 자마다 멸망치 않고 영생을 얻게 하려 하심이니라"(요 3:16). 하나님은 이미 예수님을 우리를 위해 보내주셨습니다. 그분을 믿기만 하면 우리는 다 죄 사함을 받고, 멸망치 않고, 패배하지 않고, 영생을 얻게 하신다고 말씀하셨습니다. 역전승은 예수를 믿음으로 일어납니다.

하나님의 사랑을 받아들이면 승리의 자리로 옮겨진다

로마서 5장 8절에 이렇게 말씀합니다. "우리가 아직 죄인 되었을 때에 그리스도께서 우리를 위하여 죽으심으로 하나님께서 우리에게 대한 자기의 사랑을 확증하셨느니라." 우리가 아직 죄인 되었을 때에 하나님을 모르고 있을 때 이미 2천 년 전에 하나님은 독생자 예수님을 우리를 위해 보내셨고, 십자가에서 돌아가시게 하셨습니다.

이것은 인간을 향한 하나님의 가장 큰 사랑입니다. 어떤 상태에 있든지 이 말씀을 들으면 죄 사함을 받습니다. 구원받을 수 있습니다. 패배의 자리에서 승리의 자리로 옮길 수 있습니다. 역전승할 수 있는 귀한 은혜를 받게 됩니다.

본문 9절 말씀에 보면 "그 사람이 곧 나아서 자리를 들고 걸어가니라"고 했습니다. 예수님의 말씀을 믿고 그는 일어났습니다. 그리고 자리를 들고 걸어갔습니다. 이미 예수님은 말씀을 전하셨습니다. 선포하셨습니다. 이 땅에 오셔서 이미 우리 죄를 지시고, 십자가에 돌아가셨습니다. 이제 내가 믿기만 하면 됩니다. 이 병자처럼 그저 그 말씀을 믿고, 일어나기만 하면 됩니다. 그러면 걸어갈 수 있는 것입니다.

한번은 베드로가 갈릴리 바다에서 풍랑을 만났습니다. 예수님이 물 위로 걸어오셨습니다. 쭉 걸어오시는데 베드로가 자기도 한번 물 위로 걸어가고 싶었습니다. "주님, 혹시 주님이시면 저도 한번 걸어갈 수 있도록 해주세요." 그랬더니 주님이 말씀하셨습니다. "그래, 내가 말한다. 걸어와라."

베드로가 그 말을 들었습니다. 다른 사람들은 벌벌 떨고 있는데 베드로는 그 말을 듣고 믿음으로 걸었습니다. 그랬더니 파도치는 그 바다 위로 걸을 수가 있었습니다. 조금 걸어가다가 그만 다른 곳을 쳐다봐서 빠지기도 했지만 몇 발자국 걸어갈 수가 있었습니다. 말씀을 믿고 움직이면 일어나서 걸어갈 수 있고, 자기의 어떤 패배도 다 걷어버리고 승리의 자리로 바뀌는 역전승하는 사람이 될 것입니다.

역전승은 주님을 믿을 때 일어난다

한번은 한 형제가 숨이 깔딱깔딱하면서 죽어 넘어가는 순간 누군가 전도를 했습니다.

"형제님, 하나님은 당신을 사랑합니다. 하나님이 세상을 이처럼 사랑하사 독생자를 주셨으니 이는 저를 믿는 자마다 멸망치 않고 영생을 얻게 하려 하심이니라. 이 말을 믿으십니까?"

"아, 그게 하나님 말씀입니까?"

"그렇습니다."

"그 말이 진짜입니까?"

"그렇습니다."

"그러면 나도 믿기를 원합니다. 또 다른 말은 없나요? 믿음이 뭡니까?"

"영접하는 자 곧 그 이름을 믿는 자들에게는 하나님의 자녀가 되는 권세를 주셨으니 믿는 것은 영접하는 것입니다. 주님을 영접하세요."

"아이고, 내가 뭔지 모르겠지만 주님 영접하기를 원합니다. 영접은 어떻게 합니까?"

그랬더니 그 전도자가 또 말합니다.

"볼지어다 내가 문밖에 서서 두드리노니 누구든지 내 음성을 듣고 그 문을 열면 내가 그에게로 들어가 그로 더불어 먹고 그는 나로 더불어 먹으리라."

이 말씀을 들은 환자가 기도합니다.

"내가 이 시간 예수님을 영접합니다" 짧은 기도를 드렸습니다. 그러고는 말합니다.

"또 나를 위한 말씀이 없습니까?"

그랬더니 전도자가 말을 해줍니다.

"내가 진실로 진실로 너희에게 이르노니 내 말을 듣고 또 나 보내신 이를 믿는 자는 영생을 얻었고 심판에 이르지 아니하나니 사망에서 생명으로 옮겼느니라."

그랬더니 이 죽어가는 사람이 "아, 그래 이제 나는 사망에서 생명으로 옮겼습니다. 내가 그 말을 믿습니다"라며 환한 얼굴로 하나님 품에 안겼다는 이야기입니다. 역전승은 믿을 때 일어납니다. 하나님 말씀을 그대로 믿을 때 일어나는 것입니다.

믿는 것이 무엇입니까? **받아들이는 것입니다.** 예수님이 우리 마음의 문밖에 와 두드리고 계십니다. 문을 열기만 하면 주님께서는 들어오셔서 우리와 함께 사시며, 인생을 역전시켜 주실 것입니다. 질병에서 건강으로, 가난에서 부요로, 고통에서 기쁨으로, 슬픔에서 환희로 인생을 역전시키는 놀라운 은혜를 베풀어주실 것입니다.

> 예수님은 기다리고 계십니다. 문을 두드리고 계십니다. 38년 된 병자, 그 병자를 주님이 찾아오셨습니다. 패배자였던 그를 찾아오셨습니다. 그 패배자가 주님의 말씀을 믿음으로 역전승을 거두고, 건강을 얻었습니다. 우리에게도 주님이 찾아오셨습니다. 마음의 문밖에 계신 예수님께 문을 열고 영접함으로 역전승을 거두시기 바랍니다.

"집으로"

누가복음 15장 11~24절

또 가라사대 어떤 사람이 두 아들이 있는데 그 둘째가 아비에게 말하되 아버지여 재산 중에서 내게 돌아올 분깃을 내게 주소서 하는지라 아비가 그 살림을 각각 나눠 주었더니 그 후 며칠이 못 되어 둘째 아들이 재물을 다 모아가지고 먼 나라에 가 거기서 허랑방탕하여 그 재산을 허비하더니 다 없이한 후 그 나라에 크게 흉년이 들어 저가 비로소 궁핍한지라 가서 그 나라 백성 중 하나에게 붙여 사니 그가 저를 들로 보내어 돼지를 치게 하였는데 저가 돼지 먹는 쥐엄 열매로 배를 채우고자 하되 주는 자가 없는지라 이에 스스로 돌이켜 가로되 내 아버지에게는 양식이 풍족한 품꾼이 얼마나 많은고 나는 여기서 주려 죽는구나 내가 일어나 아버지께 가서 이르기를 아버지여 내가 하늘과 아버지께 죄를 얻었사오니 지금부터는 아버지의 아들이라 일컬음을 감당치 못하겠나이다 나를 품꾼의 하나로 보소서 하리라 하고 이에 일어나서 아버지께로 돌아가니라 아직도 상거가 먼데 아버지가 저를 보고 측은히 여겨 달려가 목을 안고 입을 맞추니 아들이 가로되 아버지여 내가 하늘과 아버지께 죄를 얻었사오니 지금부터는 아버지의 아들이라 일컬음을 감당치 못하겠나이다 하나 아버지는 종들에게 이르되 제일 좋은 옷을 내어다가 입히고 손에 가락지를 끼우고 발에 신을 신기라 그리고 살진 송아지를 끌어다가 잡으라 우리가 먹고 즐기자 이 내 아들은 죽었다가 다시 살아났으며 내가 잃었다가 다시 얻었노라 하니 저희가 즐거워하더라

이탈리아 축구 팀은 1966년에 북한에 1대 0으로 졌습니다. 예선에서 탈락한 채 귀국하니까 공항에서부터 이탈리아 사람들이 썩은 야채를 던지고, 호박을 집어던지고 난리가 났습니다. 환영하기는커녕 썩은 과일을 집어던졌습니다. 그러고는 마구 욕설을 퍼부었습니다. 콜롬비아 축구 팀에 에스코바르라는 선수가 있었습니다. 그는 자살골을 넣었다가 총에 맞아 죽었습니다. 너 때문에 우리나라 죽었다고 축구 선수들이 집으로 돌아

가도 박대만 받고, 괄시천대만 받는 그런 일들이 참 많았습니다.

하나님 아버지의 마음

그런데 우리 예수님께서 해주신 이야기는 축구에 진 정도가 아닙니다. 한 사람이 있었는데 이 사람은 엄청난 일을 했습니다. 자기 아버지 재산을 몽땅 먹어버리고 말았습니다. 아버지가 죽지도 않았는데 빨리 죽기를 바라고, 아버지한테 가서 말합니다.

"아버지, 아버지 죽으면 재산 다 어떻게 할 거예요?"

"내가 죽으면 유산을 주어야지."

"그러니까 아버지 돌아가시기 전에 미리 주시면 안 됩니까?"

이런 식으로 아버지에게 와서 아버지 재산을 다 받아가지고 먼 땅으로 간 아들이 있었습니다. 두 아들 중에 작은 아들인 이 나쁜 아들은 재산을 몽땅 가지고 가서 신나게 먹고, 마시고, 즐기고 놀았습니다. 나쁜 여자와 함께 보내고, 술을 마시고, 온갖 나쁜 짓을 하다가 돈을 다 쓰고 말았습니다.

거지가 되었습니다. 돼지 치는 불쌍한 사람이 되고 말았습니다. 얼마나 가련합니까? 그래서 그가 다시 집으로 돌아갈 마음이 생겼습니다. 집에 돌아가면 밥이라도 얻어먹을 수 있으니까 하는 생각으로 그는 집으로 돌아갑니다.

그런데 집으로 돌아갔더니 썩은 채소가 날아오거나 "나가 죽어라"라고 말하는 게 아닙니다. 아직도 집은 보이지 않는데 아버지가 동구 앞에까지 나와서 그 아들을 기다리고 있었습니다. 그 아버지는 나쁜 짓을 하고 자기 재산을 허랑방탕 다 소비해버리고 만 그 아들을 기다리고 있었습니다. 아들이 나타나자 뛰어가서 그 아들을 품에 안고 반갑게 맞이했습니다.

이 이야기를 통해서 예수님은 우리 인간들에게 중요한 말씀을 전하고 있습니다. 아무리 죄를 범하고, 또 10대 0으로 져도 하나님의 교회로 돌아오면 품어주시고, 용서해주시고, 안아주신다고 하는 주님의 귀중한 사랑 이야기입니다.

하나님께서는 모든 지나간 삶에 대해서, 현재 모습에 대해서 묻지 않으십니다. 그저 품에 안으시고 "잘 왔다"고 하십니다. 5대 0으로 져도 괜찮습니다. 어떤 잘못을 했든지 우리 하나님 아버지는 팔을 벌리고 "그래, 잘 왔다. 네가 돌아온 것으로 나는 만족한다"라고 말씀하십니다. 이게 바로 하나님의 마음입니다. 다 품어주시고, 귀한 은혜와 복을 베풀어주시기 원하시는 것입니다.

하나님을 떠난 인간

본문의 이야기 속에서 우리는 몇 가지를 알 수 있습니다. 먼저는 하나님을 떠난 인간의 모습이 나옵니다. 12절에 보면 "그 둘째가 아비에게 말하되 아버지여 재산 중에서 내게 돌아올 분깃을 내게 주소서 하는지라 아비가 그 살림을 각각 나누어주었더니"라고 기록되어 있습니다.

이 작은 아들은 자기 집에서 부족한 것이 없었습니다. 재산이 많았습니다. 논도 많았습니다. 먹을 것, 입을 것 모두 풍성했습니다. 아버지하고만 같이 살면 아버지가 모든 걸 다 주었습니다. 부족한 것이 전혀 없었습니다. 그 마음도 늘 기쁨이 충만했고, 모든 것이 행복했습니다.

아버지는 이 아들을 위한 계획을 다 세워놓고 있었습니다. 장가보낼 계획도 세워놓고, 앞으로 모든 계획을 아버지가 다 세워놓고 있었습니다. 그런데 이 나쁜 둘째 아들은 그럼에도 불구하고 만족이 없었습니다. 아버지 밑에서 사는 것이 답답하게 느껴졌습니다.

미국의 청소년들이 고등학교를 졸업하고 대학을 가는 데에 재미있는 현상이 있습니다. 조사를 해보았더니 같은 도시에서 대학에 온 사람들이 별로 없습니다. 대부분 다 먼 도시에서 왔습니다. 이유를 알아보았더니 속히 아버지로부터 떠나려고, 먼 도시로 떠나는 그런 아들들이 참 많이 있었습니다. 이 작은 아들도 모든 걸 다 해주는 아버지를 떠나고 싶어했습니다.

아담과 하와의 범죄

에덴동산에서 하나님께서 만드신 첫 인간의 이름이 아담이고, 두 번째 인간의 이름이 하와입니다. 제일 멋진 남자와 제일 멋진 여자가 아무 부족함도 없는 행복한 에덴동산에 살았습니다. 하나님이 늘 그들과 교제하셨습니다.

아침마다 나타나셔서 그들과 함께 거니셨습니다. 에덴동산이 얼마나 행복한 곳인지 모릅니다. 그런데 하나님과 함께 사는 행복을 맛보며 사는 아담과 하와는 그곳에 아직도 무언가 부족하다고 생각했습니다.

어느 날 마음속에 탐심이 생겼습니다. '에이, 이 생활보다 좀 더 좋은 건 없을까?' 이런 마음이 생겼습니다. 하나님이 모든 것 다 해도 좋은데 한 가지만 하지 말라고 하셨습니다. 그게 무엇입니까? 선악과는 절대로 따먹지 말라고 하셨습니다. 그런데 그것마저도 먹고 싶은 마음이 생겼습니다.

보니까 보암직도 하고, 먹음직도 하고, 지혜롭게 할 만큼 탐스

럽기도 한 나무, 정말 맛있게 생긴 열매를 보면서 침을 꿀꺽꿀꺽 삼켰습니다. 뱀이 나타났습니다. 그러고는 유혹합니다. "야, 저거 하나님이 정말 먹지 말라고 하더냐?" "만지지도 말고, 먹지도 말고, 보지도 말라고 했는데 저거 먹으면 우리 죽을 거 다 안다." "아니야, 하나님이 거짓말한 거야. 저거 만약에 먹으면 네가 하나님보다 더 지혜가 있고, 더 머리가 좋아져서 그걸 무서워해서 하나님이 먹지 말라고 한 거야. 따먹어. 먹어도 괜찮아. 먹어도 안 죽어."

에덴동산의 행복 속에서 살던 아담과 하와의 마음속에 다른 탐심이 생겼습니다. 먹고 싶은 마음, 하나님이 먹지 말라고 해도 먹고 싶은 마음이 생겼고, 하나님이 절대로 금지한 것을 한번 해보고 싶은 마음이 생겼습니다. 하나님보다 더 지혜로워지고 싶은 마음이 아담과 하와에게 생겼습니다. 그리고 따먹고 말았습니다.

이렇게 하나님 앞에 죄를 지은 인간은 하나님의 그 사랑을 다 잃어버리고 말았습니다. 모든 것을 잃어버리고 말았습니다. 에덴동산 이후로 인간은 하나님을 다 떠나고 말았습니다. '하나님 없이도 살 수 있다. 하나님이 도와주지 않아도 나 혼자 잘살 수 있다.' 이런 생각을 하고 하나님을 떠났습니다.

하나님을 떠나면 물질만능주의에 빠진다

하나님을 떠난 인간들은 공통적으로 몇 가지 생각을 합니다. 본문에서 이 탕자가 한 생각을 '돈만 있으면 제일이다. 뭐니뭐니 해도 머니(money)가 제일이다' 라는 생각입니다. 세상 사람들은 이런 말을 많이 합니다. "돈만 있으면 되지 않냐? 뭐니뭐니

해도 돈이 제일이야."

하나님을 떠난 인간은 물질만능주의에 빠집니다. 돈이면 죽어가는 사람도 살릴 수 있다고 말합니다. 그래서 교도소 벽에 그런 낙서를 해두었답니다. '무전유죄, 유전무죄.' 돈이 있으면 죄도 없어지고, 돈이 없으면 없던 죄도 붙는다는 말입니다. 그래서 돈만 있으면 제일이고 돈만 있으면 행복하다는 말입니다. 바로 본문에 나오는 작은 아들이 이렇게 생각했습니다. 아버지는 없어도 돈만 있으면 된다는 생각이었습니다.

얼마 전 프랑스에서 은행 강도사건이 있었습니다. 현금을 수송하려고 온 사람들이 있었지만 강도는 그 많은 수송 요원들을 제압하고 돈을 훔쳐갔습니다. 자그마치 50억 원을 훔쳐갔습니다. 그 다음 날 신문에 대서특필이 됐습니다. '은행 강도, 은행 털털 다 털리다.'

그런데 재미있는 것은 그 돈이 전부 동전이었습니다. 엄청나게 많은 양의 동전이었습니다. 그 다음 날부터 이 강도들이 돈을 써야 할 텐데 가지고 있는 돈은 동전밖에 없었습니다. 이제 이 돈은 있으나마나 쓸 수 없는 돈입니다. 이미 나라 전체가 다 알고 있기 때문입니다.

하나님을 떠나면 쾌락만능주의로 간다

돈이 있어도 쓸 수 없고 힘을 얻을 수 없는 인생, 이게 우리 인생의 현주소입니다. 돈을 아무리 많이 가져도 이 돈이 나를 절대로 행복하게 해주지 않습니다. 쓸 수 없는 돈과도 마찬가지입니다. 많은 사람들이 하나님을 떠나서 물질만 있으면 된다고 생각하지만 절대로 물질은 우리의 행복을 보장해주지 않습니다.

더러는 많은 사람들이 쾌락이면 된다고 생각합니다. 그저 먹고, 마시고, 즐기기만 하면 된다고 생각합니다. 이 아들도 마찬가지입니다. 그래서 다른 도시로 가서 아버지가 없는 곳에 가서 허랑방탕했습니다. 마음대로 먹고, 마시고, 즐겼습니다.

사람들은 흔히 하나님 얼굴을 보기 싫어하고, 자기 양심을 다 속이면서 죄 짓는 일을 많이 합니다. 쾌락에 빠집니다. "하나님 없어도 된다. 나는 재미있게 살면 된다." 이렇게 말하고 성적 쾌락에 빠집니다. 술에 빠집니다. 요즘은 마약에 빠지는 사람들도 많습니다. 도박에 빠지는 사람들도 있습니다. 하나님 없어도 쾌락만 있으면 된다고 말합니다.

그러나 하나님 없이도 살 수 있다고 생각하는 그 모든 쾌락의 마지막은 파멸입니다. 죽음밖에는 없습니다. 공허함밖에는 없습니다. 둘째 아들이 마지막으로 간 곳은 돼지 움막이었습니다. 비참한 신세가 되고 만 이 작은 아들은 오늘도 우리 현대 인류를 향해서 "쾌락을 찾는 너희들아, 너희들의 마지막이 뭔지 아느냐? 돼지 움막밖에는 없느니"라고 말하고 있는 것입니다.

하나님을 떠나면 과학만능주의로 간다

현대인들은 하나님을 떠나서 뭘 향해 나아갑니까? 과학만능주의로 나아갑니다. 하나님 없어도 과학이면 살 수 있다고 말하는 사람들이 얼마나 많습니까? 그래서 이미 시험관 아기를 만들었습니다. 그리고 복제인간까지 만들려고 얼마나 노력하는지 모릅니다. 복제 송아지, 복제 양까지 생겼습니다. 이제는 복제 인간까지 만들려고 합니다. 얼마나 위험한 일인지 모릅니다.

'할로우 맨'이라는 영화가 있습니다. 이 사람이 과학자였는데 과학으로 투명인간이 되는 기술을 개발해냈습니다. 현대인들에게는 이런 생각들이 있는데 이 사람이 정말 그걸 이루었습니다. 실제로 투명인간이 되어버렸습니다. 투명인간이 되면 무엇을 하고 싶으십니까? 이 사람은 투명인간이 되어서 자기가 하고 싶은 것을 다 했습니다. 자기가 좋아하는 여자 방에도 들어갔고, 자기 마음에 들지 않는 사람을 두들겨 패주기도 하고, 가지고 싶은 것 전부를 다 가졌습니다. 그런데 이 투명인간은 마지막에 비참하게 죽었습니다.

이 영화는 우리 현대인들에게 웅변적으로 무엇인가 말하고 있습니다. 인간이 아무리 과학을 발달시키고, 투명인간이 되는 굉장한 기술을 개발해서 얻는다고 해도 마지막 남는 것은 무엇입니까? 할로우의 뜻이 무엇인지 아십니까? 텅 비었다는 뜻입니다.

과학이 발달해서 인간을 아무리 4차원의 세계에 올리고, 무시무시한 일을 하게 만들어도, 복제 양을 만들고, 복제 인간을 만든다고 해도 인간은 갈수록 더 텅텅 빈 인간이 되고 말 것이라는 메시지가 이 영화에 담겨 있습니다. 과학의 마지막엔 텅 빈 것밖에 없습니다. 모든 걸 다 이룬 것처럼 보여도 아무것도 이루지 못한 그런 공허함 속에 들어가고 말 것입니다.

하나님을 떠난 인간에게는 비극밖에 없다

하나님을 떠난 인간은 돈에 숨어도 숨을 수가 없습니다. 쾌락에 숨어도 숨을 수가 없습니다. 과학이 발달해도 숨을 수가 없습니다. 아버지를 떠난 이 아들도 아무리 즐겁게 지내고, 아무리 자기의 모든 것을 돈에 걸고 살아보았지만 그 모든 것에는 끝이 있었습니다.

많은 인간들이 헛된 것으로 자기의 허전함을 채워보려 하지만 채워지지 않습니다. 더러는 헛된 종교를 찾기도 합니다. 부지런히 불공을 들이기도 합니다. 부지런히 미신을 섬기기도 합니다.

남극에 가면 펭귄이 있습니다. 이 펭귄은 태어나면서 제일 먼저 본 것을 아버지로 생각합니다. 한번은 조류학자와 어류학자들이 가서 연구를 했습니다. 그때 마침 펭귄이 새끼를 낳았는데 하필이면 연구하러 온 학자 중 한 사람을 제일 먼저 봤답니다. 펭귄 새끼가 그 뒤로는 이 박사를 자기 아버지인 줄 알고 계속 졸졸 따라다닙니다.

이 어리석은 펭귄처럼 인간들이 자기를 지으시고, 이 땅에 보내주신 하나님 아버지가 계신데 그 아버지는 부정해버리고, 지금 당장 눈에 보이는 돈을 따라가고, 쾌락을 따라가고, 헛된 종교를 따라가고 있는 것을 봅니다. 지금 당신은 무엇을 따라가고 있습니까?

하나님 아버지는 손을 벌리고 우리를 기다리고 계셨고, 그래서 우리는 희미한 기억 속에서 알게 되었습니다. '아하, 나는 원숭이에서 진화된 존재가 아니라 하나님이 만든 인간, 하나님이 이 땅에 보낸 존재였지.' 그래서 그것을 기억할 수 있도록 하나님께서 부르시고, 품에 안고 계시는 것입니다. 아버지 품을 떠난 사람에게는 비극밖에 없습니다.

하나님을 떠나면 비참함밖에 없다

"다 없이한 후 그 나라에 크게 흉년이 들어 저가 비로소 궁핍한지라 가서 그 나라 백성 중 하나에게 붙여 사니 그가 저를 들로 보내어 돼지를 치게 하였는데 저가 돼지 먹는 쥐엄 열매로 배를 채우고자 하되 주는 자가 없는지라"(눅 15:14~16).

아버지 집에 있으면 맛있는 음식이 떨어지는 법이 없고, 고기가 떨어지는 법이 없습니다. 옷이 떨어지는 법이 없습니다. 늘 풍성했습니다. 그러나 아버지를 떠난 아들에게는 떨어지기 시작했습니다.

무엇이 떨어졌습니까? 돈이 떨어졌습니다. 신발도 떨어졌습니다. 옷도 떨어졌습니다. 친구도 떨어졌습니다. 세상 친구들이 많이 있지만 돈이 떨어지면 친구마저 떨어지게 되는 것이 인간의 진실입니다. 하나님을 떠난 인간은 결국 모든 것이 떨어지게 되어 있습니다.

이 아들은 거지가 되었습니다. 부잣집 아들이었는데 거지가 되고 말았습니다. 마찬가지로 하나님을 떠난 인간은 결국 그 정신이 황폐해집니다. 하나님을 떠난 인간은 불행해집니다. 공허해집니다. 거지로 전락한 아들처럼 하나님 떠난 인간의 마지막은 이렇게 비참할 수밖에 없다고 성경은 말씀하고 있습니다. 그 아들은 전에는 종을 부리고 살았습니다. 그러나 이제는 종보다 못한 신세가 되고 만 것입니다.

하나님을 떠나면 방황밖에 없다

텔레비전 프로그램 중 집 나간 아이를 찾는 프로그램이 있었습니다. 드디어 어머니, 아버지가 평생을 찾다가 이제 청년이 된 한 아이를 찾았습니다. 그 아이를 만나는 시간이 되었습니다. 얼마나 감격스러운 장면입니까?

그 부모님의 이야기에 의하면 어릴 적에 이 아이를 데리고 병원에 심방을 갔답니다. 교회 어떤 집사님이 아프셔서 가서 기도를 해주었답니다. 어머니가 권사였기 때문에 간절히 기도하는데 이 아이는 너무 심심하고 재미가 없어 좀 재미있는 곳이 없을까 하고 돌아다니다가 병원 복도까지 나왔던 것입니다. 바깥이 더 좋을 것 같아서 그리로 나왔습니다. 다녀보니까 좀더 스릴 있는 곳이 있어 기찻길까지 갔습니다. 자기 혼자 마음대로 다니다가 그만 길을 잃어버리고 말았습니다.

그리고 드디어 만났습니다. 부모는 20년 만에 그 아이를 만났습니다. 그리고 품에 안았는데 이 아이가 어머니 품에 안겨서 엉엉 웁니다. 그 어머니가 묻습니다. "얘야, 너 어디 갔드노? 뭐하러 갔드노?" 그 아이가 하는 말이 "헤매고 다녔지요"였습니다. 아이가 재미없다고 어머니, 아버지를 떠나서 자기 마음대로 가보니 헤매고 다니는 것밖에는 없었습니다.

그래서 찬송가에도 이런 찬송이 있습니다. '멀리멀리 갔더니 처량하고 곤하며 슬프고 또 외로와 정처없이 다니니 예수 예수 내 주여 이제 내게 오셔서 떠나가지 마시고 길이 함께 하소서.' 하나님을 떠나면 정처없이 다니게 됩니다. 하나님을 모르는 인간은 돈을 많이 가져도 허전하고, 하나님을 떠난 인간은 제아무리 많은 친구들이 있어도 허전하고, 마지막에는 결국 비참함밖에 없다는 것을 성경이 우리에게 말씀합니다.

멀리멀리 가면 처량하고 곤합니다. 그러나 아버지의 품으로 다시 돌아오는 인간에게는 희망이 있습니다. 거기에 안식이 있고, 행복이 회복될 수 있습니다. 놀라운 기쁨이 다시 회복될 수 있는 것입니다. **하나님 아버지는 오늘도 인간들을 향해 집으로 돌아**

오라고 말씀하십니다.

집으로 돌아가는 것이 해결 방법이다

드디어 이 작은 아들, 집 나간 아들은 집으로 돌아갈 생각을 합니다. 그에게 있어서 해결 방법은 하나밖에 없습니다. 이제 그에게 돈을 빌려줄 사람도 없습니다. 그래도 웬만큼 품위가 있어야 돈도 빌릴 수 있는 것입니다. 이 작은 아들은 이제 돈 빌려줄 친구도 없습니다. 거지가 되고 말았으니 해결 방법이 없습니다. 먹을 데도 없습니다. 오직 한가지 방법은 아버지의 집으로 돌아가는 것입니다. 그는 드디어 제정신이 들었습니다.

"이에 스스로 돌이켜 가로되 내 아버지에게는 양식이 풍족한 품꾼이 얼마나 많은고 나는 여기서 주려 죽는구나." 이제 비로소 철이 들기 시작했습니다. 거지가 되고 난 다음에 비로소 자기의 모습을 발견했습니다. 철이 들기 시작했습니다. 제정신이 들기 시작했습니다. '왜 내가 여기 있지? 내가 왜 이럴까? 난 왜 이럴까? 내가 왜 여기 있지?' 그는 제정신이 들기 시작했습니다.

초등학교 5학년 때 친구들과 체육 시간에 기마전을 했습니다. 우리 말이 이겨야 할 텐데 제 위에 타고 있던 친구가 그만 싸우다가 땅에 뚝 떨어지고 말았습니다. 머리부터 땅에 부딪치고 말았습니다. 그런데 그 아이가 갑자기 띵하더니 이상하게 변하고 말았습니다. 기억상실증에 걸렸습니다. 이름도 모르고 성도 모르고 집도 모릅니다. 아무도 모릅니다. 우리도 못 알아봅니다.

우리는 얼마나 당황했던지 물을 마시게 하고, 몸을 주무르고, 숫자를 세게 하고, 이거 몇 개냐고 물어보기도 하고, 한 30여 분 동안 계속해서 이야기했습니다. 한참 있더니 이 아이가 갑자기 눈을 깜빡깜빡하더니 "여기 어디지?" 하고는 제 이름을 부릅니다. 제정신이 든 것입니다. 얼마 전 초등학교 동창회에 한번 참석했다가 바로 그 친구를 만났습니다. 오래됐지만 그 친구를 보며 "너 기마전할 때 떨어져서 기억도 못하고, 바보처럼 굴던 아이 맞지?" 그랬더니 맞다고, 어떻게 그걸 기억하냐고 합니다. 그걸 어떻게 잊겠습니까? 기억상실증에 걸리면 얼마나 위험합니까? 그러나 제정신이 드는 순간은 아름다운 순간입니다.

하나님을 기억하는 순간은 위대하다

이 아들은 비로소 아버지의 집이 생각났습니다. '아, 내가 여기 왜 있나? 우리 아버지는 부자인데 아버지 집에 가면 옷도 있고, 밥도 있고, 다 있는데 왜 내가 여기 있을까?' 제정신이 든 것입니다.

인간에게서 가장 중요한 순간은 '나 혼자로는 안 되겠구나. 어디 누가 나를 도와줄 사람이 없을까?'라고 생각하는 순간입니다. 나를 지으신 하나님이 혹시 계신다면 '아, 하나님이 날 도와주시면 좋겠다'라고 생각합니다. 그리고 새벽에 가서 "하나님, 내가 답답해요. 좀 도와주세요"라고 기도합니다. 하나님을 비로소 바라보게 되는 순간이 인간에게 있어서 가장 위대한 순간입니다.

우리는 돼지를 치는 사람이 아닙니다. 돈의 노예가 아닙니다. 습관의 노예도 아닙니다. 죄악의 노예도 아닙니다. 하나님의 형상대로 지음을 받은 하나님의 아들이요, 하나님의 딸입니다. 하나님이 주신 행복을 누리는 특권을 가진 존재들입니다.

아버지께 돌아갈 결심을 하는 순간은 위대하다

이 작은 아들은 위대한 결심을 했습니다. "내가 일어나 아버지께 가서 이르기를 아버지여 내가 하늘과 아버지께 죄를 얻었사오니." 그는 위대한 결심을 합니다. 아버지께로 돌아갈 결심을 합니다. 인생의 가장 위대한 결심은 아버지께로 돌아가기로 결심하는 날, 예수 믿기로 결심하는 날입니다.

유명한 수학자이자 철학자인 파스칼은 그가 위대한 결심을 한 날을 이렇게 기록하고 있습니다. "**오늘 나는 가장 기쁘다. 내가 하나님께로 돌아가기로 한 날이다. 이 환희, 이 감격, 이 기쁨, 이 행복.**" 그는 팡세에 그렇게 기록하고 있습니다.

가장 위대한 순간은 아버지께로 돌아오는 순간입니다. 작은 아들은 위대한 결심을 했습니다. 그리고 드디어 일어나서 아버지께로 돌아갔습니다. "이에 일어나서 아버지께 돌아가니라 아직도 상거가 먼데 아버지가 저를 보고 측은히 여겨 달려가 목을 안고 입을 맞추니"(눅 15:20). 작은 아들이 용기를 내서 집으로 돌아가는데 동네 어귀에 노인이 서 있었습니다.

그 노인은 아침부터 밖에 나와서 혹시 자기 아들이 돌아오는가 기다리고 있었습니다. 이 아버지는 아들에 대해서 이미 다 용서했습니다. 매일매일 식사만 하고 나면 밖에 나와서 아들을 기다립니다.

그런데 저기 보니까 거지 몰골의 사나이가 나타났습니다. 바로 꿈에도 기다리고 그리워하던 자기 아들이었습니다. 뛰어가서 자기 아들을 품에 안습니다. 그리고 소리 내어 울면서 감격하고 기뻐합니다.

이 아들은 틀림없이 아버지가 자기를 향해 "나가 죽어라"라고 말할 줄 알았습니다. 그래서 그는 이미 대사도 준비했습니다. "아버지, 내가 이제 아버지라고 부를 수 없습니다. 저를 아들이라고 생각하지 말고, 종이나 종 가운데 한 사람으로 생각해 주시고, 그저 밥을 한술 주면 먹고, 안 주면 안 먹을 것입니다."

아버지께 돌아가면 모든 게 회복된다

그런데 그 말을 시작하자 아버지가 그 말은 듣지도 않습니다. "무슨 말을 하느냐? 얘들아, 얘들아!" 종을 불렀습니다. "야! 소 잡아라. 야! 가락지 가져와라. 옷 가져와라. 신발 가져와라. 목욕을 시켜라. 향수를 뿌려라."

굉장한 일이 벌어졌습니다. 나가 죽으라고 할 줄 알았더니 이 아버지는 아들을 위하여 준비한 모든 것을 다 가지고 오게 했습니다. 이미 모든 걸 상실한, 권리와 자식의 자격을 상실한 이 아들을 아버지는 안아주었습니다. 그리고 반지를 끼워주었습니다. 이 반지는 바로 상속자라는 뜻입니다. 죄를 지었지만 아버지는 아들이 돌아왔기 때문에 용서하고 상속권을 회복시켜 주었습니다. 이미 상속받을 돈은 다 써버리고 말았지만 또 다시 상속권을 회복시켜 주었습니다. 신발을 신겨 주었습니다. 좋은 신발은 아들만 신을 수 있습니다.

"너는 이제부터 내 아들이다." 이미 다 떨어진 신발은 벗겨버리고 새로운 신발을 신겨 주었습니다. 좋은 옷을 입혀 주었습니다. 음식을 먹이고, 또 성대한 잔치를 베풀었습니다. 아버지께 돌아왔더니 이런 놀라운 일이 생겼습니다.

돌아오기만 하면 회복됩니다. 하나님 앞에 그저 돌아오기만 하면 이 아버지처럼 하나님도 "그래, 괜찮아. 네가 옛날에 무슨 일을 했든지 난 그건 관심이 없어. 돌아온 것 하나만으로 나는 만족해. 잘 왔다"라며 우리를 품에 안아주시고, 우리를 회복시켜 주시는 것입니다.

하나님 아버지는 죄를 지은 모든 인간들을 위하여 이미 예수님을 이 땅에 보내주셨습니다. 십자가에 못 박혀 돌아가게 하셨습니다. 이미 다 용서해 주시고, 우리가 아버지 품으로 돌아오기만을 기다리고 계십니다. 돌아오기만 하면 아버지는 모든 것을 용서해 주십니다.

돌아오기만 하면 하나님은 받아주신다

어떤 목사님이 있었습니다. 그분은 과거에 허랑방탕하는 아들이었습니다. 그러나 어머니가 평생 그를 위해 기도했습니다. "하나님, 우리 아들 사람 되게 해주세요. 하나님 앞에 돌아오게 해주세요. 목사 되게 해주세요." 평생을 기도했습니다.

그런데 마지막 어머니가 숨을 거두는 순간에 드디어 이 아들이 돌아왔습니다. 그리고 어머니 품에 안겼습니다. "어머니, 용서해 주세요. 이 불효자식을 용서해 주세요." 울면서 어머니 품에 안겼습니다. 그러자 어머니는 "얘야, 괜찮다. 다 모르고 그랬는걸 뭐" 하고는 눈물을 흘리며 환한 얼굴로 돌아가셨습니다. 이 아들은 사람이 되었습니다. 그리고 목사님이 되었습니다. 돌아오기만 하면 하나님도 그렇게 우리를 받아주십니다.

'집으로'라는 영화가 있습니다. 도시에 있는 딸이 잠시 아들을 시골에 사는 친정어머니에게 맡겼는데 이 손자가 얼마나 짓궂은지 자기 할머니보고 바보라고 합니다. 왜냐하면 할머니는 말을 못합니다. 잘 듣지도 못하고, 말도 못합니다. 그래서 바보라고 늘 놀렸습니다.

사는 것을 보니까 형편없습니다. 먹는 것도 그렇고, 밥맛도 없고, 시시합니다. 할머니 말도 듣지 않습니다. 할머니 속을 상하게 만듭니다. 말을 못하는 할머니는 계속해서 가슴을 씁니다. '미안해' 라는 뜻입니다. 손자가 욕을 하면 가슴을 씁니다. "미안해, 미안해." 그런데 이 영화의 클라이맥스가 어딘지 아십니까?

이 아이가 넘어지고, 다리를 다치고, 옷도 찢기고, 사나운 개에게 쫓겨 왔습니다. 엉엉 울었습니다. 무서워서 집으로 돌아갑니다. 집으로 돌아가는데 저기 할머니가 있습니다. 달려가서 할머니 품에 안깁니다. **할머니는 그래도 그 손자를 밉다고 하지 않고 품에 꼭 안아 줍니다.** 토닥거립니다. 이 장면이 클라이맥스입니다.

집으로 돌아오면 하나님은 안아주신다

우리 하나님은 바로 그런 분입니다. 이 할머니 같은 분입니다. 우리가 아무리 잘못해도 "괜찮다, 괜찮다. 내가 다 이해한다" 라고 하시며 돌아오기만 하면 언제라도 팔 벌리고 반겨 주십니다. 하나님은 아무 말씀도 듣기 원치 않습니다.

"아버지, 제가 돌아왔습니다. 하나님, 지금까지 믿지 않았지만 이제 제가 하나님을 믿고 살겠습니다." 이렇게만 말하면 됩니다. 우리도 하나님에 대해서 시골 할머니처럼 마치 벙어리라고 생각할 때가 많습니다. 하나님이 안 계신다고 생각하고 살 때가 많습니다. 대꾸도 하지 않는 존재, 내 마음을 만족시켜 주지 못하는 존재로 여기며 때로는 원망하고 살기도 했을 것입니다.

어떤 상태에서라도 우리가 집으로 돌아오면 됩니다. 하나님은 우리를 이미 용서하시고, 기다리고 계십니다.
"볼지어다 내가 문밖에 서서 두드리노니 누구든지 내 음성을 듣고 문을 열면 내가 그에게로 들어가 그로 더불어 먹고 그는 나로 더불어 먹으리라"(계 3:20).

"너를 넘어가리라"

출애굽기 12장 21~27절

모세가 이스라엘 모든 장로를 불러서 그들에게 이르되 너희는 나가서 너희 가족대로 어린 양을 택하여 유월절 양으로 잡고 너희는 우슬초 묶음을 취하여 그릇에 담은 피에 적시어서 그 피를 문 인방과 좌우 설주에 뿌리고 아침까지 한 사람도 자기 집 문밖에 나가지 말라 여호와께서 애굽 사람을 치러 두루 다니실 때에 문 인방과 좌우 설주의 피를 보시면 그 문을 넘으시고 멸하는 자로 너희 집에 들어가서 너희를 치지 못하게 하실 것임이니라 너희는 이 일을 규례로 삼아 너희와 너희 자손이 영원히 지킬 것이니 너희는 여호와께서 허락하신 대로 너희에게 주시는 땅에 이를 때에 이 예식을 지킬 것이라 이 후에 너희 자녀가 묻기를 이 예식이 무슨 뜻이냐 하거든 너희는 이르기를 이는 여호와의 유월절 제사라 여호와께서 애굽 사람을 치실 때에 애굽에 있는 이스라엘 자손의 집을 넘으사 우리의 집을 구원하셨느니라 하매 백성이 머리 숙여 경배하니라

 옛날에는 이집트가 요즘의 미국보다 강대한 나라였습니다. 그 무렵 이스라엘 백성들은 이집트의 노예였습니다. 무려 430년 동안이나 종살이를 했습니다. 하나님께서는 그 고생당하는 이스라엘 백성들을 위해서 모세를 보내주셨습니다. 모세가 이집트의 왕을 찾아갔습니다. 그러고는 바로 왕에게 이스라엘 백성을 내주어서 가서 예배하도록 해 달라고 말했습니다. 그러나 바로 왕은 쉽사리 놓아주지 않았습니다.

하나님께서 이스라엘 백성들을 해방시켜 주기 위하여 이집트에 열 가지 재앙을 내리셨습니다. 강이 전부 피가 됩니다. 온 티끌이 다 이가 되는 재앙이 있었습니다. 온 천지가 개구리 떼로

충만해지는 재앙도 있었습니다. 몸에 온갖 종기가 생기는 재앙도 있었습니다. 그리고 짐승이 죽는 재앙도 있었습니다. 밤이 계속되는 재앙도 있었습니다.

그래도 이 바로의 마음은 움직이지 않았습니다. 드디어 마지막 열 번째 재앙이 나타났습니다. 그것이 바로 이집트의 모든 장자를 죽여 버리는 재앙이었습니다. 짐승도 처음 난 새끼는 다 죽게 되는 그런 재앙이었습니다.

죽음 앞에 강자는 없다

드디어 죽음의 밤이 왔습니다. 그 밤에 모든 장자들은 죽게 되어 있습니다. 얼마나 무시무시합니까? 이집트는 온통 죽음으로 가득 찼습니다. 많은 장자들이 죽어갑니다. 울음소리가 온 이집트에 퍼졌습니다. **그런데 그 가운데 죽음의 천사가 넘어가는 집들이 있었습니다.**

그것은 바로 하나님의 명령을 그대로 듣고, 하나님이 명하신 그대로 실행한 집이었습니다. 마치 골이 골대를 넘어가듯이 죽음의 천사가 지나갔던 것입니다. 그러나 장자의 죽음을 앞에 둔 애굽 사람들은 두려워 떨었습니다.

그런데 이것이 옛날이야기만은 아닙니다. 우리 모두는 죽음을 두려워합니다. 사람은 다 죽는 것을 두려워합니다. 죽음을 두려워하지 않는 사람은 이 땅에 존재하지 않습니다. 사형집행을 많이 참관하신 목사님이 쓴 글을 읽어보았습니다. 서대문 형무소에서 마지막에 죄수들을 위해서 기도해주는 일을 한 그 목사님의 기록에 기억에 남는 이야기가 있습니다.

사형장에 이 사형수들을 끌고 가다보면 신발이 벗겨질 때가 있습니다. 그러면 반드시 이 사형수들은 뒤로 돌아서 신발을 신으려고 한답니다. "곧 죽을 텐데 신발은 왜 신소?" 물어보면 그 순간이라도 생명을 연장하기 위하여 신발을 신는다고 합니다. 드디어 마지막 소원이 없느냐고 눈을 가리고 물으면 어떤 죄수는 담배 한 대만 피웠으면 좋겠다고 한답니다. 한 대를 주면 그걸 피우는데 다 타들어가서 손가락이 불붙고 있는 것도 모르고 몇 초라도 더 살기 위해서 끊임없이 담배를 피우고 있답니다.

더 기가 막힌 것은 그 마지막 순간에 소변 좀 보게 해달라는 죄수가 있다고 합니다. 그러면 집행관이 "야, 시간이 없으니 그대로 볼일을 봐라"라고 말을 한답니다. 목사님이 옆에 있다가 집행관에게 부탁해서 소변을 볼 수 있도록 조치를 취해준답니다. 그러나 소변은 보지 못하고 부들부들 떨면서 최후를 맞이하는 불쌍한 모습을 많이 보았다고 기록하고 있습니다.

왜 인간은 죽어야 하는가?

사람은 죽음을 다 두려워합니다. 죽음 앞에 강자는 없습니다. 왜 인간이 죽음을 맞이하게 되었을까요? 성경은 그 원인이 죄라고 말씀하고 있습니다.

로마서 3장 23절을 보면 "모든 사람이 죄를 범하였으매 하나님의 영광에 이르지 못하더니"라고 했습니다. 죄 때문에 하나님의 영광에 이르지 못하고, 죄로 말미암아 인간의 비극이 시작되었습니다. 죄인에게는 반드시 형벌이 있습니다. 무슨 벌을 주는 것입니까?

로마서 6장 23절에 보면 "죄의 삯은 사망이요 하나님의 은사는 그리스도 예수 우리 주 안에 있는 영생이니라"고 기록되어 있습니다. 죄를 지은 사람들은 죄 값으로 사망에 이를 수밖에 없다는 말씀입니다. 우리 인류도 원래는 사망을 몰랐습니다. 그러나 하나님 앞에서 죄를 짓고 불순종하여 하나님이 원치 않는 일을 행했기 때문에 결국 죄인이 되었고, 죄인이 되었기 때문에 사망에 이르게 되었다고 말씀합니다. 그런데 어떤 분들은 간혹 죽음이 별로 두렵지 않다고, 죽으면 그뿐인데 그 순간만 넘어가면 그만인데 뭐가 두렵겠느냐고 말합니다. 그러나 성경은 그렇게 말씀하지 않습니다. 죽음 뒤에는 또 다른 것이 기다리고 있다고 말씀합니다.

히브리서 9장 27절이 그것을 보여주고 있습니다. "한 번 죽는 것은 사람에게 정하신 것이요 그 후에는 심판이 있으리니." 모든 사람은 죽습니다. 죄로 말미암아 죽습니다. 그러나 그 뒤에는 심판이 있다고 말씀합니다.

그러면 이렇게 우리 인생의 골대를 향해 날아오는 죽음의 공을 피할 길은 없을까요? 바로 애굽의 밤, 죽음의 밤에 죽음의 공이 여러 가정들을 향해 들어갔습니다. 그러나 하나님의 백성 이스라엘 백성들에게는 이 죽음의 공이 집안으로 들어지지 않고 마치 골대를 넘어가듯이 넘어가버렸다는 놀라운 기록을 우리는 보았습니다.

죽음의 저주에서 벗어나는 길

죽음의 저주를 벗어날 길은 없을까요? 본문은 그 길을 우리에게 보여주고 있습니다. 죽음이 이스라엘 백성을 넘어간 사건을 통해서 알 수 있습니다.

제일 먼저 하나님은 그들에게 어린 양을 잡으라고 명령하셨습니다. 어린 양을 가족 수대로 죽이라고 하셨습니다. 사람들을 대신해서 죄 없는 양들이 그날 밤에 수천 수만 마리가 죽었습니다. 본문 말씀 21절에 보면 "모세가 이스라엘 모든 장로를 불러서 그들에게 이르되 너희는 나가서 너희 가족대로 어린 양을 택하여 유월절 양으로 잡고"라고 하였습니다. **그날 밤 어린 양들이 죽었습니다.** 예수님이 이 땅에 오셨을 때, 세례 요한은 예수님을 보고 세상 죄를 지고 가는 하나님의 어린 양이라고 했습니다.

우리 모든 인류를 위해서 예수 그리스도가 십자가 위에서 못 박혀 돌아가셨습니다. 우리를 위하여 주님께서 죄 없이 십자가에서 돌아가신 것입니다. 역사에는 가끔 죄 없는 사람이 다른 사람을 위해 죽는 경우가 있습니다.

영화에도 나온 적이 있는 콰이 강의 다리는 제 2차 세계 대전 때 일본군이 동남아시아를 정복하기 위해서 영국군 포로를 동원해서 만든 다리입니다. 많은 사람이 죽었습니다. 그런데 어느 날 연장 하나가 없어지고 말았습니다. 일본군은 화가 났습니다. 틀림없이 공사를 방해하기 위해서 누군가 숨기거나 버렸다고 생각했습니다. 연병장에 사람들을 다 모아놓고는 고함을 지릅니다.

"너희들 가운데 누가 이 연장을 훔쳤는지 빨리 말하지 않으면, 열 셀 동안에 말하지 않으면 다 죽여 버리겠다." 숫자를 셉니다. 하나, 둘, 셋……하는데 영국군 장교 한 사람이 손을 듭니다.

"내가 그랬습니다. 내가 그 연장을 저 강 속에 빠뜨렸습니다." 당당하게 말했습니다. 그러자 일본군은 그 장교를 끌어내서 "다르륵" 기관총으로 쏴 죽이고 말았습니다. 그 다음 날, 그 연장은 일본군이 고이고이 어떤 창고에 감추어 둔 것으로 발견

됐습니다. 많은 사람들이 숙연해졌습니다. 자기들을 살리기 위하여 대신 죽은 그 갸륵한 장교를 생각하며 감사했습니다.

그런데 우리 주님 예수 그리스도가 죽으신 죽음은 이 영국군 장교의 죽음과는 전혀 비교할 수 없습니다. 아무 죄도 없이 하나님의 독생자로서 이 땅에 오셔서 우리 모든 사람의 죄를 대신하여 십자가에서 피 흘리고 죽으셨습니다. 아름다운 죽음을 맞으셨습니다.

이 사실을 베드로전서 3장 18절에서는 이렇게 기록하고 있습니다. "그리스도께서도 한 번 죄를 위하여 죽으사 의인으로서 불의한 자를 대신하셨으니 이는 우리를 하나님 앞으로 인도하려 하심이라 육체로는 죽임을 당하시고 영으로는 살리심을 받으셨으니."

주님을 믿으면 죽음의 저주가 넘어간다

예수께서 이 땅에 오셔서 죄 없는 몸으로 수많은 죄인들을 위하여 십자가에서 죽으셨습니다. 이스라엘 백성들은 자기들이 살기 위하여 수많은 양들을 주여야만 했습니다. 그러나 하나님이 아들 예수님은 한 번만 죽으시면 됐습니다. 예수님 한 분이 한 번 죽으셔서 모든 사람을 온전히 살리셨습니다.

우리 주님은 가장 완전한 제물이셨습니다. 수만 수천의 어린 양이 죽어 이스라엘 백성의 죄를 사했지만 우리 주님 예수 그리스도는 하나님의 아들로서 오직 한 번만 죽으셨습니다. 한 번 죽으심으로 우리 모든 사람들의 죄를 영원토록 깨끗하게 해주셨던 것입니다.

이 죽음의 저주를 벗어날 수 있는 길을 어린 양 예수 그리스도의 피

가운데서 발견합니다. 누구든지 나를 위해 주님이 돌아가신 것을 믿기만 하면 죽음의 저주가 넘어가고 영원히 사는 생명을 얻게 됩니다. 하나님의 자녀가 되는 권세를 얻게 됩니다. 이미 어린양 예수님은 우리를 위하여 십자가에 죽으셨습니다.

이스라엘 백성들은 어린 양을 잡아야만 했습니다. 그냥 단순히 잡는 것이 아니라 한걸음 더 나가서 죽음의 저주가 지나가게 하기 위해서 하나님의 방법대로 양의 피를 뿌려야만 했습니다. 피를 뿌리라고 말씀하는 것입니다. 피를 뿌리되 우슬초에 피를 찍어서 좌우 기둥에 뿌렸습니다. 그리고 인방에다 뿌렸습니다. 문설주와 인방에다가 피를 뿌리지 않으면 안 되었습니다.

"너희는 우슬초 묶음을 취하여 그릇에 담은 피에 적시어서 그 피를 문 인방과 좌우 설주에 뿌리고 아침까지 한 사람도 자기 집 문밖에 나가지 말라"(출 12:22).

피 뿌림의 의미

피를 뿌린다는 것은 무엇을 의미하고 있습니까? 이것은 무당이 주술을 행하는 것과는 차이가 있습니다. 어린 양의 피를 뿌리는 것은 주술 행위가 아닙니다. 나를 위해 죽은 어린 양의 피를 내가 믿는다고 하는 고백입니다. 어린 양 예수님이 바로 나의 죽음과 나의 죄와 저주를 지고 죽으셨음을 개인적으로 믿는다고 하는 믿음의 고백입니다.

우리나라에도 이처럼 뿌리는 풍습이 더러 있었습니다. 동짓날이 되면 팥죽을 먹고 난 다음에 밖에다 뿌립니다. 문에도 바릅니다. 팥죽을 수백 그릇을 뿌린다고 해도 재앙을 막을 수는 없습니다. 이것은 단지 미신이요, 주술에 불과한 것입니다.

진짜 효과가 있는 것은 어린 양 예수 그리스도의 보혈입니다. 2천 년 전에 나를 위하여 십자가에 돌아가신 어린 양 예수 그리스도가 나를 구원한다는 사실을 믿고, 그 믿음으로 주님을 영접하기만 하면 그게 바로 피를 뿌리는 효과를 나타내는 것입니다. 믿음을 고백하는 순간은 바로 피를 뿌리는 순간과 같습니다.

이스라엘 백성이 이집트를 떠나서 광야로 나갔는데 불평을 했습니다. 한번은 너무 많이 불평하니까 불뱀이 나와서 이스라엘 백성을 다 물어 죽였습니다. 사람들이 죽어가고 있습니다. 숨이 넘어가는 순간인데 모세가 하나님으로부터 말씀을 받았습니다. "모세야! 구리 뱀을 들고 누구든지 쳐다보게 말해라. 그러면 쳐다보는 사람은 다 살려주겠다."

어린 양의 보혈을 믿으면 영생을 얻는다

모세는 외칩니다. "여러분! 죽지 않을 한 가지 길이 있습니다. 고개를 들어 이 구리 뱀을 보세요." 그런데 많은 사람이 보지 않았습니다. 그러나 믿음으로 고개를 들어 구리 뱀을 바라본 사람은 병이 낫는 놀라운 기적이 일어났습니다. 예수님께서 바로 그 사실을 요한복음 3장 14절부터 말씀하고 계십니다.

"모세가 광야에서 뱀을 든 것같이 인자도 들려야 하리니 이는 저를 믿는 자마다 영생을 얻게 하려 하심이니라. 하나님이 세상을 이처럼 사랑하사 독생자를 주셨으니 이는 저를 믿는 자마다 멸망치 않고 영생을 얻게 하려 하심이니라."

어린 양 예수 그리스도의 보혈, 그 보혈을 믿고 그 보혈을 받아들이는 자, 예수 그리스도를 마음에 영접하는 자는 멸망하지 않고 영생을 얻는다고 주님은 말씀하셨습니다.

미국의 어떤 주에 한 젊은이가 있었습니다. 나쁜 죄를 지었습니다. 중죄를 짓고 그는 체포를 당했습니다. 그리고 사형선고를 받았습니다. 이제 죽게 되었습니다. 그런데 이 친구에게는 많은 지인들이 있었습니다. 그 청년을 안타까워하는 친구들이 모여서 구명 운동을 벌였습니다. 수만 명이 서명을 했습니다. 드디어 주지사에게 구명 탄원서가 올라갔습니다. 주지사가 그걸 보고 마음이 뜨거워졌습니다. "이 청년에게 한 번 더 기회를 주어야겠다."

드디어 주지사는 특별 사면장을 가슴에 품고 목사의 옷을 입고 형무소에 그 사람을 찾아갔습니다. 그리고 면회를 신청했습니다. 이 청년이 목사가 자기를 면회 왔다는 소식을 듣고 고함을 지릅니다. "목사 필요 없어. 이제 내가 곧 죽을 텐데 무슨 목사야? 아무도 나를 살릴 수 없어." 고함을 지르고 다 거절해버리고 말았습니다.

주지사는 화가 났습니다. 가슴에 품고 있던 이 특별 사면장을 찢어버리고 말았습니다. 그리고 돌아갔습니다. 얼마 뒤에 이 청년은 집행을 당합니다. 사형장 앞에서 그는 비로소 주지사가 특별 사면장을 가지고 왔다 갔다는 사실을 알게 되었습니다. 그는 소리칩니다. "**내가 죄를 지어서 죽는 것이 아니라 믿지 못해서 죽는구나.**" 그는 쓸쓸하게 사형장에서 죽어갔습니다.

예수 그리스도를 믿지 않으면 죽음에 이른다

모든 사람이 죄를 범하였습니다. 그러나 죄 때문에 죽는 것이 아닙니다. 예수 그리스도가 우리를 위하여 이 특별 사면장을 주신 사실, 십자가에 죽으신 사실을 믿지 못하고 그분을 받아들이

지 않았기 때문에 죽음에 이릅니다.

지난 삶이 어떠하든지 그건 상관이 없습니다. 이미 어린 양 예수님은 우리를 위해 십자가에 피를 흘리셨습니다. 이스라엘 백성이 피를 문에 뿌리듯이 마음으로 예수님을 믿기만 하면 되는 것입니다. 그 죽음의 밤에 살아남는 유일한 방법은 피를 뿌리는 방법밖에 없었습니다.

마찬가지로 우리의 인생에 죄와 죽음과 저주가 지나가게 하는 유일한 길은 바로 예수 그리스도의 보혈, 그분이 나를 위하여 죽으셨음을 믿고 그 믿음을 고백하는 길밖에 없습니다. 이스라엘 백성들은 그 죽음의 밤에 어린 양을 잡았습니다. 피를 문설주에 뿌렸습니다. 문 인방에도 뿌렸습니다. 그러나 한 가지를 더 해야 했습니다. 피 뿌린 집 안에 죽음이 지나갈 때까지 머물러야 했습니다. 피 뿌린 집 안에 있는 이스라엘 백성들은 보호를 받았습니다.

교회는 예수 그리스도의 피를 뿌린 집이다

'십계'라는 영화에는 이런 장면이 나옵니다. 이스라엘 백성들이 그 말을 듣고 드디어 양의 피를 문설주에 바르고 또 문 인방에 발랐습니다. 죽음의 천사가 지금 지나갑니다. 온 애굽 땅에 비명이 충만합니다. 피가 발려 있지 않은 집에서는 비명 소리가 납니다. 죽는 소리가 나고, 통곡 소리가 납니다.

그러나 피를 바른 집 안에 있는 이스라엘 백성들은 보호를 받았습니다. 그들은 집 안에 함께 모여 있었습니다. 모여서 하나님을 찬송합니다. 하나님께 영광을 돌립니다. 함께 떡을 떼며 교제하며 즐거워합니다. 하나님께서 베푸신 구원을 그들은 노래합니다. 죽음의 문턱에 있었지만 주님은 그들을 구원해 주셨습니다.

바로 이 사건은 오늘날에도 이루어집니다. 피 뿌린 집 안에 있어야 합니다. 예수 그리스도의 보혈을 믿는 하나님의 구원 받은 백성들이 모여 있는 곳이 바로 피 뿌린 집입니다.

교회는 바로 예수 그리스도의 피를 뿌려 세운 집입니다. 죄와 사망과 저주가 가득한 세상을 살아가는 동안에 교회는 우리를 보호하며 위로하며 영원한 가나안 땅까지 인도하는 복된 장소가 될 것입니다.

어떤 사람이 사업이 망해서 살맛이 없었답니다. 죽으려고 약을 먹어도 죽지 않고, 아주 고통 중에 있으면서 이것저것을 다 하다가 모든 것을 포기해버리고 말았습니다. 그저 눈만 뜨면 술로 세월을 보냅니다. 그날도 술을 잔뜩 마셨습니다. 아침부터 술을 마시고 대낮부터 취해버리고 말았습니다. 지나가는 사람에게 시비를 겁니다. 차들이 지나가면 "탕탕" 거리면서 욕을 합니다.

그런데 길 건너편에 큰 집이 있는데 거기에서 노랫가락이 들려왔습니다. '그거 참 이상하구나. 나는 괴로워 죽겠는데 왜 저 사람들은 노래를 부르고 있을까? 한번 가보자.' 가보았더니 큰 집 안에 사람들이 가득 모여 있었습니다. 얼굴이 싱글벙글하면서 노래를 부르고 있는데 그 뜻은 뭔지 몰랐습니다.

한참 노래를 부른 다음에 신사 양반 한 사람이 나오더니 연설을 시작하는 것입니다. 무슨 이야기인지는 모르겠지만 그 말을 듣고 있는데 마음이 평안해졌습니다. '거참 이상하다. 여기가 뭘 하는 집인가?'

그는 그 말을 끝까지 다 들었습니다. 시간이 다 끝나고 한 사람씩 밖으로 나가는데 아까 연설하던 그 양반이 밖에 서서 생글 생글 웃으면서 인사를 합니다. 사람들도 손을 잡고는 고개를 꾸벅꾸벅하면서 인사를 합니다.

이 술주정뱅이가 술이 깨어 보니까 '옳다구나. 사람들이 다 저 사람의 말을 듣고 고마워서 팁을 주고 가는 모양이다'라는 생각이 들었습니다. 그래서 가만히 주머니를 뒤져보니까 담배 사려고 집어넣어 두었던 천 원짜리 한 장과 백 원짜리 두 개가 있었습니다. 그것을 손에 쥐고는 나가면서 "오늘 이바구 참 잘 들었습니다. 담뱃값이나 하십시오" 하고는 그 목사님의 손에 1,200원을 쥐어주었습니다. 목사님은 그것을 받아들고 사정을 알았습니다. 그에게 하나님 말씀을 증거했습니다.

그 사람은 다음 주일에도 그 큰 집에 왔습니다. 그 다음 주일에 또 왔습니다. 인생의 문제를 해결했습니다. 고민을 해결하고, 갈등을 해결하고, 죽음의 문제까지 해결했습니다. 그는 교회 집사가 되었고, 훌륭한 장로도 되었습니다.

우리를 구원하러 피흘리신 예수 그리스도를 마음에 영접하면 영생을 얻습니다. 믿으면 죄 사함을 얻습니다. "영접하는 자 곧 그 이름을 믿는 자들에게는 하나님의 자녀가 되는 권세를 주셨으니"(요 1:12). 그러면 영접은 어떻게 하는 것입니까?

"볼지어다 내가 문밖에 서서 두드리노니 누구든지 내 음성을 듣고 문을 열면 내가 그에게로 들어가 그로 더불어 먹고 그는 나로 더불어 먹으리라"(계 3:20).

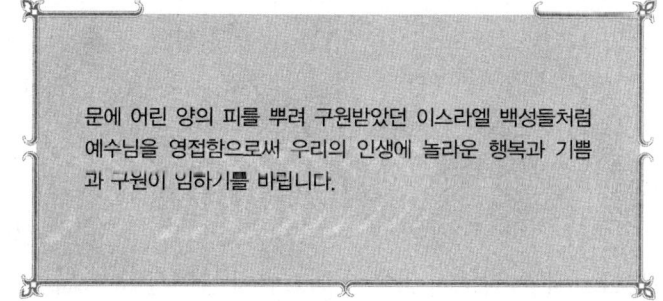
문에 어린 양의 피를 뿌려 구원받았던 이스라엘 백성들처럼 예수님을 영접함으로써 우리의 인생에 놀라운 행복과 기쁨과 구원이 임하기를 바랍니다.

"히딩크를 아십니까?"

누가복음 5장 1~7절

무리가 옹위하여 하나님의 말씀을 들을새 예수는 게네사렛 호숫가에 서서 호숫가에 두 배가 있는 것을 보시니 어부들은 배에서 나와서 그물을 씻는지라 예수께서 한 배에 오르시니 그 배는 시몬의 배라 육지에서 조금 띄기를 청하시고 앉으사 배에서 무리를 가르치시더니 말씀을 마치시고 시몬에게 이르시되 깊은 데로 가서 그물을 내려 고기를 잡으라 시몬이 대답하여 가로되 선생이여 우리들이 밤이 맞도록 수고를 하였으되 얻은 것이 없지마는 말씀에 의지하여 내가 그물을 내리리이다 하고 그리한즉 고기를 에운 것이 심히 많아 그물이 찢어지는지라 이에 다른 배에 있는 동무를 손짓하여 와서 도와달라 하니 저희가 와서 두 배에 채우매 잠기게 되었더라

우리는 1954년부터 참여하기 시작한 월드컵에서 단 1승도 거두지 못한 팀이었습니다. 지고 또 지던 비참한 축구였습니다. 아시아에서는 골목대장쯤으로 자랑했는데 세계 무대만 가면 항상 졌습니다.

그래서 1998년 프랑스 월드컵을 마치고는 유명한 감독 한 분을 모셨습니다. 그가 바로 네덜란드 감독 히딩크였습니다. 그는 부임 후부터 자기만의 독특한 리더십을 발휘하기 시작했습니다. 그는 과감히 한국 축구가 가지고 있는 병폐를 분석하기 시작했습니다. 그전까지는 대표선수가 되려면 줄을 잘 서야 했습니다. 빽이 있어야 하고 출신학교가 좋아야 했습니다. 최소한 연세대 내지는 고려대를 나오지 않으면 대표팀에 들어갈 수가 없었습니

다. 배경이 든든해야 했습니다. 그 모든 것을 히딩크는 알아보았습니다. 그래서 학연을 깨고, 지연을 깨고, 모든 줄을 다 끊어버렸습니다. 그리고 새롭게 실력 위주로 사람을 뽑기 시작했습니다. 종적으로 연결된 선후배 간의 경직된 모든 것도 잘라버리고, 모든 선수들이 횡적으로 서로 연결되도록 만들었습니다. 식사도 나이순으로 하는 테이블이 따로 있었는데 그걸 다 없애버렸습니다.

누구든지 다 함께 어울려서 식사할 수 있는 분위기를 만들었습니다. 연세대, 고려대 출신이 아니면 안 되는 대표선수에 강릉상고 출신도 들어갈 수 있도록 문을 활짝 열고 사람 위주로 팀을 훈련하고 만들어나가기 시작했습니다. 기술보다 체력 훈련에 주력했습니다.

많은 비판이 있었습니다. 유럽 팀들과 경기할 때 지고, 또 졌습니다. 저 감독이 뭘 하는가 하고 많은 국민들은 비판했습니다. 그러나 그는 토탈사커라고 하는 새로운 한국 축구 패턴을 만들어 내고, 세계 축구계에 아주 놀라운 스타로 군림하게 되었습니다. 결국은 월드컵 4강 신화를 이루었습니다.

지도자의 중요성

한 사람의 지도자가 얼마나 중요한지 우리는 알게 되었습니다. 지도자 한 사람을 바로 만날 때, 그 사람은 완전히 변화할 수가 있습니다. 희동구(喜東丘)라는 이름으로 명예 주민등록증도 주었습니다. 만약에 그가 우승을 했더라면 어떤 일이 생겼겠습니까? 인터넷 유머에는 이런 글도 올라왔습니다. '한국의 모든 종교는 사라질 것이다. 절도 교회도 몽땅 없어지고, 모두 다 히

딩크교로 변하고 말 것이다.'

본문에 나오는 베드로는 어부였습니다. 이스라엘의 작은 변방 갈릴리에서 고기를 잡던, 공부도 제대로 못하고 빽도 없는 그런 사람이었습니다. 이름 없는 사람이었습니다. 아무도 그를 몰라주었습니다.

그런데 그의 인생에 놀라운 사건이 생겼습니다. 밤새도록 고기를 잡았지만 이상하게 그 밤에는 한 마리도 고기를 잡을 수가 없었습니다. 날이 밝았습니다. 처량한 모습으로 이제는 그물을 씻어내고 있었습니다. 이제는 안 된다고 하는 그것은 절망의 그물, 좌절의 그물, 슬픔의 그물이었습니다.

"아, 왜 내 인생은 되는 일이 없는가? 고기 좀 잡으려고 했더니 밤새도록 한 마리도 못 잡다니. 이 불쌍한 어부 신세야." 그는 신세타령을 하면서 그물을 씻고 있었습니다. "나는 안 돼, 되는 일이 없어. 내 인생은 참 불쌍해. 산다는 게 뭔가?" 베드로는 투덜거리며 그물을 씻어내고 있었습니다.

베드로의 인생 역전

혹시 우리도 좌절의 그물을 씻고 있지는 않습니까? "이것저것 다 해봐도 안 돼. 내가 절에도 가보고 점도 쳐봤고, 굿도 해보았지만 역시 안 돼. 난 역시 되는 게 없어. 나는 도대체 왜 되는 일이 없는 거야? 나는 돈도 없어, 빽도 없어, 나를 알아주는 사람도 없어. 난 되는 일이 없어. 난 항상 이 모양 이 꼴이야."

무명의 선수들이 어느 날 히딩크 감독을 만나자 날개 달린 새처럼 날아오르기 시작했습니다. 인생이 달라지게 되었습니다. 세계적으로 유명한 선수들이 되었습니다. 한 사람을 바로 만나면 인생이 바뀔 수 있습니다.

제가 이제 소개해 드리기 원하는 분은 무명 선수를 세계적인 스타로 만든 히딩크와는 전혀 비교할 수도 없는 위대하신 분입니다. 그분이 바로 예수 그리스도이십니다. **그분만 만나면 어떤 무명 인생이든지 절망 인생이든지 좌절 인생이든지 슬픈 인생이든지 나약한 인생이든지 패기 없는 연약한 인생이든지 인생의 가치가 달라집니다.** 방향이 달라지고, 무게가 달라지며, 맛이 달라지고, 모든 비중이 달라지는 놀라운 경험을 하게 됩니다. 역사의 주인공이 됩니다.

하나님께서 기억하시는 이름, 베드로는 예수 그리스도를 만난 후부터 지금까지 놀라운 이름으로 모든 인류의 기억 속에 남아 있습니다. 어느 도시를 가도 어느 나라를 가도 베드로라는 이름을 가지지 않은 사람이 없습니다. 미국 사람들도 이 베드로라는 이름을 무척 좋아합니다.

이 이름을 사랑하게 된 이유가 무엇입니까? 베드로는 무명의 어부였습니다. 어느 날 히딩크보다 더 위대한 예수 그리스도를 만났습니다. 베드로가 어떻게 유명한 이름이 되었는지 그 과정을 같이 살펴보려고 합니다.

나를 기억하고 찾아오시는 예수님

먼저 예수님께서 베드로의 배에 올라오셨습니다. 베드로는 올라오라고 말하지도 않았는데 이미 예수님은 그 배 위로 올라오고 계셨습니다. 밤새도록 고기 한 마리도 잡지 못해 기분이 나빠 이제는 모든 걸 포기하고 시도하지도 않으려고 하는 그 베드로에게 예수님께서 다가오셨습니다.

그리고 배 위에 오르사 "야! 배를 좀 육지에서 떼면 어떻겠느냐?"라고 하십니다. 그 말을 듣고 베드로는 신경질 내지 않고 그대로 했습니다. 예수님은 배가 육지에서부터 떨어지게 되자 배 앞에 서서 모래사장에 모인 수많은 사람들에게 설교를 시작하셨습니다. 목마른 사람들이 하나님의 말씀을 들었습니다. 달콤한 하나님의 말씀을 들으며 모두 은혜를 받았습니다. 베드로는 예수님을 태우고 싶은 마음이 없었습니다. 그런데 어느새 예수님은 발을 올리고 베드로의 배를 타셨습니다.

우리 주님 예수 그리스도는 그런 분입니다. 찾아오시는 분입니다. 강제로라도 우리의 인생에 찾아와 자꾸만 성가시게 하시는 분입니다. 어떻게 하든지 우리의 인생 가운데 개입하셔서 인생을 새롭게 하고, 소망을 주고, 놀라운 은혜를 경험하도록 오시는 분이십니다.

주님은 우리의 직업이나 인물이나 경제 상태나 지식이 많고 적음에 관심이 없습니다. 그는 우리 자체에 관심이 있습니다. 그는 우리 인생의 배 위에 오르시기를 원하십니다. 주님은 항상 우리를 먼저 사랑하십니다. 먼저 찾아오십니다. 우리가 기억하기도 전에 주님은 나를 기억하시고 먼저 오셔서 먼저 마음을 주십니다.

주님이 나를 기억하시는 증거들

요한복음 15장 16절을 보면 먼저 찾아오신 주님을 이렇게 말씀합니다. "너희가 나를 택한 것이 아니요 내가 너희를 택하여 세웠나니 이는 너희로 가서 과실을 맺게 하고 또 너희 과실이 항상 있게 하여 내 이름으로 아버지께 무엇을 구하든지 다 받게 하려 함이니라."

주변에 항상 귀찮은 예수쟁이들이 나타나는 것은 심상치 않은 증거입니다. 왜 이사를 가면 자꾸만 예수 믿는 사람을 만납니까? 왜 예수 믿는 사람 옆에 살게 됩니까? 많은 친구 가운데 왜 예수 믿는 친구를 두셨습니까? 예수 믿는 이웃을 두셨습니까? 이건 심상치 않은 증거입니다. 예수 믿는 사람들이 교회 한 번만 가자고 자꾸만 권유하는 이유가 무엇입니까? 이것은 심상치 않은 증거입니다. 우리 주님께서 당신을 기억하고 계시다는 증거입니다.

예수님을 믿고 따르면 성공한다

주님은 우리에게 이렇게 말씀합니다. **"깊은 데로 가서 그물을 던지라."** 말씀을 마치신 예수님은 베드로에게 말씀하셨습니다. 예수님은 베드로의 지난밤 실패를 다 알고 계셨습니다. 고기 한 마리도 못 잡은 것을 다 알고 계셨습니다. 그런데 주님은 베드로에게 논리에 맞지 않는 말씀을 하십니다.

지금은 고기가 절대로 안 잡히는 아침입니다. 갈릴리 바다는 밤에만 고기가 잡힙니다. 그리고 깊은 곳에서는 절대로 고기가 안 잡힙니다. 얕은 물가에서 고기가 잡힙니다. 베드로의 상식으로 전혀 이해할 수 없는 그런 말씀을 하십니다. 깊은 데로 가 보았자 고기가 없을 것을 그는 알고 있었습니다. 베드로는 경험상 그걸 알고 있었습니다. 그러나 아무도 할 수 없는 독특한 명령을 주님이 내리십니다.

"말씀을 마치시고 시몬에게 이르시되 깊은 데로 가서 그물을 내려 고기를 잡으라"(눅 5:4).

히딩크도 비슷한 명령을 했습니다. 선수들에게 아령을 들게 했습니다. 역기를 들게 했습니다. 많은 사람들이 비판했습니다. "히딩크 저 사람 도대체 뭐하는 사람이야? 몇 억씩 받으면서 뭘 하고 있는 거야? 쫓아내야 해. 안 돼, 안 돼." 논리에 맞지 않는 행동을 하는 그 사람을 보면서 많은 비판을 했습니다.

이탈리아 전에서도 지고 있는데 그 훌륭한 수비 선수 홍명보 선수를 빼버렸습니다. 그리고 이천수나 차두리 같은 선수를 집 어넣었습니다. 그때 우리 국민들이 어떻게 말했습니까? "어떻게 하려고 저러나? 지고 있는데 저러면 안 되지." 그러나 우리의 논리를 뛰어넘은 히딩크식의 사고로 승리를 얻는 아름다운 장면을 우리는 보았습니다. 주님은 지금 여러분을 향해 말씀하십니다. "네가 그동안 혼자 이것저것 다 해보았지만 잘 되는 일이 있더냐? 이제는 내 말대로 해라."

월드컵 승리에서 가장 중요했던 것이 뭔지 아십니까? 히딩크에게 모든 것을 맡겨버렸습니다. 되든지 안 되든지 그에게 모든 것을 맡겼습니다. 그리고 4강에 진출했습니다.

우리 인생이 놀라운 성공은 여기에 있습니다. 히딩크와는 비교도 할 수 없는 예수 그리스도, 그분이 우리를 아시고, 우리의 삶에 계획을 가지고 계십니다. 우리는 그분이 시키는 대로 하면 되는 것입니다. 그분이 말씀하는 대로 그대로 아멘하고 받아들이는 것입니다.

예수님 말씀대로 하면 기적이 나타난다

주님께서 "네 뜻대로 했는데 되는 게 뭐 있더냐? 밤새도록 고기 한 마리 잡았느냐? 네 노력으로 한 것이 뭐냐? 네 지혜로 한 것이 뭐냐? 그러나 오늘 밤에 내가 하는 말을 들어라"라고 말씀하고 계십니다. 이제는 아침이지만 씻은 그물을 다시 펴서 깊은 곳에 가서 그물을 던지라는 것이었습니다.

논리에 맞지 않지만, 철학에 맞지 않지만 내 말대로 하라고 주님이 말씀하고 계십니다. 베드로는 결심합니다. 말씀에 의지하여 그 말씀대로 해보기로 합니다. 예수님 말씀대로 하기로 결심했습니다.

"시몬이 대답하여 가로되 선생이여 우리들이 밤이 맞도록 수고를 하였으되 얻은 것이 없지마는 말씀에 의지하여 내가 그물을 내리리이다 하고"(눅 5:5).

기적이 나타났습니다. 예수님의 말씀대로 할 때, 엄청난 고기가 잡혔습니다. 베드로는 말합니다. "주님, 이것저것 다 내가 해보았지만 안 됐습니다. 그러나 이제는 당신 말씀대로 하겠습니다." 그렇게 하자 놀라운 기적이 일어났습니다.

"그리한즉 고기를 에운 것이 심히 많아 그물이 찢어지는지라"(눅 5:6). 놀라운 역사가 일어났습니다. 주님의 말씀대로 했더니 고기가 그물이 찢어질 정도로 잡혔습니다. 그는 주님 앞에 무릎을 꿇고 인생을 헌납했습니다. "내가 당신 뜻대로 살겠습니다." 다 맡기고 그분의 뒤를 따랐더니 오늘날의 유명한 베드로가 되었습니다. **우리는 지금 주님의 말씀대로 인생이 변화될 수 있는 귀한 자리에 서 있습니다.**

우리를 살리기 위해 오신 예수 그리스도

요한복음 14장 6절에 "예수께서 가라사대 내가 곧 길이요 진리요 생명이니 나로 말미암지 않고는 아버지께로 올 자가 없느니라"고 말씀하셨습니다. 예수만이 유일한 우리의 선생이요, 길이요, 진리요, 희망입니다.

로마서 5장 8절에 그 길 되신 주님께서 이미 우리를 위해 죽으신 사실을 이렇게 말씀하고 있습니다. "우리가 아직 죄인 되었을 때에 그리스도께서 우리를 위하여 죽으심으로 하나님께서 우리에게 대한 자기의 사랑을 확증하셨느니라." 우리의 길 되시고, 구원이 되시고, 진리가 되시는 예수님이 이미 우리를 위해 죽으셨습니다. 하나님이 나를 사랑하신다고 하는 증거가 됩니다.

우리 모두는 죄를 지었습니다. "모든 사람이 죄를 범하였으매 하나님의 영광에 이르지 못하더니"라고 했습니다. 모든 사람이 다 죄를 범했습니다. 죄를 지은 사람에겐 치러야 할 값이 있습니다. 모든 죄인들에게 하나님이 정해 놓으신 보응이 있습니다. "죄의 삯은 사망이요 예수 그리스도 안에 있는 하나님의 은사는 그리스도 예수 우리 주 안에 있는 영생이라"(롬 6:23)고 말씀하고 있습니다. 죄를 지은 사람에게는 오직 사망밖에 없습니다.

그러나 죽는 것으로 끝이 아닙니다. 죽은 다음에는 심판이 있다고 말씀합니다. "한 번 죽는 것은 사람에게 정하신 것이요, 그 뒤에는 심판이 있다"(히 9:27)고 말씀하십니다.

그러나 우리를 살리기 위해서 하나님은 독생자 예수 그리스도를 이 땅에 보내주셨습니다. "하나님이 세상을 이처럼 사랑하사 독생자를 주셨으니 이는 저를 믿는 자마다 멸망치 않고 영생을 얻게 하려 하심이니라"(요 3:16).

복된 인생을 사는 길

믿기만 하면 영생을 얻습니다. 믿기만 하면 구원을 받습니다. 믿는 것이 무엇입니까? 믿는 것은 주님을 받아들이는 것입니다. 어떻게 받아들입니까?

"볼지어다 내가 문 밖에 서서 두드리노니 누구든지 내 음성을 듣고 문을 열면 내가 그에게로 들어가 그로 더불어 먹고 그는 나로 더불어 먹으리라"(계 3:20).

문을 두드리고 계신 그 예수님을 문밖에 세워두지 말고 문을 열기만 하면 주님께서는 우리의 인생 가운데 들어오시고 우리를 이 세상에서 가장 아름다운 영혼으로, 영원히 길이길이 기억될 하나님이 쓰시는 복된 인생으로 만들어 주십니다.

시골에 어느 우체부가 있었습니다. 부인은 예수를 잘 믿는데 그는 술주정뱅이였습니다. 술만 먹으면 부인을 두들겨 팼습니다. 얼마나 두들겨 팼던지 한번은 교회에 그 집 아들이 찾아왔습니다. "목사님, 우리 엄마 죽었어요." 가보니까 우체부가 자기 부인을 두들겨 팼는데 피투성이가 되었습니다. 목사님은 그 부인을 들쳐 업고는 병원으로 뛰어갔습니다. 겨우 목숨을 구해놓았습니다. 돌아와서 우체부를 향하여 말했습니다. "당신이 도대체 짐승이요, 사람이요? 부인을 저렇게 두들겨 패다니 당신 예수 믿지 않으면 희망이 없소"라며 전도했습니다. 부끄러운 나머지 이 우체부는 다음 주에는 교회 꼭 가셨다고 약속했습니다.

다음 주일날 목사님이 우체부를 찾아갔습니다.

"계십니까? 교회 갑시다."

"네, 갑시다." 그런데 밖으로 나오다 말고 그 사람이 갑자기 "아이고, 나 잠깐 화장실 좀 갈게요" 하고 들어가더니 문을 걸고는 나오지 않는 것이었습니다. 5분이면 목사님이 갈 줄 알고 기다렸더니 5분, 10분, 20분이 지나도 그 앞에서 끄떡도 하지 않고 기다립니다. 30분 뒤에 그 사람이 드디어 나옵니다.

"에이, 지독한 목사도 다 있다." 그러고는 목사님을 따라서 교회에 갔습니다.

그날 바로 그 시간 말씀을 듣는 가운데 그의 마음이 녹아 내렸습니다. 그는 예수님을 영접했습니다. 아무도 못 고치던 그의 악한 습관들을 고쳤습니다. 은혜를 받고 난 다음에 "목사님, 제가 내일부터 새벽기도 하겠습니다. 내일부터 새벽종은 제가 치겠습니다"라고 했습니다.

그는 그 다음날부터 열심히 새벽종을 치는 사람이 되었습니다. 기도하는 사람이 되었습니다. 부인을 사랑하는 사람이 되었습니다. 그 동네에서 알려진 모범 인간이 되었습니다. 그는 하나님의 부름을 받았고, 지금은 서울에서 목회를 잘하는 목사님이 되었습니다.

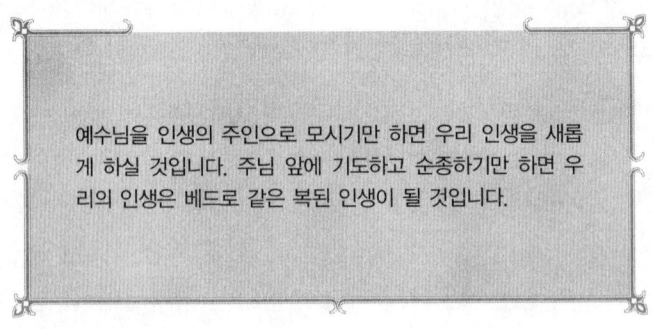

예수님을 인생의 주인으로 모시기만 하면 우리 인생을 새롭게 하실 것입니다. 주님 앞에 기도하고 순종하기만 하면 우리의 인생은 베드로 같은 복된 인생이 될 것입니다.

"잃었다가 다시 찾은 기쁨"

누가복음 15장 8~10절

어느 여자가 열 드라크마가 있는데 하나를 잃으면 등불을 켜고 집을 쓸며 찾도록 부지런히 찾지 아니하겠느냐 또 찾은즉 벗과 이웃을 불러 모으고 말하되 나와 함께 즐기자 잃은 드라크마를 찾았노라 하리라 내가 너희에게 이르노니 이와 같이 죄인 하나가 회개하면 하나님의 사자들 앞에 기쁨이 되느니라

'나홀로 집에' 2편에 보면 케빈이라고 하는 남자 아이가 나옵니다. 케빈이 엄마 아빠랑 비행기 타고 놀러가다가 비행기를 잘못 타고 말았습니다. 식구들은 딴 데로 가는데 이 꼬마 하나만 뉴욕으로 가는 비행기를 탔습니다. 케빈은 혼자서 엄마 아빠도 없이 뉴욕 거리를 돌아다닙니다. 그러다 나쁜 사람들에게 붙들려 고생도 하고 눈물 날 일을 많이 겪습니다. 부모는 케빈을 찾느라고 경찰에도 연락하고, 별의별 노력을 다해서 겨우 연락을 받고 급하게 왔습니다. 휴가고 뭐고 다 그만두고 와서는 바로 케빈을 만났습니다. 자기 아들을 품에 안았습니다.

잃었다가 찾은 기쁨은 이루 말할 수가 없습니다. 무엇인가를 잃어버렸다가 찾아본 경험이 있으십니까? 사소한 물건도 잃어버렸다가 찾으면 기분이 좋습니다. 잃어버렸다가 찾는 기쁨은 물건을 처음 샀을 때보다 훨씬 더 큽니다. 그러나 무엇보다 굉장한 것은 자식을 잃어버렸다가 찾은 기쁨입니다.

아들을 찾은 기쁨

칠레에서 선교사로 일하고 있을 때 한번은 아이들과 함께 사는 곳에서 약 2천킬로미터 떨어진 거리를 차를 타고 올라갔습니다. 거기에 가면 북쪽에 아따까마라고 하는 사막이 있습니다. 사막 한복판에 도시가 있는데 그 도시 이름이 산뻬드로 데 아따까마입니다. 거기는 바로 볼리비아하고 국경선입니다.

그런데 올라가면서 들으니까 볼리비아 사람들이 살짝살짝 넘어와서 아이들을 잡아간다는 것이었습니다. 잡아가서는 간도 빼고, 쓸개도 빼고, 폐도 빼서 팔아먹는답니다. 아이를 그냥 산 채로 잡아서 배를 갈라서 팔아먹는답니다. 무서웠습니다. 그때 우리 아이들이 7세, 10세 정도였습니다. 그래서 조심했습니다.

드디어 산뻬드로 데 아따까마에 도착했습니다. 도착 후 제가 밖으로 나가려고 준비하는데 일곱 살짜리 꼬맹이가 "아빠" 하고는 따라옵니다. 제 손을 잡고 그 마을을 구경하기 위해서 왔다갔다 합니다. 그런데 그것을 모르는 제 아내가 갑자기 아들이 없어진 줄 알고 깜짝 놀랐습니다. 불길한 생각이 들었습니다. 큰일 났다고 생각하면서 그 아따까마 도시를 울며불며 다니기 시작했습니다.

그때 우리는 집에 들어가서 놀고 있었습니다. 제 아내는 "성진아, 성진아" 하면서 눈이 퉁퉁 부어가지고는 아들을 찾느라 울고 다니는 것이었습니다. 마침내 집에 와 아들을 본 아내는 아들을 끌어안고는 대성통곡을 하며 "야, 나는 너를 잃어버리고 얼마나 걱정을 했는지 모른다"며 울먹였습니다. 그날 밤에 파티를 했습니다. 잃었다가 다시 찾은 그런 기쁨의 파티였습니다. 잃었다가 다시 찾을 때의 기쁨은 엄청납니다. 굉장히 큽니다.

은화를 다시 찾은 이야기

본문에서도 예수님께서 어느 여자가 열 드라크마를 잃었다가 찾은 이야기를 해 주셨습니다. 어느 마을에 아주 예쁜 처녀가 살고 있었습니다. 그런데 그 처녀에게는 결혼을 약속한 남자가 있었습니다. 키가 크고, 잘생기고, 돈도 많고, 모든 것이 다 갖추어진 남자였습니다.

그런데 어느 날 오더니 은으로 만든 은화 열 냥을 주었습니다. "이거 내가 당신에게 내 사랑의 증표로 줄 터이니 절대로 잃어버리지 말고, 잘 가지고 있어요. 우리 곧 결혼합시다." 손가락 걸고 약속을 했습니다. 그리고 약혼자는 저 멀리 다른 나라로 일을 하러 갔습니다.

이 처녀는 매일매일 너무너무 반짝거리는 예쁜 은화를 봅니다. 은화를 볼 때마다 둥근 그 남자의 얼굴이 떠오릅니다. 그런데 이 은화를 좀더 가까이 두고 싶어졌습니다. 방법이 떠올랐습니다. 이 은화 윗부분에 구멍을 뚫어서 목걸이를 만들어 목에 만들었습니다. 은화가 열 개 달려 있는 목걸이를 걸었습니다.

아침에 눈을 뜨면 보석을 셉니다. 하나, 둘, 셋……열. 셀 때마다 자기 남자를 생각했습니다. 매일매일 그렇게 셉니다. 자기 전에 또 한 번 셉니다. 거울을 볼 때도 세고, 일하기 전에도 세어보고, 일하고 도 세어보곤 합니다.

어느 날 아침에 일어나 머리를 한번 만지고 세기 시작합니다. 그런데 하나가 없어졌습니다. 큰일 났습니다. 완전 얼굴이 사색이 되었습니다. 그리고 없어진 이 은화를 찾기 시작했습니다. 그런데 아무리 찾아도 없습니다. 여기저기 구석구석 살피기 시작했습니다. 등불을 비추면서 어두컴컴한 구석진 곳을 샅샅이 찾아보기 시작했습니다. 빗자루를 가지고 쓸기 시작했습니다. 쓸면서 불을 비추어 보니까 구석진 곳에서 뭐가 반짝거립니다. 다시 한 번 빗자루로 쓰는데 저 구석에서 '땡그랑' 소리가 났습니다.

약혼자가 준 은화 하나가 거기 숨어 있었습니다. 쫓아가서 그것을 잡았습니다. 너무너무 좋아서 동네방네 다니면서 "여보시오, 동네 사람들, 우리 약혼자가 준 은화 잃어버린 것 내가 다시 찾았소" 하며 사람들을 불러 모았습니다. 그리고 한턱 냈습니다. 음식을 만들어가지고는 동네 사람들과 같이 잔치를 했습니다. 그 이야기를 예수님이 해 주셨습니다.

하나님을 떠나 제 길로 가버린 인간

이것은 남의 이야기가 아닙니다. 예수님 자신의 이야기입니다. 우리 하나님은 뭔가 잃어버리신 하나님이십니다. 하나님께서는 원래 세계를 창조하셨습니다. 그리고 남자도 만들고, 여자도 만드셨습니다. **원래 우리 인간은 하나님께서 너무너무 애지중지하는 보배들이었습니다.** 은화보다 더 귀한 보배들입니다. 늘 하나님의 사랑을 받으며, 보호를 받으며 살았습니다.

그러다가 어느 날 인간이 하나님의 목걸이를 탈출해버렸습니다. 하나님의 말을 거역하고, 하나님이 하지 말라고 하는 것을 하고, 하나님을 떠나서 도망가고 말았습니다. 죄를 짓고, 아름다운 낙원을 잃어버리고 말았습니다. 하나님 품을 떠나고 말았습니다. 그래서 성경은 그 사실을 이렇게 말씀하고 있습니다.

"모든 사람이 죄를 범하였으매 하나님의 영광에 이르지 못하더니"(롬 3:23). 모든 사람이 죄를 범했습니다. 하나님께서 절대로 먹지 말라고 하는 선악과를 따먹었습니다. 하나님 품을 떠 났습니다. 하나님이 하지 말라고 하는 것을 해버리고 말았습니다. 하나님의 품에 머물러 있지 않고 마음대로 떠나서 마음대로 갔습니다.

그래서 이사야 53장 6절을 보면 "우리는 다 양 같아서 그릇 행하여 각기 제 길로 갔거늘 여호와께서는 우리 무리의 죄악을 그에게 담당시키셨도다"라고 기록되어 있습니다.

인간은 하나님의 귀중한 보배

영화의 케빈은 엄마 옆에 있지 않고 자기 마음대로 다니다가 혼자 뉴욕으로 가고 말았습니다. 자기 마음대로 갔습니다. 마찬가지로 우리도 다 양 같아서 각기 제 길로 갔습니다. 하나님의 품을 떠난 인간은 헤매고 다녔습니다. 하나님 믿지 않고, 하나님 섬기는 대신에 돌멩이를 섬기고, 성황당 앞에서 빌고, 부처 앞에서 빌고, 엉뚱한 데로 가서 자기 마음대로 헤매고 다닙니다. 어두운 곳, 구석진 곳, 먼지 많은 곳에서 자기 마음대로 살며 헤매고 다니면서 고생을 합니다.

케빈처럼 악당에게 쫓기고, 밥도 제대로 못 먹고, 비참하게 그렇게 헤매고 다닙니다. 하나님 아버지의 품을 떠난 인간은 헤매고 다닙니다. 고생하며 삽니다. 불행합니다. 마음이 늘 쓸쓸합니다. 조그마한 어려운 일을 당해도 엉뚱한 용기가 생깁니다. 자살을 합니다.

그러나 예수님 품에 안기면 기쁨이 있고, 행복이 있고, 의욕이 생깁니다. 하고 싶은 욕심이 생기고, 그래서 선한 욕심이 생겨서 뭐든지 잘하려고 하고, 착한 일을 하려고 노력합니다. 그러나 하나님을 떠난 인간은 점점 기운이 빠집니다. 하나님을 떠난 인간은 점점 마음이 복잡해집니다. 처량해집니다. 하나님을 떠나서 사는 생활, 그런 생활이 어떠하다고 생각하십니까? 걱정하고, 근심하며 여러 가지 문제 속에서 인간들은 오늘도 살고 있습니다. 하나님을 잊어버리고 살고 있습니다.

원래 우리 모두는 귀중한 보배였습니다. 하나님 품에 있는 하나님의 목걸이에 달려 있는 보석이었습니다. 원래 우리는 먼지 구덩이에 있는 존재가 아니라, 아름다운 여자의 목걸이에 붙어 있는 보석이었습니다. 한 사람 한 사람이 얼마나 가치가 있는가 하면 하나님께서 우리를 위해서 독생자 예수님을 보내주시기까지 사랑하시는 귀중한 존재입니다. 하나님의 보물들입니다. 우리 시조 가운데 이런 시조가 있습니다.

'옥에 흙이 묻어 흙속에 뿌렸으니 오는 이 가는 이마다 다 흙만 여기도다. 두어라 흙이라 한들 흙일 줄이 있으랴.'

인간은 하나님이 잃어버린 보배

하나님을 떠난 인간들은 구석에서, 어두컴컴한 곳에서 외롭고 슬프게 고통당하며 삽니다. 그러나 기억할 것이 있습니다. 인간은 다 원래 하나님의 보배들이었습니다. 하나님은 말씀하시기를 우리 한 사람 한 사람이 천하보다 귀하다고 했습니다. 이 세상 어떤 것보다 귀하고, 아름답고, 중요한 존재 그게 바로 우리입니다. 귀중한 존재입니다.

하나님께서는 아들 딸들을 잃어버리셨습니다. 인간들이 예수님을 안 믿고, 자기 마음대로 가버렸습니다. 하나님 앞에 나와 예배드려야 할 사람이 엉뚱하게 부처 앞에서 절하고 있습니다.

우리 하나님이 얼마나 섭섭하게 생각하는지 모릅니다. 원래 하나님을 위하여 찬송하고, 하나님께 영광 돌려야 할 존재인데 하나님께는 영광 돌리지 않고, 엉뚱한 돌 앞에 가서 빌고 있으니 하나님은 한두 사람을 잃어버린 것이 아닙니다. 그래서 드디어 우리 하나님은 잃어버린 보물 같은 우리 인간을 그냥 버려두지 않고, 여인처럼 찾기 시작했습니다.

우리 인간을 찾으시는 하나님

하나님은 찾으시는 하나님이십니다. 불을 켜들고 찾고, 빗자루를 들고 쓸면서 찾는 그런 하나님이십니다. 하나님은 인간이 슬픔 가운데 살고, 외로움 가운데 살고, 질병 가운데 그냥 살기를 원하지 않습니다. 그냥 버려두는 하나님이 아니십니다. 찾으시는 하나님이십니다. 찾으려고 하나님께서는 계획을 하셨습니다. 수천 년 동안 어떻게 하면 이 인간을 찾을까 계획하셨습니다. 계획만 하신 것이 아닙니다. 사람을 준비하셨습니다. 많은 사람들을 보내셨습니다. 찾도록 보내셨습니다.

그러고는 결정적으로 누구를 보내셨는가 하면 하나님의 독생자 예수 그리스도를 지금으로부터 2천 년 전에 이 땅에 보내주셨습니다. 그리고 그가 십자가에서 피를 흘리고 죽으심으로 우리 한 사람 한 사람을 다 찾으셨습니다. **결국 하나님의 아들은 우리를 찾으시다가 십자가에서 돌아가셨습니다.**

우리 하나님께서는 우리 한 사람 한 사람을 살리기 위해서 하나님의 독생자 예수님을 보내주셨습니다. 그리고 예수님이 십자가에 죽게 하시고, 우리를 살려 주셨습니다. 그게 2천 년 전에 일어났던 사건입니다. 이미 예수님은 오래전에 우리를 위해 오셔서 십자가에 죽으셨습니다. 이미 우리는 예수님 은혜로 구원을 받은 사람들입니다.

칠레에서 선교하는 동안에 재미있는 일이 많았습니다. 거기에는 좀도둑이 얼마나 많은지 차를 세워두면 다 빼갑니다. 라디오도 빼가고, 타이어도 빼가고, 특별히 타이어 옆에 붙어 있는 덮개를 잘 빼갑니다. 차를 새로 샀는데 누가 덮개를 빼가버렸습니다. 차에서 덮개가 없어지니까 꼭 쓰레기같이 보였습니다. 가슴이 아팠습니다. 물어봤더니 찾을 길이 있다고 합니다. 벼룩시장에 가면 훔친 물건을 팔러 온답니다. 그래서 제가 벼룩시장에 갔습니다. 눈에 불을 켜고 찾기 시작했습니다.

그런데 저기 구석진 곳에서 수염이 시커멓게 난 남자가 그 부속품을 팔고 있었습니다. "이거 얼마예요?" 그랬더니 비싸게 불렀습니다. 할 수 없이 내 것인데 돈을 주고 또 샀습니다. 그러고는 차에 다시 붙였습니다. 차를 몰고 오는데 그런 생각이 들었습니다. '바퀴 덮개야, 원래는 내 것이었는데 또 돈을 주고 너를 샀구나. 두 번째 내 것이다. 이제 절대로 가지 마라.'

우리 인간을 다시 사신 하나님

하나님은 인간을 창조하셨습니다. 원래 우리 인간은 하나님의 것입니다. 그런데 죄를 짓고 자기 마음대로 집을 떠난 인간을 하나님께서는 예수님을 십자가에 죽게 만드심으로 다시 한 번 사주셨습니다. 두 번 사셨습니다. 처음 지으실 때 우리는 하나님 것이었고, 그 다음에 잃어버린 것을 예수님이 십자가에 죽으심으로 또 사셨습니다. 그러니까 우리 한 사람 한 사람은 두 번째 하나님의 것입니다.

어릴 때 숨바꼭질을 참 좋아했습니다. 친구들하고 모여서 숨바꼭질을 하면 밤 12시까지 했습니다. 술래가 눈을 감고 하나, 둘, 셋, 넷, 다섯 하면 전부 숨습니다. 그러고는 뭐라고 합니까? "꼭꼭 숨어라. 머리카락 보일라." 그러면 다 숨습니다. 숨고 있다가 술래가 안 보이는 사이에 와서 "개똥" 합니다.

그런데 술래가 잘만 하면 숨어 있는 것을 볼 수가 있습니다. 머리카락이 보입니다. "머시기" 그리고 쫓아가서 딱 치면 죽는 것입니다. 그런데 가끔 들켰는데도 딱 숨어서 시치미 떼고 있는 사람이 있습니다. "난 너 봤어. 빨리 와." 그런데도 시치미 떼고 가만히 있습니다.

우리 인간을 찾아내신 하나님

인간들 가운데도 그런 인간이 있습니다. 이미 하나님께서 찾으셨습니다. 하나님이 다 알고 계시는데 안 따라옵니다. 이미 발각이 되었으면 하나님 품에 안기고, 다시 전봇대 뒤에 숨지 말아야 합니다. 가끔 술래잡기하다가 술래가 잡지 못하면 어떻게 합니까? "못 찾겠다. 꾀꼬리, 꾀꼬리" 하고 외칩니다. 그러면 그 게임은 무효입니다.

우리 인간들은 잘 못 찾습니다. 그러나 하나님은 반드시 찾아냅니다. 불을 들고, 빗자루로 쓸면서 다른 여러 사람을 통해 구석구석 다 찾아냅니다. 하나님은 이미 우리를 찾아내셨습니다.

실종된 개구리 소년을 기억하십니까? 초등학교에 다니는 이 아이들이 개구리 잡으러 뒷산에 갔다가 없어졌습니다. 찾고 또 찾았는데 없습니다. 그런데 얼마 전에 발견했습니다. 개구리 소년들이 어떻게 돼 있었습니까? 안타깝게도 전부 죽어 있었습니다. 너무 늦으면 안 됩니다. 하나님은 우리가 아직 건강하고, 시간 있는 이때에 찾아내셨습니다. 우리가 할 말은 하나밖에 없습니다. **"예수님, 저 여기 있습니다. 예수님께서 저를 찾은 것 압니다."**

나를 찾아오신 주님 품에 안기자

여인은 은화를 그 구석진 곳에서 불을 들고, 빗자루로 쓰는 가운데 발견했습니다. 그리고 다시 달려 있어야 할 그 자리까지 돌아오게 되었을 때, 그 은화는 아름답게 빛났던 것을 기억하시기 바랍니다.

"예수님, 저 여기 있어요. 다시는 안 갈게요. 내가 여기 있습니다" 하고 주님 품에 안기시기 바랍니다. 주님은 오랜 세월 동안 불을 밝히고, 여러 사람을 통해 우리를 찾아오셨습니다.

통계를 보니까 보통 한 사람이 예수 믿는 데 열여섯 사람이 찾아온답니다. 주님은 오랜 기간 우리를 찾으셨습니다. 이런 노래가 있습니다.

> "주님과 같이 내 마음 만지는 분은 없네.
> 오랜 세월 찾아 난 알았네.
> 내겐 주밖에 없네.
> 주 자비 강같이 흐르고 주 손길 치료하네.
> 고통 받는 자녀 품으시니 주밖에 없네.
> 주님과 같이 내 마음 만지는 분은 없네.
> 오랜 세월 찾아 난 알았네.
> 내겐 주밖에 없네."

오랜 세월 주님은 나를 찾으셨습니다. 우리들을 진심으로 찾는 분은 주님밖에 없습니다. 지금까지 오랫동안 찾아오셨습니다. 이젠 더 이상 숨지 마시기 바랍니다.

우리는 원래 하나님의 아들, 하나님의 딸, 보배들이었습니다. 하나님을 믿지 않고 마음대로 살았던 지난 시간을 우리 하나님은 기억하지 않으십니다. 이제 더 이상 주님의 품을 떠나지 마시기 바랍니다. 주님 품에 안기셔서 주님이 주시는 기쁨을 누리시고, 행복도 누리시기 바랍니다. 주님 품에 안겨 예수님을 알아보고, 예수님께 돌아가야 합니다.

제 딸이 갓난아기였을 때였습니다. 그때 저는 경기도에서 목회하고 있었습니다. 하루는 심방을 자유롭게 하려고 이 딸아이를 잠깐 할머니 댁에 맡겼습니다. 한 달을 맡겼습니다. 그런데 맡겨 놓고 보니까 너무 보고 싶어 밥맛도 없고, 잠도 오지 않았습니다. 그래서 다시 아이를 찾았습니다.

그런데 서울 강남고속버스 터미널에서 딸아이를 만났는데 쫓아가서 "경원아" 하고 안으려고 하니까 척 보더니 저를 몰라봤습니다. 자기 아빠를 몰라보니 너무나 섭섭했습니다. 그래서 온갖 아양을 다 떨었습니다. 짝짜꿍도 부르고, 맛있는 것도 사주고 했더니 그제야 조금씩 아빠를 알아보았습니다.

우리의 아버지는 하나님 아버지이십니다. 예수님, 그분은 우리를 위해서 십자가에 죽으신 분이십니다. 다른 건 몰라보아도 괜찮습니다. 그러나 하나님은 알아보아야 합니다.

하나님 아버지를 잊어버리면 안 된다

저는 종종 성도들이 운명하는 장면을 봅니다. 또 연세가 높아서 치매가 드는 성도도 봅니다. 이분들이 심방 가서 물어보면 다른 것은 물론 자기 딸도 잘 몰라봅니다. 그런데 절대로 잊어버리지 않는 게 하나 있습니다. 하나님 아버지는 절대로 잊어버리지 않습니다. 마지막까지 "하나님 아버지, 하나님 아버지"라고 부르고, 물어보면 하나님 아버지는 절대로 잊어버리지 않습니다. 그게 우리 사람들입니다.

다른 건 다 잊어버려도 하나님 아버지를 잊어버리면 안 됩니다. 철학자 가운데 쇼펜하우어가 있었습니다. 그가 몸이 아파서 입원했습니다. 그는 하나님이 죽었다고, 하나님이 없다고 말하던 사람이었습니다. 입원해가지고는 끙끙대면서 몸이 너무 피곤하니까 "아이고, 하나님" 하고 불렀습니다.

간호사가 옆에 있다가 "선생님은 무신론자가 아닙니까? 무신론자가 하나님을 찾다니요?" 그랬더니 쇼펜하우어가 하는 말이 "무신론 그거 아니야. 아무것도 아니야. 내가 무신론 가지고 있었는데 무신론은 아무런 해답이 안 돼. 나 낫기만 하면 하나님 믿을 거야" 하고 말했답니다.

하나님이 없다고 하는 사람은 너무나 불쌍합니다. 그러나 하나님 앞에 나오는 사람은 행복한 사람입니다. 하나님이 찾아오실 때, 거부하지 말고 그분의 품에 안길 수 있기를 바랍니다. 이미 예수님은 모든 것을 다 준비하고 우리를 찾아오셨습니다. 불을 준비해서 밝히고 오셨습니다. 사람을 보내시고, 여러 가지 방법을 통해서 말씀하십니다.

성도 가운데 이런 분이 있습니다. 점쟁이한테 점치러 갔더니 점괘가 안 나오더랍니다. "당신은 보니까 예수를 믿어야 될 팔자다." 그래서 오신 그분이 우리 교회의 권사님까지 되셨습니다.

예수 믿어야 될 팔자, 그 말을 다른 말로 하면 하나님이 선택한 사람입니다.

요한복음 3장 16절에 "하나님이 세상을 이처럼 사랑하사 독생자를 주셨으니 이는 저를 믿는 자마다 멸망치 않고 영생을 얻게 하려 하심이니라"고 했습니다. 이 말씀은 간첩들도 아는 성경 구절입니다. 너무너무 중요한 성경 구절입니다. 하나님이 세상을 사랑해서 하나밖에 없는 예수님을 주셨습니다. 믿기만 하면 영생을 얻습니다. 찾으러 오신 예수님을 믿기만 하면 다시 원래 자리로 돌아올 수 있습니다. 믿는 것이 무엇입니까?

요한복음 1장 12절에서는 믿음에 대해서 이렇게 말씀합니다. "영접하는 자 곧 그 이름을 믿는 자들에게는 하나님의 자녀가 되는 권세를 주셨으니." 믿는 것은 영접하는 것입니다. 아버지가 손을 벌리고 있을 때, 아버지 품에 안기는 것입니다. "아빠" 하고 그 품에 안기는 것입니다. 그게 바로 믿는 것입니다. 주님 품에 안기십시오. 품에 어떻게 안기는지 구체적인 방법을 보도록 하겠습니다.

"볼지어다 내가 문밖에 서서 두드리노니 누구든지 내 음성을 듣고 문을 열면 내가 그에게로 들어가 그로 더불어 먹고 그는 나로 더불어 먹으리라"(계 3:20).

찾으러 오신 주님께서 우리 마음 문밖에 서서 두드리고 계십니다. 이제 우리가 할 일은 한 가지밖에 없습니다. 문만 열면 됩니다. 문 열면 주님께서 들어오신다고 하셨습니다. 아무것도 묻지 않으십니다. "너는 왜 어디를 돌아다녔느냐?"고 묻지도 않으십니다.

문만 열면 주님이 오셔서 우리를 품에 안으시고, 다시 위치를 회복시키시고, 기쁨을 주시고, 행복을 주시고, 삶 속에 만족을 주시고, 놀라운 은혜와 복으로 채워주실 것입니다.

"다시 태어나는 기쁨"

요한복음 3장 1~8절

바리새인 중에 니고데모라 하는 사람이 있으니 유대인의 관원이라 그가 밤에 예수께 와서 가로되 랍비여 우리가 당신은 하나님께로서 오신 선생인 줄 아나이다 하나님이 함께하시지 아니하시면 당신의 행하시는 이 표적을 아무라도 할 수 없음이니이다 예수께서 대답하여 가라사대 진실로 진실로 네게 이르노니 사람이 거듭나지 아니하면 하나님 나라를 볼 수 없느니라 니고데모가 가로되 사람이 늙으면 어떻게 날 수 있삽나이까 두 번째 모태에 들어갔다가 날 수 있삽나이까 예수께서 대답하시되 진실로 진실로 네게 이르노니 사람이 물과 성령으로 나지 아니하면 하나님 나라에 들어갈 수 없느니라 육으로 난 것은 육이요 성령으로 난 것은 영이니 내가 네게 거듭나야 하겠다 하는 말을 기이히 여기지 말라 바람이 임의로 불매 네가 그 소리를 들어도 어디서 오며 어디로 가는지 알지 못하나니 성령으로 난 사람은 다 이러하니라

 한 대학교수가 배를 타고 먼 여행을 하게 되었습니다. 여행 중에 선원에게 물었습니다.

"여보게 젊은이, 자네 철학이 뭔 줄 아는가?"

"철학이요? 그런 것 저는 잘 모릅니다. 배나 잘 알지 철학 같은 것은 모릅니다."

"에이 쯧쯧. 자네, 인생의 4분의 1을 다 잃어버렸어. 그럼 혹시 문학을 아는가?"

"아휴 선생님, 저 같은 게 무슨 문학을 알겠습니까?"

"에이 쯧쯧. 자네, 인생의 2분의 1을 다 잃어버렸어. 그래, 혹 예술이 뭔 줄 아는가?"

"예술요? 그런 것을 어떻게 압니까?"

"그래, 자네는 인생의 4분의 3을 몽땅 다 잃어버린 사람이야."

그런데 갑자기 배가 가다가 암초에 '쾅' 하고 부딪쳤습니다. 배가 기우뚱거리면서 침몰하기 시작했습니다. 당황하며 젊은 선원이 물었습니다.

"선생님, 혹시 수영하실 줄 아십니까?"

"나 수영할 줄 몰라."

"그렇다면 선생님은 인생의 모든 것을 지금 잃어버리셨습니다. 죄송합니다." 이런 대화가 그 배 위에서 오고 갔습니다.

사는 것은 제일 중요한 문제입니다. 예술은 좀 몰라도 괜찮습니다. 문학도 좀 몰라도 괜찮습니다. 다른 학문도 마찬가지입니다. 물에 빠져 죽어가는 사람은 어떻게 하면 살 수 있는가 그게 중요한 관건입니다. 인생에 필요한 것들이 많습니다. 남편도 필요하고, 돈도 필요하고, 건강도 필요하고, 모든 것이 다 필요합니다.

그런데 그 모든 것 가운데 가장 중요한 것은 내가 살 수 있는 방법입니다. 인생은 어디서 와서 어디로 가며, 무엇을 하며 살아가는가? 죽음 저편에 있는 것은 무엇인가? 이런 것에 대해서 우리는 생각하고 고민해보아야 합니다.

풀 수 없는 인생 문제

성경은 이런 문제를 구원의 문제라고 합니다. 죽음 저편에 무엇이 있는가를 모르고 산다면 그 사람은 전부 다 잃어버린 사람입니다. 지금 내가 이 시간에 죽을 수도 있습니다. 우리 인생은 언제 어떻게 될지 모릅니다. 만약에 인생의 끝이 지금 찾아온다면 어떻게 맞이하시겠습니까?

그 문제가 해결되지 않으면 돈도 소용이 없고, 명예도 소용이 없고, 지위도 소용이 없고, 건강도 사실은 소용이 없습니다. 저는 이미 그 문제를 해결했습니다. 만약에 5분 뒤에 죽음이 저를 찾아온다면 저는 이렇게 하고 가겠습니다. 할렐루야!

우리는 죽음의 문제를 해결한 사람들입니다.

본문에 니고데모라고 하는 사람이 나옵니다. 이 사람은 굉장히 높은 지위를 가지고 있는 유대인이었습니다. 밖에 나가면 전부 굽실굽실하고 사람들이 섬깁니다. 세상적으로 성공한 사람입니다. 지위가 높고 모든 것에 불편함이 하나도 없는 사람이었습니다.

그러나 그의 마음속에는 풀리지 않는 문제가 있었습니다. 인생이 어디서 왔을까? 어디로 갈까? 나는 왜 살아야 할까? 죽음 저편에는 무엇이 있을까? 질문이 많았습니다. 그는 돈이 있었습니다. 학식이 있었습니다. 지위가 있었습니다. 모든 것이 다 있었지만 돈이 답을 주지 못했습니다. 지위가 답을 주지 못했습니다. 자기가 가진 것, 친구들이 답을 주지 못했습니다. 너무너무 답답했습니다.

성공이 절대 답을 줄 수 없습니다. 돈이 답이 되지 못합니다. 건강에 답이 있는 것도 아닙니다. 니고데모가 가졌던 질문을 곰곰이 생각해 보십시오. 이 세상 사람들은 질문도 하지 않고 삽니다. 그냥 하루하루 그럭저럭 삽니다. 술 마시며 살고, 담배 피고 살고, 즐겁게 살지만 한 번도 질문을 하지 않습니다. 하나님이 인간을 짐승으로 만들지 않았습니다. 생각하도록 만들었는데 생각하지를 않습니다.

인생의 답을 가진 예수 그리스도에게 나아가자

질문을 가진 사람은 예수께로 나와야 합니다. 질문 가진 사람은 답변을 가진 사람을 찾아와야 합니다. 인생의 답을 가진 예수 그리스도에게 나와야 합니다.

니고데모는 그 답을 가진 예수 그리스도에게 찾아왔습니다. 그런데 많은 사람들이 엉뚱한 곳에 가서 답을 찾습니다. 점쟁이에게 가서 답을 찾습니다. 복채가 두둑하면 점괘를 두둑하게 내 줍니다. 조금밖에 내놓지 않으면 정성이 부족하다며 좋지 않은 점괘를 냅니다. 길거리에 관상 보는 관상쟁이 앞에서 질문을 하고 있는 젊은이들을 많이 봅니다. 언제쯤 사랑하는 낭군을 만나게 될지 물어봅니다. 엉뚱한 곳에 가서 중요한 질문을 하고 있습니다.

또 더 기가 막힌 것은 새에게 물어봅니다. 새점을 치는 사람들이 있습니다. 새는 그저 습관적으로 나와서 모이 주워 먹듯이 아무 종이나 쭉 뽑아 올리는데 새점 치는 사람은 그걸 가지고 "당신은 서른 살에 좋은 일이 생길 것 같아. 물 수변을 가진 사람을 조심하라"는 답도 아닌 답을 줍니다. 그것을 마음속에 품고 가는 한심한 사람들이 많이 있습니다.

인생의 답이신 예수 그리스도에게 나아가자

책을 읽다가 어떤 재미있는 이야기를 보았습니다. S씨는 결혼을 했는데 불화가 있었습니다. 이혼을 했습니다. 너무너무 괴로워서 죽어버리려고 산으로 올라갔습니다. 인생의 답을 해결하지 못한 사람은 자살을 참 잘합니다. 죽는 이유는 하나밖에 없습니다. 답을 모르니까 좀 괴로우면 '에이, 죽고 말자' 하고 생각합니다. 하나님을 모르고 답을 모르면 죽는 것이 답일까 생각하면서 자꾸 뛰어듭니다.

답을 알면 살고 싶은 마음밖에 생기지 않습니다. 답을 알면 희망이 생깁니다. 자빠져도 일어나고 싶은 마음이 생깁니다. 병이 들어도 절망하지 않습니다. 사업이 완전히 망해버려도 그것 때문에 약을 먹지 않습니다. 한강에 빠지지 않습니다.

예수 믿는 사람은 다시 오뚝이처럼 일어나서 할렐루야 하면서 새로이 시작합니다. 왜냐하면 답을 알고 있기 때문입니다. 이 S씨는 너무 괴로워서 죽으려고 산에 올라갔습니다. 그리고 산꼭대기에서 "아, 허무한 인생, 인생아 네가 무엇이냐? 아, 허무한 인생, 구름처럼 흘러가는 인생, 바람처럼 지나가는 인생, 저 강물처럼 지나가는 인생, 에라 죽어버리고 말자" 하고는 뛰어내렸습니다. 그리고 정신을 잃었습니다. 눈을 떴더니 빡빡머리를 한 사람이 보고 있습니다. 그리고 하는 말이 나무관세음보살! 자기가 절간에 누워 있는 것이었습니다.

"아니, 스님 어떻게 된 일입니까?"

"내가 밑에서 산책을 하고 있었는데 당신이 뛰어내려서 내가 이렇게 모시고 왔습니다. 당신의 관상을 보니 불자가 되실 관상입니다. 나무관세음보살!" 그는 3년 동안 스님 밑에서 관상 보는 법, 사주 보는 법, 팔자 보는 법을 배웠습니다. 모든 것을 배웠습니다.

그리고 미국에 이민을 갔습니다. 철학관을 열었습니다. 떼돈을 벌었습니다. 그런데 돈을 벌면서 이 S씨는 방탕하기 시작했습니다. 결혼도 하기 싫었습니다. 너무 여자가 많아 결혼하면 매일 것 같아 허랑방탕하게 살았습니다.

그런데 어느 날 그가 살고 있는 아파트에 이상한 사람이 이사를 왔습니다. 그 사람은 바로 교회 목사님이었습니다. 목사님은 철학원 간판을 보고 사모님과 함께 기도를 시작했습니다. "하나님, 저 철학관의 불쌍한 주인을 불쌍히 여기시고 구원하여 주옵소서. 저 인생이 하나님을 알고, 하나님 앞에 답을 깨닫는 인생이 되게 해주옵소서." 아침마다 볼 때마다 기도하면서 지나갔습니다.

그런데 이게 웬일입니까? 철학관이 안 되기 시작했습니다. 어느 날 아파트에서 나오다가 목사님과 철학관 주인이 딱 만났습니다. 눈이 서로 마주쳤습니다. 눈에 빛이 반짝반짝, 이 철학관 주인이 정신이 하나도 없었습니다. 나중에 고백한 말인데 목사님을 보는 순간에 그 목사님 뒤에 후광이 쫙 나오는데 그 빛이 자기를 압도하더랍니다. 이상하게 몸에서 힘이 쭉 빠지는데 그 날따라 손님이 하나도 오지 않더랍니다. 다음날이 됐는데 또 손님이 오지 않더랍니다. 장사가 안 되서 신문에 광고를 냈습니다. 그런데 이상하게도 장사가 안 되는 것입니다.

왜 예수 그리스도가 답인가?

결국 그는 목사님을 찾아갔습니다. 목사님에게 답을 물었습니다.

"모든 종교는 다 착하면 된다고 하는데 왜 예수를 믿어야 구원을 받습니까?"

목사님이 대답합니다.

"하나님이 지은 인간은 원래 착했지만 하나님을 떠나서 마음대로 죄를 짓고 살았습니다. 그리고 선을 행하는 힘도 잃어버리고 말았습니다. 태어날 때부터 죄를 가지고 태어났습니다. 하나님이 인간을 구원하기 위해 예수님을 보내주셨습니다. 예수님은 십자가에 죽으시고 삼 일 만에 부활하셨습니다. 천하 인간에 오직 예수 외에는 구원 받을 길이 없습니다. **예수님이 선생님의 답입니다.**"

그는 목사님을 만나고 마음을 열어 예수님을 영접했습니다. 그런데 그때까지 만족도 없고, 불안하던 그 마음이 예수님을 영접하고 나니까 편안해지기 시작했습니다. 그 철학관 주인은 예수님을 믿고 세례를 받았습니다. 새 사람으로 태어났습니다.

하나님이 살아 계시고, 독생자 예수 그리스도가 우리를 위해 십자가에 죽으시고, 죽은 지 삼 일 만에 부활, 승천하셔서, 오늘도 예수를 믿는 사람들의 마음속에 계시고, 그의 곁에도 계신다는 것을 알게 되었습니다. 답을 가진 쪽으로 가야 합니다. 주소를 정확히 보아야 합니다.

요한복음 14장 6절에 이렇게 기록되어 있습니다. "예수께서 가라사대 내가 곧 길이요 진리요 생명이니 나로 말미암지 않고는 아버지께로 올 자가 없느니라." 또 사도행전 4장 12절에는 이렇게 말씀하고 있습니다. "다른 이로서는 구원을 얻을 수 없나니 천하 인간에 구원을 얻을 만한 다른 이름을 우리에게 주신 일이 없음이니라 하였더라."

다른 길이 없습니다. 다른 답이 없습니다. 오직 하나님이 답입니다. 교회가 답입니다. 오직 예수 그리스도가 답이라고 주님이 말씀하고 있습니다. 답은 가장 크신 하나님, 예수 그리스도 그분에게 있습니다.

저는 귀신 들린 사람들이 예수 믿고 자유롭게 된 모습들을 많이 지켜봤습니다. 기도할 때 귀신이 떠나가는 그런 경험도 했습니다. 그런데 그들이 고백하는 말이 얼마나 기가 막힌지 모릅니다. "목사님, 귀신 따라가면 복잡해요. 얼마나 복잡한지 내가 하나님 앞에 나왔더니 지금 얼마나 시원하고 좋은지 몰라요."

거듭나는 것은 위로부터 나는 것이다

"예수께서 대답하여 가라사대 진실로 진실로 네게 이르노니 사람이 거듭나지 아니하면 하나님 나라를 볼 수 없느니라"(요 3:3).

거듭나는 것이 무엇입니까? 니고데모는 공부를 많이 했지만 거듭나는 것은 알 수가 없었습니다. 어머니 뱃속에서 한 번 나왔는데 다시 어머니 뱃속으로 들어가야 한다는 말인지 도무지 이해가 되지 않았습니다. 거듭난다고 하는 것은 위로부터 난다는 뜻입니다. 어머니 뱃속에서 날 때는 어디서 나왔습니까? 어머니에게서 나왔습니다. 그 좁은 공간에서 10달을 있었습니다. 그 축축하고 어두컴컴한 곳에서 산 태아가 말을 하고 생각을 할 줄 안다면 이런 대화가 가능했을 것입니다.

"아가야, 조금만 기다려라. 10달만 지나면 여기는 꽃도 있고, 새도 날아가고, 멋진 음악도 있고, 정말 좋다. 기다려라." 그러면 뱃속에 있는 이 태아가 "엄마, 거짓말하지 마. 그런 세상이 어디 있어? 여기는 축축하고 어두컴컴한 것밖에 없는데 거짓말하지 마"라고 아마 그렇게 말했을 것입니다.

너무 다른 세계니까 밖에서 아무리 이야기해도 태아는 믿지를 못합니다. 그러나 이제 드디어 10달이 찼습니다. 밖으로 나왔습니다. 이 아이가 나와 보니까 진짜로 굉장한 세상입니다. 그래서 이 아이가 울기 시작합니다. 안에 있다가 밖에 나오니까 너무 깜짝 놀라서 웁니다. 지금 우리는 어머니 뱃속에서 나와서 여기 살고 있습니다.

예수 믿는 사람은 죽으면 하나님 나라에 갑니다. 하나님 나라에 가면 병원도 없습니다. 거기는 슬픔도 없고, 고통도 없고, 죽음도 없습니다. 행복이 있습니다. 지천으로 깔려 있는 게 금입니다. 천국의 모든 도로는 금으로 되어 있습니다. 열두 진주 문이 있습니다. 진주로 꾸며진 문이 있습니다.

제가 아무리 이야기해도 마음속으로 "목사 양반, 거짓말하지 마. 그런 나라가 어디 있어?"라고 할지 모릅니다. 그러나 저는 확언합니다. 천국이 있습니다. 이 인생 지나가면 예수 믿고 죽는 사람은 하나님 나라에 갑니다.

저의 아버님이 마지막 순간에 예수를 믿고 돌아가셨습니다. 장례를 지내는데 너무 좋았습니다. 눈에서는 눈물이 떨어졌지만 가슴이 너무 기뻤습니다. 찬송을 불렀습니다. 천국 간 것이 분명했기 때문에 너무 좋았습니다. 그날 밤에 장례를 다 마치고 아버님이 누워 계시던 그 자리, 시신으로 누워 계시던 그 자리에 누웠습니다.

그 자리에 누워 있는데 "하나님 아버지, 여기 누워 계시던 제 아버님 천국 가서 너무 감사합니다"라는 기도가 나왔습니다. 따뜻하고 너무 좋았습니다. 한참 잠을 자고 있는데 꿈을 꾸었습니다. 꿈에 아버지가 나타났습니다. 너무 화려한 진주 문이 있는 그 집에서 저를 향해 "원구야" 부르는데 자다가 깜짝 깼습니다.

"다시 태어나는 기쁨" * 185

저는 그날 새벽에 얼마나 울었는지 모릅니다. 슬픔의 눈물이 아니었습니다. 감격의 눈물이었습니다. "하나님 아버지, 저희 아버님이 천국에 가셨군요. 감사합니다. 예수 믿고 세례 받고 가셨으니 하나님의 나라 백성이 되셨군요. 감사합니다." 그리고 그 새벽에 울며 울며 하나님께 영광을 돌렸습니다.

천국이 있습니다. 이 땅, 이 짧은 세상, 60년, 70년, 혹은 80년, 가는 것은 순서가 없습니다. 이렇게 이 땅을 잠깐 떠나가지만 예수 믿는 사람에게는 영원한 하나님의 나라가 기다리고 있습니다.

예수 그리스도를 영접하면 거듭난다

거듭난다는 것은 밑에서 나는 것이 아니라 위로부터 나는 것입니다. 하나님은 우리를 다시 태어나게 하시려고 오래전부터 계획하셨습니다. 어떻게 하면 이 죄인들을 다 거듭나게 만들어 줄지 계획을 세우셨습니다. 그리고 예수 그리스도를 지금으로부터 2천 년 전에 이 땅에 보내주셨습니다. 하늘에서, 위에서 땅으로 보내셨습니다. "하나님이 세상을 이처럼 사랑하사 독생자를 주셨으니 이는 저를 믿는 자마다 멸망치 않고 영생을 얻게 하려 하심이니라"(요 3:16).

위로부터 오신 예수 그리스도를 누구든지 영접하기만 하면 거듭나는 은혜를 주십니다. 그래서 거듭난다는 뜻은 위로부터 나는 것이고 위로부터 오신 예수 그리스도를 받아들이면 구원 받는 것입니다. 마음으로 믿기만 하면 그 사람은 구원을 받을 수 있습니다.

예수 그리스도의 보혈을 믿으면 거듭난다

처음 태어날 때는 아무도 노력하거나 힘쓰지 않았습니다. 그런데 두 번째 태어나는 것은 가만히 안 됩니다. 뭘 해야 할까요? 믿어야 합니다. 하나님이 살아 계신 것을 믿어야 합니다. 천국이 있는 것을 믿어야 합니다. 예수님을 믿어야 합니다. 내 죄를 위해 예수님께서 돌아가신 것을 믿어야 합니다.

오직 예수님의 피를 믿으므로 우리는 다시 태어날 수 있기 때문입니다. 어머니 뱃속에서 태어날 때는 다 어머니의 피를 휘감고 났지만 두 번째 태어날 때는 예수님이 십자가 위에서 흘린 피를 마음속으로 믿고, 그 피를 통해서 태어나게 됩니다. 예수 그리스도의 피, 이것이 우리를 거듭나게 합니다.

모세가 광야에서 이스라엘 백성들을 이끌고 출애굽하고 있었습니다. 그런데 출애굽하는 동안에 이스라엘 백성들이 불평을 했습니다. 배고파 죽겠다고, 힘들어 못 살겠다고, 집으로 돌아가자고 불평하기 시작했습니다. 그랬더니 불뱀이 나와서 이들을 물어 죽였습니다.

그때 모세가 "하나님 아버지, 부탁합니다. 좀 도와주세요, 살려주세요"라고 애원했습니다. 그랬더니 하나님께서 "그러면 좋아. 네가 구리뱀을 만들어서 그걸 들고 서 있어라. 누구든지 구리뱀을 보는 사람은 다 병 낫게 해주마"라고 했습니다.

모세가 외쳤습니다. "여러분, 쳐다보기만 하세요. 구리뱀을 쳐다보는 순간 병이 낫게 될 것입니다." 그때 많은 사람들은 이렇게 말했습니다. "에이, 지금 우리가 다 죽어가는데, 뱀에 물려 죽어가는데 해독제가 있어야지 구리뱀 본다고 낫나?" 그러고 보지 않는 사람은 다 죽어갔습니다. 그러나 그 말을 듣고 혹시 그래도 나을까 하여 본 사람은 보는 순간에 깨끗하게 병이 나았습니다.

십자가에 달린 예수님을 바라보면 거듭난다

그래서 모세가 광야에서 뱀을 든 것같이 인자도 들려야 한다고 주님이 말씀하셨습니다. 다시 말하면 십자가를 누구든지 바라보고 믿는 사람은 다 죄 용서함을 받고 거듭나게 된다는 말씀입니다.

"모세가 광야에서 뱀을 든 것같이 인자도 들려야 하리니 이는 저를 믿는 자마다 영생을 얻게 하려 하심이니라"(요 3:14~15).

뱀에 물려 죽어가고 있습니다. 사는 길은 구리뱀을 보는 것이었습니다. 거듭나기를 원합니까? 십자가에 달린 예수님을 믿음으로 바라보고 그 예수님을 마음속에 영접하기만 하면 우리는 죄 사함을 받고, 거듭나고, 하나님의 자녀가 되고, 천국 백성이 되는 복을 받을 것입니다. 주님은 이렇게 말씀합니다.

"영접하는 자 곧 그 이름을 믿는 자들에게는 하나님의 자녀가 되는 권세를 주셨으니"(요 1:12).

믿음은 고개를 들어 구리뱀을 바라보듯이 주님을 영접하는 것입니다. 마음에 영접하는 것입니다.

"볼지어다 내가 문밖에 서서 두드리노니 누구든지 내 음성을 듣고 문을 열면 내가 그에게로 들어가 그로 더불어 먹고 그는 나로 더불어 먹으리라"(계 3:20).

오랜 기간 예수님은 우리 마음 문밖에 서서 두드리셨습니다. 여러 사람을 통해서 자꾸만 문을 두드리셨습니다. 저는 문밖에 서 있는 괴로움을 압니다. 전도사 시절에 새벽기도를 마치고 사택으로 돌아왔는데 문이 열리지 않았습니다. 초인종을 계속 눌렀습니다. 그런데 문이 열리지 않았습니다. 추운 겨울에 덜덜덜 떨면서 전도사 체면에 담을 뛰어넘을 수 없어 문만 두드렸습니다.

그리고 초인종을 누르면서 노래를 불렀습니다. "주 예수 대문 밖에 기다려 섰으나 문밖에 세워두니 못 들어오시네." 그 노래를 끝까지 불러도 아내는 일어나지 않았습니다. 1시간 이상 벌벌 떨고 고생했습니다. 그 뒤에 문이 열려 집으로 들어오는데 그래도 열린 것이 다행이라고 생각하고 한마디도 야단치지 않았습니다.

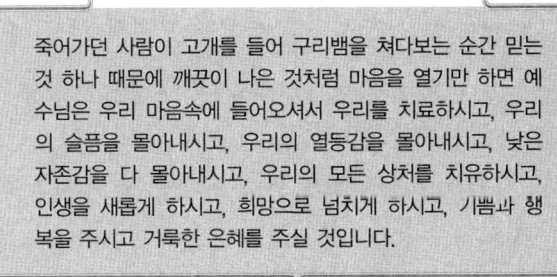

죽어가던 사람이 고개를 들어 구리뱀을 쳐다보는 순간 믿는 것 하나 때문에 깨끗이 나은 것처럼 마음을 열기만 하면 예수님은 우리 마음속에 들어오셔서 우리를 치료하시고, 우리의 슬픔을 몰아내시고, 우리의 열등감을 몰아내시고, 낮은 자존감을 다 몰아내시고, 우리의 모든 상처를 치유하시고, 인생을 새롭게 하시고, 희망으로 넘치게 하시고, 기쁨과 행복을 주시고 거룩한 은혜를 주실 것입니다.

"보물을 발견한 기쁨"

마태복음 13장 44절

천국은 마치 밭에 감추인 보화와 같으니 사람이 이를 발견한 후 숨겨 두고 기뻐하여 돌아가서 자기의 소유를 다 팔아 그 밭을 샀느니라

어떤 사람이 숲 속을 산책하다가 샘물 하나를 발견합니다. 뽀얀 냉기가 어린 샘물인데 그 샘물에 와서 물을 한 모금 마십니다. 저 창자 밑바닥까지 시원해집니다. 그리고 혹시 다른 사람이 그 샘물을 발견할까봐 다시 덮었습니다. 그리고 돌아옵니다. '산에 가는 날 또 가서 마셔야지.' 그런 생각을 하며 내려옵니다.

샘물 하나를 발견해도 이렇게 기뻐하는데 인생을 살면서 그보다 더 귀한 것을 발견하고 난 다음에는 얼마나 큰 기쁨이 있겠습니까?

산삼을 캐러 다니는 심마니들은 평생에 좋은 산삼 한 뿌리만 찾으면 소원이 없겠다고 합니다. 목욕재계하고 지성을 드린 다음에 산삼을 캐러 갑니다. 그러다가 산삼을 발견하면 "심봤다" 하고 세 번 외칩니다. 그런데 산삼 보기가 그렇게 쉽지 않습니다.

많은 사람들이 보물을 찾아 헤맵니다. 한 일본군이 퇴각하면서 숨겨둔 보물을 찾는다고 일생을 허비한 일이 있었습니다. 이

골짜기, 저 골짜기를 계속 파 뒤집는데 보물은 나타나지 않습니다. 보물을 싣고 가던 일본 배가 좌초해서 태종대 앞바다에 가라앉았는데 거기에 보물이 있다고 생명을 걸고 인양하려고 허송세월하는 한심한 사람도 있습니다. 복권 당첨을 기다리는 사람들도 있습니다. 많은 사람들은 그 복권에 목을 맵니다.

라스베이거스에 가면 많은 사람들이 잭팟을 기다리면서 계속 당기고 있습니다. 거짓 보물 때문에 인생을 허비하는 사람이 너무너무 많습니다. 가짜 보물, 가도가도 잡을 수 없는 그런 보물 때문에 가슴 조이면서 시간 낭비하는 사람이 참 많습니다.

가짜 보물에 미친 사람들이 있다

'매드 매드 대소동' 이라는 영화가 있습니다. 재미있는 스토리입니다. 어떤 사람이 교통사고를 당합니다. 사람들이 구하려고 왔을 때, 그는 이미 마지막 숨을 몰아쉬고 있었습니다. 그런데 죽으면서 한마디 남깁니다. 자기가 수천 만 달러가 들어 있는 돈가방을 어디어디에 숨겨두었는데 찾으라고 하고는 죽었습니다. 거기에는 의사도 있고, 별의별 사람들이 다 있었습니다.

그때부터 이 사람들은 경쟁자가 되었습니다. 바로 그 장소를 향해서 돈 가방을 찾으러 갑니다. 전부 미쳐가지고는 달리기 시작합니다. 결국 그 위치에 와서 어떤 사람이 그 돈 가방을 찾았습니다. 그때 마침 출동한 경찰이 결국 그 돈 가방을 뺏었습니다. 압수하였습니다.

그런데 이 돈 가방을 압수한 경찰의 마음도 미치고 말았습니다. 돈을 보면 사람이 이상해집니다. 그래서 그걸 가지고 경찰이 도망가다가 결국은 다 잃어버립니다. 마지막에 병원에서 다리가 다 부러져서 누워가지고는 '허허허' 웃는 것으로 영화가 끝이 납니다.

프랑스에 어떤 지주가 있었습니다. 이 지주는 소작료를 받아서 자기 집 지하 창고에 차곡차곡 쌓았습니다. 돈더미가 얼마나 많은지 항상 심심하면 문을 열고 들어가서 돈을 만집니다. 돈 틈에서 뒹굴면서 잠을 자니까 너무나 좋습니다. 기분 나쁘면 그 돈 창고에 가서 한참 있다 오면 기분이 좋아집니다. 이렇게 계속 돈 돈 하면서 돈과 함께 삽니다.

그날도 소작료를 받아서 돈 창고를 열었습니다. 열어 놓고는 가서 돈을 만지고 있었습니다. 그런데 '쾅' 하고 문이 잠기고 말았습니다. 이 문은 잠기면 자동으로 잠기는 그런 문입니다. 아무리 밖으로 나오려고 해도 사람이 없었습니다. 고함을 치고 두들겼는데 아무도 지나가는 사람이 없었습니다. 6개월 뒤에 어떤 사람이 그 문을 열었습니다. 거기에 이미 죽어서 부패해버린 프랑스 지주의 시체가 있었습니다. 그는 돈다발 틈에 완전히 깔려서 죽었습니다.

과연 돈이 보물일까요? 아닙니다. 돈은 우리 인간의 진정한 보물일 수가 없습니다. 진정한 의미의 보물은 무엇입니까? 오늘 예수님께서는 보물 이야기를 해주고 계십니다.

진짜 보물은 예수 그리스도이다

본문에 등장하는 사람은 가난한 소작농입니다. 남의 땅을 붙여서 갈아서 먹고사는 소작농이었습니다. 가장 척박한 땅을 얻었습니다. 그리고 그 땅을 일구어서 거기서 나는 소산물을 조금씩 받아먹고 사는 가난한 사람이었습니다. 꿈을 가지고 계속 일구어 나갑니다. 그런데 이게 웬일입니까? 한참 땅을 일구고 있는데 덜커덩 하고 괭이 끝에서 금속성 감촉을 느꼈습니다. 파보니 거기에는 정말 번쩍번쩍 빛나는 보화가 가득 담긴 상자 하나가 있었습니다. 이게 웬일입니까?

만약에 그 보물 상자를 직접 발견했다면 어떻게 하시겠습니까? 어떻게 하면 그게 자기 것이 될까요? 오늘 예수님의 이야기로는 다시 파묻어 두고 집으로 돌아갔습니다. 가난한 집이었지만 자기 집에 있는 모든 것들을 팔기 시작했습니다. 가구도 팔고, 소도 팔고, 돼지도 팔고, 개도 팔고, 옷도 팔고, 전부 다 팔았습니다. 몽땅 팔아서 그 땅의 주인에게 갔습니다.

"주인님, 저 이 땅을 사려고 합니다. 저에게 파십시오."

"아니, 쓸데없는 땅 사서 뭘 하게?"

"아니에요. 전 이 땅이 좋습니다. 파세요."

"좋아."

돈을 달라고 하는 대로 전부 다 주었습니다. 돌아왔습니다. 동네 사람들이 그 땅을 살 때 손가락질을 했습니다. 미쳤다고, 쓸데없는 땅을 산다고, 정신이 없는 사람이라고 놀렸습니다.

그러나 이 사람의 마음속에는 계산이 있었습니다. '너희들 조금만 있어라. 조금 있으면 내가 너희들보다 더 부자가 될 거야.' 다 팔고는 결국 그 땅을 샀습니다. 그리고 그는 정말 이 보물의 주인이 되었습니다. 이게 바로 예수님이 해주신 이야기입니다.

숨겨진 보물, 예수 그리스도

보물이 무엇입니까? 진정한 보물은 내 것 몽땅 다 팔아도 전부 팔아서라도 소유할 만한 가치가 있는 것, 그게 보물이 아니겠습니까? 내게 있는 모든 것 다 없어져도 그것만 있으면 되고, 그 것만 가지면 정말로 풍성해지는 것, 이게 진짜 보물이 아니겠습 니까? 하나님께서 그 보물을 숨겨두었습니다. **하나님이 숨겨두신 보물, 그것은 바로 예수 그리스도이십니다.**

그런데 가만히 보면 하나님께서 보물을 숨겨두셨는데 허름한 곳에 숨겨두셨습니다. 보물이 있을 만한 곳에 숨겨둔 게 아닙니 다. 사람들 보기에 정말 형편없는 곳에 보물이 숨어 있었습니다. 하나님의 아들 독생자 예수님이 이 땅에 오실 때, 저 가난한 동 네 마구간에서 이부자리 하나 없이 짐승이 밥을 먹는 구유 안에 서 태어나셨습니다. 그리고 아주 가난한 목수의 장남으로 태어 나셨습니다. 워낙 가난한 집의 아들이기 때문에 사람들이 그 예 수님을 보고 아무도 보물이라고 말하지 않았습니다.

보기에 아름답지 않았던 예수님

성지순례를 하면서 예수님이 자라셨던 나사렛 마을에 가보았 습니다. 예수님이 사시던 방이라고 해서 쳐다보았더니 완전히 토굴 같았습니다. 시커멓고 어두침침했습니다. 가난한 나사렛 목수의 아들인 예수님을 보고 보물이라고 할 리가 없습니다. 아 무도 그를 중요하게 생각하지 않았습니다.

그리고 그는 죄인이 되셨습니다. 아무 죄도 없었지만 죄인이 되어서 십자가 위에서 못 박혀 돌아가셨습니다. 사람들이 전부 놀렸습니다. 아무도 보물이라고 말하지 않았습니다. 저건 아주 형편없는 존재라고 손가락질했습니다. 아무도 하나님의 아들이 라고 믿어주지 않았습니다. 조롱했습니다. 어떤 사람은 침을 뱉 기도 했고, 보배가 아니라고 생각했습니다.

이사야 53장 2~3절에 보면 "그는 주 앞에서 자라나기를 연한 순 같고 마른 땅에서 나온 줄기 같아서 고운 모양도 없고 풍채도 없은즉 우리의 보기에 흠모할 만한 아름다운 것이 없도다 그는 멸시를 받아서 사람에게 싫어 버린 바 되었으며 간고를 많이 겪었으며 질고를 아는 자라 마치 사람들에게 얼굴을 가리우고 보지 않음을 받는 자 같아서 멸시를 당하였고 우리도 그를 귀히 여기지 아니하였도다" 라고 기록되어 있습니다.

예수님은 사람들이 보기에 아름다운 것이 하나도 없었습니다. 부자도 아니었습니다. 그 당시 사람들에게 굉장한 존경을 받는 학자도 아니었습니다. 권력자도 아니었습니다. 정말 밭에 감추인 보물 같은 존재인데 아무도 그 속에 보물이 있으리라고 생각하지 않았습니다. 사람들은 십자가를 아주 끔찍한 형틀로 생각했습니다. 거기에 보물이 있는 줄 아무도 몰랐습니다. 갈보리 산, 예수님이 십자가에 못 박힌 그곳은 비참한 곳이었습니다. 그러나 그곳이 바로 보물이신 예수 그리스도를 발견하는 곳입니다.

교회에 묻힌 보물은 예수 그리스도

십자가에 달려 돌아가신 예수 그리스도, 그는 하나님께서 인간에게 파묻어 두신 가장 귀한 보물입니다. 예수 그리스도 안에 보물이 묻혀 있는 것을 사람들은 모릅니다. 그런데 조금씩 조금씩 보물이 있는 곳으로 다가오게 됩니다. 우리가 예배를 드리는 속에 보물이 감추어져 있습니다. 교회 가장 중심에 묻혀 있는 보물은 예수 그리스도입니다.

미국 서부에 금광이 발견되었습니다. 그래서 많은 사람들이 서부로 서부로 금을 캐러 갔습니다. 그 금광을 발견한 사람들은 위치를 확인하고는 집으로 돌아왔습니다. 너무너무 신이 났습니다. 다시 돌아가서 금광을 개발하기 위해 전부 쉬쉬 하면서 다음날 출발합니다. 다른 사람이 눈치 채면 안 되니까 시치미를 뚝 떼고는 전부 보따리를 챙겨가지고 드디어 출발하려고 모였습니다.

그런데 이게 웬일입니까? 동네사람들이 쭉 줄을 잇고 따라온 것이었습니다. 당신들 왜 왔냐고 하자, 우리가 모를 줄 아느냐고 합니다. 척 보면 안다고 합니다. "당신들 며칠 전에 나타날 때, 우리가 유심히 봤는데 입들이 함박만 해가지고 싱글벙글하던데 당신들 틀림없이 금광을 발견했지?"

속일 수가 없었습니다. 금광을 진짜로 발견했기 때문에, 보물을 발견했기 때문에 속일 수가 없었습니다. 그래서 복음성가 가운데는 이런 노래가 있습니다. '금광 같은 기쁨, 나의 맘속에.' 금광을 발견하면 아무리 엄숙하려고 해도 엄숙할 수가 없습니다. 자꾸 웃음이 나옵니다. 너무너무 좋습니다.

예수 그리스도를 발견한 사람은 기쁨이 있다

기쁨은 숨길 수가 없습니다. 보물을 발견한 기쁨, 이건 정말 숨길 수 없는 것입니다. 왜 우리가 행복한지 아십니까? 금광 같은 기쁨, 예수 그리스도를 발견했기 때문에 우리는 행복합니다.

교회에 한 번만 가보자고 하면 한국 사람은 체면이 있기 때문에 조르는 사람 앞에서 견딜 수가 없습니다. 계속 와서 가자고 하면 한번만 가겠다고 하고는 교회에 나옵니다. 그러나 밭을 파서 보물을 발견하는 것은 그들의 몫입니다. 교회 건물은 중요한 것이 아닙니다. 중요한 것은 예수 그리스도, 우리의 보배이십니다.

예수님은 AD, BC 역사의 중심에 있습니다. 그리스도가 오시기 전에는 모두 BC(Before Christ)입니다. 주님의 해 그 뒤로 모든 역사는 AD(Anno Domini)입니다. AD와 BC의 중심에 있는 그리스도 그분이 보배입니다.

원래 영국은 나폴레옹이 점령한 땅이었습니다. 점령하고 보니까 영국이 별게 아닙니다. 보니까 밤낮 어두침침하고 안개가 끼어 있습니다. '침침한 나라, 에이 별 볼일 없는 나라를 내가 점령했구나.' 그래서 영국의 인사가 뭔지 아십니까? '굿모닝' 입니다. 밤낮 안 좋은 아침인데 좋은 아침을 기원하는 그런 뜻으로 그렇게 했습니다.

우리 한국 사람은 옛날에 하도 굶었기 때문에 아침에 만나면 '식사하셨습니까?' 라고 합니다. 인사를 연구해보면 그 나라를 알 수 있습니다. 영국은 별로 좋지 않은 나라였습니다. 해적들의 나라였습니다. 아주 예의도 없고, 쓸데없는 그런 나라였습니다. 나폴레옹도 그래서 영국을 지배할 마음이 생기지 않아 버리고 말았습니다.

그러나 이렇게 안개도 많이 끼고, 침침해서 관심을 두지 않는 땅이었지만 그들이 예수 그리스도를 발견하자 영국은 신사의 나라가 되었습니다. 스칸디나비아 반도도 해적들의 땅이었습니다. 그런데 예수를 발견하자 마음이 바뀌었습니다. 예수를 잘 믿는 부유한 나라로 변하였습니다. 예수를 보고 믿으면 구원을 받습니다. 바로 예수 그리스도는 보배이기 때문에 예수 그리스도를 믿는 사람은 누구든지 죄 사함을 받습니다. 영생을 얻습니다. 행복을 선물로 받습니다.

예수 그리스도는 가장 귀한 보물이다

예수님은 우리에게 평화와 기쁨을 줍니다. 죄 사함을 줍니다. 영생을 줍니다. 예수님 한 분 모시고 믿으면 모든 보물을 소유한 것이나 다를 바가 없습니다. 우리 예수님은 가장 귀한 보물입니다. 다른 것 다 팔아서라도 예수님만 찾으면 우리는 행복할 수 있습니다. 다른 것 모두 잃어버려도 예수 그리스도 한 분만 붙들면 우리의 인생은 행복한 인생, 충만한 인생이 될 것입니다.

1996년 4월 23일부터 나흘 동안 뉴욕 소더비 경매장에서 세계적인 경매가 있었습니다. 재클린 케네디가 백악관 시절에 자주 목에 걸었던 가짜 진주 목걸이가 있었습니다. 그건 700달러짜리 입니다. 그런데 이게 경매에 나왔는데 얼마에 낙찰됐을까요? 700달러짜리가 2억 원에 경매되었습니다.

그 다음에 또 하나가 팔렸습니다. 재클린이 오나시스에게 시집갈 때, 받은 레소토3세라고 하는 다이아몬드 40캐럿짜리가 약 21억 원에 팔렸습니다. 과연 그것을 산 사람은 영원히 그 보석을 가질 수 있을까요? 아닙니다. 죽으면 가질 수 없습니다.

이 땅에 보물은 없습니다. 아무리 비싼 다이아몬드 반지라도 그건 진짜 보물이 아닙니다. 영원히 소유할 수 없기 때문입니다. 재클린 오나시스가 그것을 받고 얼마나 좋아했을까요? 그러나 영원히 소유할 수는 없었습니다. 그는 이미 죽었고, 그의 보물은 다 경매되고 말았습니다.

가장 귀한 보물인 예수님을 모시자

예수 그리스도는 모든 것을 다 팔아서라도 사야 하는 가장 귀중한 보물입니다. 세상 사람이 부러워하는 귀한 것을 가졌던 바울은 예수님 한 분을 모시고 난 다음에 이렇게 고백했습니다.

"그러나 무엇이든지 내게 유익하던 것을 내가 그리스도를 위하여 다 해로 여길뿐더러 또한 모든 것을 해로 여김은 내 주 그리스도 예수를 아는 지식이 가장 고상함을 인함이라 내가 그를 위하여 모든 것을 잃어버리고 배설물로 여김은 그리스도를 얻고"(빌 3:7~8).

그는 예수님을 발견하고 나서 다른 모든 것을 배설물처럼 분토처럼 여긴다고 말했습니다. 예수님 한 분 만나면 다른 모든 것이 배설물처럼 됩니다. 주님을 만나면 인생의 방황도 끝이 납니다. 그렇게 좋아보이던 술도 별게 아닌 것으로 보입니다. 그렇게 좋아보이던 인생의 쾌락도 별게 아니고, 예수 그리스도를 믿는 이 생활이 가장 행복하다는 것을 깨닫게 됩니다. 선입견, 철학, 교만, 생각, 편견 등 지금까지 가졌던 모든 것들을 전부 버리고 예수님을 사시기 바랍니다.

요한복음 3장 16절에 "하나님이 세상을 이처럼 사랑하사 독생자를 주셨으니 이는 저를 믿는 자마다 멸망치 않고 영생을 얻게 하려 하심이니라"고 했습니다. 그리고 베드로전서 3장 18절에 주님은 의인이셨지만 한 번 죽으셨다고 말씀합니다. "그리스도께서도 한 번 죄를 위하여 죽으사 의인으로서 불의한 자를 대신하셨으니 이는 우리를 하나님 앞으로 인도하려 하심이라 육체로는 죽임을 당하시고 영으로는 살리심을 받으셨으니."

의인이신 주님이 십자가에서 한 번 죽으신 것은 우리를 하나님 앞으로 인도하기 위함이라고 말씀하셨습니다. 불의한 우리를 위하여 십자가에 죽으신 예수님은 우리 마음의 문을 두드리고 계십니다. 다른 모든 것을 다 팔아서라도 예수님을 사야 합니다.

지금까지 가졌던 모든 종교를 다 팔아서 예수님을 사시기를 부탁드립니다.

주님께서는 "내가 곧 길이요, 진리요, 생명이니 나로 말미암지 않고는 아버지께로 갈 자가 없느니라"라고 말씀하셨습니다. 다른 길은 없습니다. **오직 한 길 예수 그리스도만이 보물입니다.** 다른 건 가짜 보물입니다.

어떤 장교가 군목의 설교를 듣기 위해서 교회에 갔습니다. 그런데 군목이 얼마나 설교를 잘하는지 들으면서 마음에 감동이 되었습니다. 그래서 등록카드를 받아서 친구 장교에게 말했습니다.

"이봐, 나 오늘 등록할 거야. 예수 믿어야겠어." 그리고 적으려고 하니까 옆의 친구 장교가 그럽니다.

"에이, 쪼잔하게 남자가 그깟 말 들었다고 마음이 움직여서 등록을 해? 에이, 좀 더 생각해 봐. 군인답지 못하게."

"그럴까? 그러면 다음에 하지 뭐." 그러면서 밖으로 나왔습니다. 그 때 총소리가 '탕' 하고 들리더니 바로 그 자리에서 자기를 노리고 있던 한 저격병에 의하여 그는 즉사하고 말았습니다.

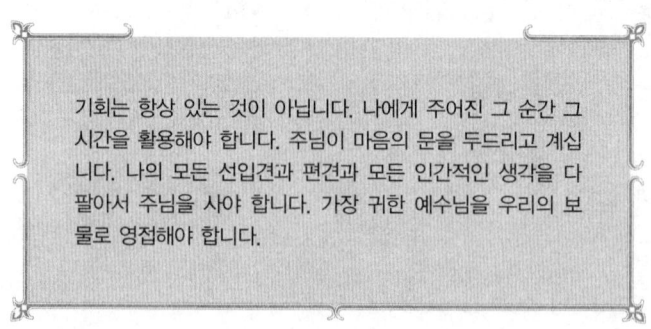

기회는 항상 있는 것이 아닙니다. 나에게 주어진 그 순간 그 시간을 활용해야 합니다. 주님이 마음의 문을 두드리고 계십니다. 나의 모든 선입견과 편견과 모든 인간적인 생각을 다 팔아서 주님을 사야 합니다. 가장 귀한 예수님을 우리의 보물로 영접해야 합니다.

"영원한 친구를 만나는 기쁨"

누가복음 5장 1~11절

무리가 옹위하여 하나님의 말씀을 들을새 예수는 게네사렛 호숫가에 서서 호숫가에 두 배가 있는 것을 보시니 어부들은 배에서 나와서 그물을 씻는지라 예수께서 한 배에 오르시니 그 배는 시몬의 배라 육지에서 조금 띄기를 청하시고 앉으사 배에서 무리를 가르치시더니 말씀을 마치시고 시몬에게 이르시되 깊은 데로 가서 그물을 내려 고기를 잡으라 시몬이 대답하여 가로되 선생이여 우리들이 밤이 맞도록 수고를 하였으되 얻은 것이 없지마는 말씀에 의지하여 내가 그물을 내리리이다 하고 그리한즉 고기를 에운 것이 심히 많아 그물이 찢어지는지라 이에 다른 배에 있는 동무를 손짓하여 와서 도와달라 하니 저희가 와서 두 배에 채우매 잠기게 되었더라 시몬 베드로가 이를 보고 예수의 무릎 아래 엎드려 가로되 주여 나를 떠나소서 나는 죄인이로소이다 하니 이는 자기와 및 함께 있는 모든 사람이 고기 잡힌 것을 인하여 놀라고 세베대의 아들로서 시몬의 동업자인 야고보와 요한도 놀랐음이라 예수께서 시몬에게 일러 가라사대 무서워 말라 이제 후로는 네가 사람을 취하리라 하시니 저희가 배들을 육지에 대고 모든 것을 버려두고 예수를 좇으니라

 영국 시골에 한 가난한 소년이 자라고 있었습니다. 이 소년은 집이 너무 가난했기 때문에 자기 꿈을 이룰 수가 없었습니다. 의사가 됐으면 좋겠는데 그 꿈을 이루기에는 너무나 가난한 집안이었습니다.

어느 날 호숫가를 거닐고 있었습니다. 한참 호숫가를 거니는데 어디서 "사람 살려" 하는 소리가 들려왔습니다. 급하게 소리나는 쪽에 갔더니 자기 또래의 한 소년이 물에 빠져서 허우적대고 있었습니다. 가난한 소년은 원래 개구리처럼 수영을 잘했습니다. 급하게 뛰어들어서 죽어가는 그 소년을 구출했습니다. 물

에 빠진 소년의 아버지도 달려왔습니다. 알고 보았더니 그 소년은 도시 귀족의 아들이었습니다. 아주 지체 높은 집안의 아들이었습니다. 아버지가 너무너무 감사했습니다. 보답으로 그 소년에게 무엇을 하기 원하는지 물어보았습니다. 소년은 앞으로 공부해서 의사가 되고 싶다고 말했습니다. 그래서 아버지는 그 소년을 도와주었습니다.

드디어 세월이 흘러가고 그 시골 소년은 훌륭한 의사가 되었습니다. 이 도시 귀족의 아들도 자라서 훌륭한 정치인이 되었습니다. 그 나라의 수상이 되었습니다. 그가 제 2차 세계 대전을 마무리 지으면서 정치를 계속하고 있는데 그만 폐렴에 걸리고 말았습니다. 그 당시 폐렴이 들면 다 죽을 수밖에 없습니다. 약이 없었습니다.

그런데 마침 그때 한 의사가 페니실린을 개발했습니다. 급하게 이 수상에게 페니실린을 투여하자 대번에 낫게 되었습니다. 그 페니실린을 개발한 사람이 누구였겠습니까? 바로 시골 소년 플레밍이었습니다. 그리고 도시 소년은 바로 윈스턴 처칠이었습니다.

얼마나 멋진 만남입니까? 이 둘이 서로 만난 것은 복된 만남이었습니다. 이들 때문에 많은 사람이 복을 받았습니다. 서로에게 유익을 주었습니다. 복을 나누어 주었습니다. 두 친구가 일생 동안 함께 우정을 나누며 살았습니다.

잘못된 만남

이와 반대로 조금 신통치 않은 만남도 있습니다. 한 대위가 있었습니다. 이 대위는 대단히 불평이 많았습니다. 그날도 여러 가지 불평이 많았는데 한 장성을 만나게 되었습니다. 이런 이야기 저런 이야기를 하다가 서로 마음이 통했습니다. 이 장성을 가만히 보았더니 키가 조그마하고 실내에서도 선글라스를 끼고 있었습니다. 그리고 피부가 까맣습니다. 이 장군이 손을 잡고 이야기합니다. "임자, 우리 한번 잘해보자고. 부탁하네." 1960년 5월 16일 새벽에 바로 그 대위는 용감하게 부하들을 이끌고 한강 다리를 건넜습니다. 5·16혁명은 그렇게 시작되었습니다. 바로 박정희 장군과 차지철 대위입니다.

1979년 10월 26일 궁정동에서 '빵' 하는 총소리와 함께 그들은 둘 다 비참하게 죽었습니다. 차지철 씨가 죽고 난 다음에 그를 거들떠보는 사람이 없었습니다. 그 시신을 수습해 줄 사람이 아무도 없었습니다.

그는 승승장구했습니다. 국회의원이 되었습니다. 그리고 국방위원장도 되었습니다. 경호실장이 되어서 온 나라의 권세를 다 쥔 것처럼 보였습니다. 그러나 그가 죽고 났을 때 아무도 시신을 수습하지 않았습니다. 결국 노모가 다니는 서울 영락교회에서 그 시신을 수습해주었습니다. 그가 만약에 박정희 장군을 만나지 않았다면 어떻게 됐을까요?

이런 만남을 바라보면서 마음속에 떠오르는 말이 하나 있습니다. '차라리 만나지나 말 것을.' 서로에게 해가 되는 만남, 이런 만남이 얼마나 많이 있습니까? 지금까지 우리는 많은 만남을 가져왔습니다. 가만히 생각해보면 좋은 만남, 축복의 만남도 있었지만 더러는 아주 괴로운 만남도 있습니다. 그리고 가끔은 '이 웬수 같은 사람 만나서 내가 이 고생을 한다'며 잘못된 만남을 생각하면서 피곤하다고 느끼는 때가 더러 있을 것입니다.

이 세상에 아무리 좋은 친구라고 해도 우리를 실망시킬 때가 있습니다. 내가 꼭 믿었는데 그 믿음을 저버리는 친구들이 얼마든지 있습니다. 그런데 절대로 저버리지 않는 영원한 친구 한 분을 소개해드리려고 합니다. 복이 되는 영원한 만남, 유익이 되는 영원한 만남, 이 복된 만남을 여러분에게 소개해 드리려고 합니다. 그분은 바로 예수 그리스도이십니다.

그분은 우리의 영원한 친구가 되기를 원하십니다. 그 예수님은 절대로 우리를 실망시키지 않을 것입니다. 절대로 우리 마음에 섭섭함을 안겨주지 않을 것입니다. 그분은 영원토록 우리와 함께 계실 분입니다. 영원한 친구이신 예수님은 우리의 모든 것을 아십니다.

이 세상에서 우리가 사귀는 친구들은 제법 우리를 아는 것처럼 보이지만 어떤 순간에 가면 하나도 모른다고 느껴질 때가 있습니다. 자기의 이익만을 추구하는 그런 순간이 오면 너무나 섭섭해집니다. 우리에게 여러 명의 친구가 있지만 내 마음에 있는 고민과 갈등을 정말로 알아줄 친구는 그리 많지 않습니다.

우리의 눈물을 아시는 예수님

본문 말씀에 보면 한 어부가 나타납니다. 그 어부의 이름은 베드로입니다. 우리말로는 베드로라고 하지만 미국 사람들은 피터라고 합니다. 그는 밤새도록 고기잡이를 했지만 한 마리도 잡지 못했습니다. 얼마나 기분이 나빴을까요? 드디어 배를 끌고 들어왔습니다. 그리고 육지에 댔습니다. 빈 배입니다.

그리고 베드로는 옆에서 그물을 씻으면서 투덜거립니다. "에이, 고기들은 다 어디 갔나? 되는 일이 없어. 오늘 빈 배로 돌아왔으니 집에 돌아가면 마누라에게 바가지 꽤나 긁히겠는걸." 투덜투덜하면서 빈 그물을 씻고 있었습니다.

그런데 바로 그 옆에는 투덜거리며 그물을 씻는 베드로를 바라보는 한 사람의 시선이 있었습니다. 바로 예수님입니다. 그는 많은 사람을 모아놓고 하나님 말씀을 전하고 있습니다. 말씀을 전하시다가 빈 배를 바라보았습니다. 그 배가 비어 있는 사실을 예수님은 알았습니다. 배 옆에서 그물을 씻고 있는, 투덜거리는 이 베드로의 상태를 전부 알고 있었습니다.

"호숫가에 두 배가 있는 것을 보시니 어부들은 배에서 나와서 그물을 씻는지라"(눅 5:2).

예수님께서는 우리의 배를 보고 계십니다. 지금까지 저어온 그 배를 보고 계십니다. 빈 배를 보고 있습니다. 지금까지 어떻게 살아왔는지를 알고 계십니다. 우리 주님께서는 우리의 모든 고민을 알고 계십니다. 생각도 알고 계십니다. 과거를 알고 계시고, 지금 자리도 알고 계시고, 앞으로 진행될 미래까지 다 알고 계십니다. 빈 배만큼이나 허전한 우리의 마음도 예수님은 알고 계십니다. 우리의 실망을 알고 계십니다. 우리의 고통을 알고 계십니다. 우리가 흘리는 눈물까지 알고 계십니다. 대책이 없다는 사실도 알고 계십니다.

제징러시아 시대에 아주 좋은 임금들이 많이 있었습니다. 그 가운데 백성의 사랑을 많이 받은 니콜라이 1세는 민정 시찰하기를 참 좋아했습니다. 그날도 평복을 갈아입고 민정시찰을 나갔습니다.

그런데 그날따라 한 부대에 들어갔습니다. 장교가 책상 위의 종이에다 낙서를 했는데 보니까 웬 숫자가 잔뜩 적혀 있습니다.

옷값 얼마, 밥값 얼마, 쭉 기록된 숫자를 보니까 그게 전부 빚이 었습니다. 옆에다가 이렇게 썼습니다. '누가 이 많은 빚을 갚아 줄 수 있으랴!' 느낌표를 찍고 그는 잠이 들어 있었습니다. 니콜라이 1세가 그것을 쭉 읽다가 옆에다가 사인을 했습니다. '내가 갚아주마. 니콜라이 1세-.' 아침에 이 장교가 일어나 보니 누가 자기 종이 위에 낙서를 했습니다. '내가 갚아주마. 니콜라이 1세.' 화가 머리끝까지 났습니다. 그때 문으로 한 남자가 들어왔습니다. 니콜라이 1세가 보낸 사람이었습니다. 봉투를 하나 주었습니다. 봉투를 보니까 정확하게 자기가 고민했던, 그 종이에 기록된 액수가 그대로 있었습니다. 장교는 감격해서 눈물을 흘리며, 그 봉투를 받았습니다.

니콜라이 1세는 우연히 지나가다가 장교의 어려움을 보았습니다. 그러나 우리 주님은 태어나기 전부터 우리의 마음을 아십니다. 우리의 문제를 아십니다. 지금 우리의 상황을 알고 계시고, 우리의 고민을 알고 계시고, 우리 속에 있는 모든 눈물을 다 알고 계십니다.

낮은 우리에게 찾아오시는 예수님

나다나엘은 무화과나무 밑에 앉아서 여러 가지 인생 고민을 많이 하던 사람이었습니다. 그가 예수님께 나아가자 예수님이 이렇게 말씀하셨습니다. "나다나엘아, 네가 무화과나무 아래 앉아 있을 때부터 너를 알았다." 그렇습니다. 지금까지 살아왔던 모든 것을 주님은 다 알고 계신다고 말씀하십니다.

여리고 성에 왕따당하는 한 세금쟁이가 있었습니다. 사람 취급을 받지 못했습니다. 돈은 많지만 기쁨과 행복이 무엇인지를 몰랐습니다. 그가 예수님을 만났습니다. 예수님은 그의 사정을 전부 아셨습니다. 이름까지 아셨습니다. "삭개오야, 내려와라. 내가 너희 집에 유해야 하겠다."

우리 예수님은 모든 것을 아시는 주님이십니다. 베드로의 빈 배와 베드로를 바라보는 예수님의 시선이 우리 한 사람, 한 사람에게도 향하고 있다는 사실을 기억하시기 바랍니다. 우리의 생각을 아시고, 마음 깊숙한 곳을 꿰뚫어보시는 그 주님이 지금 우리를 바라보고 계십니다.

그런데 주님은 왜 바라보실까요? 바라보시는 데는 이유가 있습니다. 그 이유가 무엇일까요? 바로 우리와 함께하기를 원하시기 때문입니다. 이 예수님은 우리를 아실 뿐 아니라 우리와 함께하시기를 원하는 그런 친구이십니다. 우리 주님은 내 인생의 빈 배에 타시기를 원하십니다. 허전한 내 마음속에 들어오시기를 원하십니다.

보통 친구를 사귈 때 사람들은 한 가지 경향이 있습니다. 자기보다는 조금 나은 사람하고 사귀기를 원합니다. 그래서 자식들에게도 말합니다. 만약에 공부 못하는 아이하고 친구를 하면 호통을 칩니다. "야, 그런 애들하고 사귀지 마라. 공부 좀 잘하는 아이하고 사귀어라."

그런데 한 가지 예외가 있습니다. 하나님의 아들 독생자 예수 그리스도는 밑으로 친구 사귀기를 좋아하십니다. 병든 자들을 사귀셨습니다. 죄인들을 사귀셨습니다. 버림받은 사람을 사귀셨습니다. 그래서 그분의 별명은 세리와 죄인의 친구였습니다. 주님은 낮은 우리를 친구 삼기 위하여 찾아오셨습니다.

갈릴리 바다의 베드로는 어부였습니다. 지체가 높지 않았습니다. 가난했습니다. 그러나 예수님은 친구가 되기 원해서 그에게 접근하셨습니다. 그리고 예수님은 베드로의 배 위에 올라가셨습니다.

"예수께서 한 배에 오르시니 그 배는 시몬의 배라 육지에서 조금 띄기를 청하시고 앉으사 배에서 무리를 가르치시더니"(눅 5:3).

예수님이 지금 배를 타려고 하시는데 베드로는 그럴 기분이 아니었습니다. 밤새 고기 한 마리 잡지 못했으니 그렇게 선뜻 허락하겠습니까? 그러나 예수님이 배에 타는 것을 거절하지는 않았습니다. 투덜거리면서 노를 저어서 육지에서 배를 조금 띄었습니다. 예수님은 그 자리에 서서 뭍에 있는 사람들을 향해서 설교하기 시작하셨습니다. 그전까지 베드로의 배는 냄새 나고 비린내 나는 그런 고깃배에 불과했습니다. 그러나 이 순간 그 배는 예수님이 쓰신 최초의 강대상으로 바뀌었습니다.

예수님과 함께 인생의 배를 저어가라

예수님이 배에 타시는 것을 허락했더니 그 인생에 의미가 생겼습니다. 목적이 달라졌습니다. 방향이 달라졌습니다. 위대한 변화가 생겼습니다. 이미 주님을 믿는 사람들도 주님과 함께 인생의 배를 행복하게 저어가는 사람들입니다. 예수님을 모신 사람은 행복을 경험하며 살고 있습니다.

베드로는 예수님을 태웠습니다. 그리고 예수님과 함께 노를 저어가기 시작했습니다. 처음에는 잘 몰랐지만 바로 그 순간부터 위대한 변화가 생겼고, 인생의 의미가 생겼고, 행복을 느끼는 계기가 되었습니다.

이탈리아에 한 가련한 소녀가 있었습니다. 그는 소아마비였습니다. 꿈이 없었습니다. 꿈을 가지려야 가질 수 없는 상황이었습니다. 그는 죽으려고도 생각했습니다. 죽으려고 약을 모았습니다. 저녁에 준비를 하고 드디어 모아두었던 약을 마셨습니다. 그런데 이상합니다. 죽어야 하는데 눈을 떴더니 아주 머리가 상쾌합니다. 아침에 정신을 차리게 되었습니다. 이게 웬일일까 하고 보았더니 어머니가 딸의 거동이 수상해서 약병을 바꿔버린 것이었습니다. 비타민 병하고 바꿔버렸습니다. 그러니 비타민을 먹고 죽을 리가 없습니다.

소녀가 울었습니다. 죽고 싶어도 마음대로 죽지 못하는 자기가 너무 가련했습니다. 그래서 강으로 가서 빠져죽으려고 '풍덩' 뛰어들었습니다. 그런데 이게 웬일입니까? 마침 그때 그의 친구가 지나가고 있었습니다. 친구가 건져내자 막 울면서 "놔, 날 좀 죽도록 내버려둬" 하며 소리쳤습니다.

이 친구는 그 소아마비 소녀를 잡고 이야기해주었습니다. "얘야, 그러지 마. 너도 살아야 할 이유가 있는 거야. 목적이 있는 거야. 그러지 말고 하나님에게 물어보렴. 하나님 앞에 네가 왜 살아야 하는지 그 이유를 물어보면 하나님이 가르쳐 주실 거야." 그렇게 위로해 주었습니다.

소녀는 집으로 돌아가서 처음으로 하나님에게 물어보았습니다. "하나님, 나도 살아가야 할 이유가 있습니까? 하나님, 좀 가르쳐 주세요." 간절히 간절히 기도하는데 가슴이 뜨거워지기 시작했습니다. 하나님이 주시는 평안이 몰려오기 시작했습니다.

그는 그날 기도하다가 하나님을 만났습니다. 그리고 다시 일어났습니다. 로마 방송국의 유명한 인생 상담가가 되었습니다.

그는 빈 배를 저어가던 사람이었습니다. 그러나 그 빈 배에 주님이 타신 후 인생의 목적이 달라졌습니다. 의미가 새로워졌습니다.

우리 한 사람 한 사람은 살아가야 할 이유가 있습니다. 요즘 들어 많은 사람들이 자살하는 모습을 봅니다. 얼마나 가슴이 아픕니까? 왜 자기 목숨을 그렇게 쓸데없는 것으로 생각하고 버리는지 모르겠습니다. 예수 그리스도를 만나지 못한 사람은 자기 목숨을 버립니다. 자살을 택합니다. 그러나 예수님을 만나면 자살하지 않고, 삶의 의미를 발견하고, 아무리 어려워도 다시 일어나서 인생을 살아가게 됩니다.

우리를 모두 아시는 예수님, 그분은 우리에게 찾아오시는 친구입니다. 그런데 괜히 예수님이 베드로의 배에 오르신 것이 아닙니다. 예수님이 베드로를 찾아오신 이유가 있습니다. 베드로의 빈 배를 보시고 채워주시기 위하여, 베드로의 빈 마음을 보시고 삶의 의미와 목적과 기쁨을 채워주시기 위하여 찾아오셨습니다. 우리는 우리를 풍성하게 채우시는 친구 예수님을 만나야 합니다.

세상 친구들은 내 마음을 아는 것처럼 보여도 다 알지 못합니다. 위로하는 것처럼 보여도 내 인생의 근본적인 문제를 해결하고, 채워줄 능력이 없습니다. 그러나 예수 그리스도, 그분은 우리의 모든 문제, 우리의 모든 빈 곳을 풍성하게 채우는 그런 친구이십니다.

예수 그리스도를 모시면 복의 근원이 된다

베드로의 배를 타신 예수님이 이번에는 베드로에게 배를 좀 더 깊은 곳으로 저으라고 명령하셨습니다. 투덜거리던 베드로가 '에이, 이왕 배를 저어서 여기까지 나온 바에야 기분은 내키지 않지만 한번 해보자'하면서 배를 저어 갔습니다. 그랬더니 이제 그물을 오른편에 던지라고 말씀했습니다. 예수님 말씀 그대로 그물을 던질 때, 굉장히 많은 고기가 잡혔습니다. 그물이 찢어질 정도로 고기를 많이 잡는 기적이 일어났습니다.

"말씀을 마치시고 시몬에게 이르시되 깊은 데로 가서 그물을 내려 고기를 잡으라 시몬이 대답하여 가로되 선생이여 우리들이 밤이 맞도록 수고를 하였으되 얻은 것이 없지마는 말씀에 의지하여 내가 그물을 내리리이다 하고 그리한즉 고기를 에운 것이 심히 많아 그물이 찢어지는지라"(눅 5:4~6).

예수님이 빈 배에 타신 이유가 무엇입니까? 채워주시기 위해서입니다. 예수님이 조금 더 깊은 곳으로 가자고 말씀하실 때, 주님께 내리라고 하지 말고 주님과 함께 좀더 깊은 곳으로 노를 저어가십시오. 그리고 예수님 말씀대로 그물을 내리면 우리 인생의 빈 배에 고기가 가득한 복을 받게 될 것입니다.

베드로 한 사람이 순종하자 베드로 옆에 있는 친구의 배도 가득 찼습니다. **내가 예수 그리스도를 모시고 출발하면 내 인생뿐 아니라 친구들, 이웃들의 빈 곳까지 채워주는 복의 근원이 됩니다.**

이느 농촌에 가난한 소년이 살았습니다. 가난하고 공부도 못하니 희망이 없습니다. 고등학교 시험을 쳤는데 떨어졌습니다. 그 당시는 입시가 있었던 때라 이 소년은 꿈도 희망도 없었습니다. 그런데 어느 날 희미하게 들려오는 교회 종소리를 들었습니다. 마을에 세워진 교회를 찾아갔습니다. 하나님 말씀을 듣는 가운데 빈 마음, 아무것도 없는 그 마음에 예수님을 모셔들였습니다. 그리고 그때부터 예수님과 함께 인생의 노를 젓기 시작했습니다. 기적이 일어났습니다. 공부를 하는데 점점 공부가 재미있어집니다. 2년 늦게 고등학교에 진학했습니다. 고등학교를 마치고 다시 대학에 진학했습니다.

계속 예수님과 함께 배를 저어 갔습니다. 대학을 마치고 그는 하와이 대학으로 유학을 갔습니다. 농학박사가 되었습니다. 그리고 세계를 위하여 봉사하는 사람이 되었습니다. 아프리카로 건너가서 기아 선상에서 헤매는 아프리카 사람을 위하여 옥수수를 개발했습니다. 옥수수 품질을 개량해서 많은 사람이 풍성하게 먹을 수 있는 양식을 만들어주었습니다. 그 사람이 바로 옥수수 박사 김순권 박사입니다. 노벨상 후보에도 오르신 분입니다.

그는 빈 배였습니다. 희망이 없는 배였습니다. 그러나 예수님을 모시자 희망이 생겼습니다. **예수님과 함께 노를 저어가자 그의 삶 속에 목적이 생겼습니다.** 힘이 생겼습니다. 결국 자기 배도 가득 찼습니다. 자기 배가 가득 찼을 뿐 아니라 아프리카 사람들의 배까지 채워주는 복의 근원이 되었습니다.

베드로는 인생의 영원한 친구이신 예수님을 만나자 기쁨이 충만했습니다. 지금까지 예수님을 만난 사람들은 다 큰 기쁨에 겨워 살았습니다. 예수님은 우리를 위해 십자가에 죽으시고, 삼일 만에 부활하셨습니다. 누구든지 믿기만 하면 멸망치 않고 영생을 얻게 될 것입니다. 모든 것을 준비해 놓고 우리의 빈 배를 채워주시기 위해 오늘 우리 배에 오르기를 원하고 계십니다.

빈 배일지라도 주님이 타기를 원하십니다. 주님이 타시는 것을 거절하지 말아야 합니다. 영접하는 자 곧 그 이름을 믿는 자들에게는 하나님의 자녀가 되는 권세를 주셨습니다. 우리가 할 일은 하나밖에 없습니다. 예수님이 배에 타시도록 하는 것입니다. 허락하는 것입니다. 마음을 열고 예수님을 마음속에 모셔들이는 것입니다.

내 마음만 열면 예수님은 들어오십니다. 헌터라는 사람이 그림을 그렸는데 예수님이 우리의 마음문 앞에 서 계신 그림입니다. 문을 열어 달라고 두드리십니다. 그런데 그림을 가만히 보면 문의 바깥에는 손잡이가 없습니다. 이 손잡이는 안에 달려 있기 때문에 안에서 문을 열어야 합니다. 그래야 문이 열립니다.

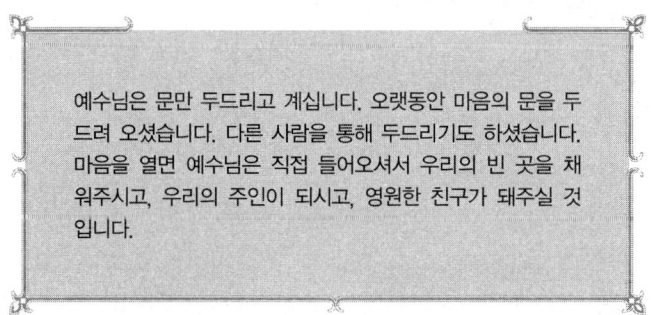

예수님은 문만 두드리고 계십니다. 오랫동안 마음의 문을 두드려 오셨습니다. 다른 사람을 통해 두드리기도 하셨습니다. 마음을 열면 예수님은 직접 들어오셔서 우리의 빈 곳을 채워주시고, 우리의 주인이 되시고, 영원한 친구가 돼주실 것입니다.

"무엇을 두려워하십니까?"

누가복음 8장 22~25절

하루는 제자들과 함께 배에 오르사 저희에게 이르시되 호수 저편으로 건너가자 하시매 이에 떠나 행선할 때에 예수께서 잠이 드셨더니 마침 광풍이 호수로 내리치매 배에 물이 가득하게 되어 위태한지라 제자들이 나아와 깨워 가로되 주여 주여 우리가 죽겠나이다 한대 예수께서 잠을 깨사 바람과 물결을 꾸짖으시니 이에 그쳐 잔잔하여지더라 제자들에게 이르시되 너희 믿음이 어디 있느냐 하시니 저희가 두려워하고 기이히 여겨 서로 말하되 저가 뉘기에 바람과 물을 명하매 순종하는고 하더라

 한번은 미국 산호세에 간 적이 있었습니다. 그 주변에 관광지가 하나 있다고 해서 시간이 좀 나서 놀러갔습니다. 집인데 이상하게 생긴 아주 큰 집이었습니다. 그 집 주인은 원체 스타라는 총을 만들어 돈을 굉장히 많이 번 부자였습니다. 돈을 그냥 밟고 다닐 정도로 많이 번 사람입니다.

그런데 밤에 잘 때마다 꿈에 인디언들이 나타나는 것이었습니다. "네가 만든 총 때문에 내가 죽었다." 잠을 잘 수가 없었습니다. 깨어보면 꿈입니다. 그래서 그때부터 이 사람은 신경쇠약증에 걸렸습니다. 돈은 많았지만 두려워 견딜 수가 없었습니다.

그래서 집을 짓기 시작합니다. 집을 크게 짓는데 귀신이 자기를 발견하지 못하도록 방을 이상하게 설계해서 거울을 붙여놨습니다. 2층으로 올라가는데 방이 희한합니다. 꼬불꼬불하다가 위

로 쭉 올라가고, 방이 없을 것 같은데 또 방이 있습니다. 뭘 밀고 들어가면 그 옆에 또 방이 있습니다. 귀신을 헷갈리게 한다고 평생토록 집을 그렇게 이상하게 짓다가 주인이 죽었답니다.

그 집은 관광지가 되었고 이름하여 귀신의 집이 되었습니다. 돈은 많이 벌었지만 두려움을 해결하지 못하고, 귀신에게 쫓겨서 일생 동안 집을 짓고, 또 짓고, 나중에는 개집만큼 조그마한 공간에 웅크리고 있었답니다.

내가 두려워하는 것은 무엇인가?

사람들은 다 두려워합니다. 죽음을 두려워합니다. 그뿐 아닙니다. 실패도 두려워합니다. 또는 질병도 두려워합니다. '이러다가 암에 걸리면 어떡하나? 혹시 다른 사람에게 버림 받으면 어떡하나? 왕따가 되면 어떡하나?' 두려워하는 게 얼마나 많은지 모릅니다.

누구나 마음속에 두려워하는 게 한두 가지씩은 있을 것입니다. 사람들은 온갖 방법을 동원해서 이 두려움을 이겨내려고 합니다. 그리고 오래 살아보려고 노력합니다. 허블라이프라고 하는 건강보조식품이 있습니다. 전 세계 사람들이 이 허블라이프를 다 먹습니다. 그런데 이 허블라이프의 창설자는 44세에 죽었습니다. 1년에 무려 10억 달러 이상의 매출을 기록했습니다. 275억 원짜리 집에서 살았습니다. 그리고 좋은 건 다 먹었습니다. 운동도 열심히 했습니다. 그런데 평균 수명도 못 살고 44세로 죽었습니다

죽음은 갑자기 찾아옵니다. 그래서 사람들은 죽음에 대해 많은 두려움이 있습니다. 그런데 인간에게 두려움을 이길 만한 해

결책이 있을까요? 돈이 우리를 두려움으로부터 보호해줄까요? 또 허블라이프 같은 건강보조식품이 우리에게 건강을 줄 수 있을까요? 두려움에서 벗어나려고 하지만 사실은 완벽하게 이 모든 두려움을 이길 수 있는 길은 없습니다.

무엇을 두려워하십니까?

나는 무엇을 믿고 살아가는가?

본문은 실제로 있었던 이야기입니다. 아주 두려운 일을 제자들이 만났습니다. 제자들은 호수 저편으로 배를 타고 건너가야 합니다. 우리 인생하고 비슷합니다. 우리도 지금 바다를 건너가고 있지 않습니까? 바다 저편으로 가는 인생, 어딘지 모르지만 다 열심히 가고 있습니다.

그런데 이 바다를 가로질러 가는 길이 얼마나 위험한지 모릅니다. 사람들은 각각 어떤 목표를 정하고 부지런히 달려갑니다. 무엇인가 믿으면서 이 바다를 건너가고 있습니다. 어떤 사람은 돈을 믿습니다. 만병통치약이 돈이라고, 인생의 바다를 건너는 중요한 힘으로 생각하는 사람도 있습니다

또 자기 자신을 믿는 사람도 있습니다. '난 나를 믿어. 내 의지를 믿어. 내 인물을 믿어.' 자기의 모든 것을 믿는 사람이 있습니다. 또 어떤 사람은 배경을 믿습니다. 자기가 가진 기술을 믿는 사람, 경험을 믿는 사람입니다. 각각 무엇인가 믿고 바다를 건너갑니다. 안 믿는 사람은 아무도 없습니다. 전부 무언가 하나씩 믿고 있습니다.

영화 '타이타닉'에 보면 사람들이 즐겁게 춤을 추는 장면이 나옵니다. 그 배 안에서 아름다운 사랑도 했습니다. 그러나 갑자

기 배가 빙산을 만났습니다. 빙산에 부딪혔습니다. 이 항해가 우리에게 말하고 있는 것은 무엇입니까? 우리는 항해하면서 춤을 춥니다. 환락 가운데 빠지는 인간들도 많습니다. 즐겁게 춤을 추고, 또 거기서 사랑도 합니다. 돈 자랑도 합니다. 거기서 힘 있는 사람은 뽐내기도 합니다. 그러나 갑자기 다가오는 빙산 같은 장애물을 제거할 수 있는 사람은 아무도 없습니다. 암초가 '꽝' 하고 부딪히자 모든 것은 다 사라지고 맙니다. 사랑도 물거품이 되고, 돈도 필요 없습니다.

실제로 이 타이닉호가 침몰하고 있을 때, 어떤 사람이 자기 객실로 쫓아갔습니다. 뭘 가지고 왔겠습니까? 다이아몬드하고 보석들, 그것을 가지고 오다가 결국은 구명보트에 옮겨 타지도 못하고 죽었습니다. '꽝' 하면 자기가 가진 것, 의지하는 것, 믿고 있는 것은 아무런 소용도 없게 됩니다.

예수님과 함께하면 두려움을 이긴다

본문 속에 이 배가 풍랑을 만났습니다. 풍랑이 얼마나 큰지 모릅니다.

"행선할 때에 예수께서 잠이 드셨더니 마침 강풍이 호수로 내리치매 배에 물이 가득하게 되어 위태한지라"(눅 8:23).

제자들이 갑자기 풍랑을 만났습니다. 풍랑을 만나서 그들은 두려워했습니다. 죽음의 공포를 느꼈습니다. 얼마나 무서웠는지 모릅니다.

매년 5월 18일은 광주 민주화운동을 기념하는 날입니다. 그때 현장에 있었던 사람의 증언을 들어보았습니다. 어떤 사람은 전남 도청에 있었는데 공수부대가 진입하니까 너무 두려워서 그만 그 자리에서 줄줄줄 싸더랍니다. 인간은 두려움을 경험하면 자기 자신을 다 잃어버립니다. 혼비백산합니다. 자기가 가지고 있는 것, 알고 있는 것, 모든 것은 위기의 순간이 올 때 소용이 없습니다. 인생에 풍랑이 치고 큰 공포가 밀려올 때, 두려움을 이길 그 무엇이 있습니까? 무엇으로 이 두려움을 이길 것입니까? 누가 우리를 도와줄 수 있습니까?

본문 24절 말씀에 "제자들이 나아와 깨어 가로되 주여 주여 우리가 죽겠나이다 한데 예수께서 잠을 깨사 바람과 물결을 꾸짖으시니 이에 그쳐 잔잔하여지더라"고 했습니다.

제자들은 이 풍랑 속에서 한번 이겨보려고 열심히 노를 저었습니다. 그리고 물도 퍼내었습니다. 열심히 해보았지만 소용이 없었습니다. 침몰 직전이 되었습니다. 그때 입에서 나온 말이 무엇이었습니까? "주여, 우리가 죽겠나이다. 우리가 죽겠나이다." 인간은 급할 때 하나님을 찾게 되어 있습니다.

어떤 사람이 물에 빠져서 허우적거리고 있었습니다. 그런데 지나가는 한 사람이 이렇게 말했답니다. "전생의 업이니 체념하게." 또 조금 있으니까 힌 사람이 나타났답니다. "내가 이곳으로 오지 말라고 그렇게 가르쳤는데 내 가르침을 듣지 않았군." 세 번째 사람이 나타났습니다. 아무 소리도 하지 않고 물속에 뛰어들어가서 그 사람을 끄집어내었습니다. 그리고는 그 사람을 대신해서 물에 빠져 죽었습니다. 이것은 대단히 비유적인 이야기입니다.

처음에 "전생의 업이니 체념하게"라고 말한 사람은 바로 석가모니였습니다. 사람을 구원하지 못했습니다. 두 번째 나타난 사람은 누구입니까? 윤리를 가르쳤습니다. "내가 이곳으로 오지 말라고 했는데 왜 왔어?" 윤리를 가르친 그 사람은 공자입니다. 그러나 세 번째 나타난 이 사람, 그분은 바로 하나님이 보내신 독생자 예수님이십니다.

예수님은 두려움 가운데 빠져 있는 우리를 보시고 그냥 내버려두지 않았습니다. 이 땅에 오셨습니다. 우리를 대신하여 십자가에 돌아가시고, 우리를 살리시고, 십자가에서 죽으셨습니다. 그리고 삼 일 만에 부활하셨습니다. 누가 우리의 도움이 됩니까? 누가 우리를 살려줄 수 있습니까? 누가 우리를 이해할 수 있습니까? 누가 우리의 친구가 됩니까? 누가 내 길을 인도할 수 있습니까? 누가 나와 함께 끝까지 가주십니까? 누가 나의 두려움을 이기게 해주십니까? 누가 우리를 대신하여 죽으셨습니까?

신앙생활은 간단합니다. 이 단어 하나만 알면 됩니다. 예수 그리스도. 그가 우리의 두려움을 다 제거해주십니다. 그가 우리와 동행해주십니다. 그가 우리와 함께 가주십니다. 혹시 믿다가 낙심한 사람이 있을지도 모릅니다. 옛날에 교회 다녔는데 어떤 사람 때문에 관둔 사람도 있을 것입니다. 그러나 지금 우리의 배 안에는 예수님이 잠들어 계십니다.

그 잠드신 예수님을 꼭 깨우십시오. 예수님이 깨시면 두려움을 이길 수 있습니다. 그분이 깨시면 나의 모든 문제를 해결할 수 있습니다. 그분만이 우리의 두려움을 모두 제거할 수 있습니다. 아무리 혼자서 두려워해봤자 대책이 없습니다. 예수님을 깨우시기를 바랍니다.

제자들이 물에 빠져 죽을 것 같아 두려웠습니다. 그들이 애를 쓰고 땀을 흘리면서 물을 퍼내고 노를 저어 봐도 풍랑을 이길 길이 없었습니다. 그러나 항상 답은 가까이에 있습니다. 바로 그 배에 계시는 예수 그리스도가 답이었습니다. 혼자 길을 걸어온 것처럼 보이고, 혼자 항해하는 것처럼 보이고, 혼자 생각하고 있는 것처럼 생각되지만 손만 뻗으면 만질 수 있는 곳에 우리 주님 예수 그리스도가 계신 사실을 믿으시기 바랍니다.

지금 나 혼자 여기 있는 것이 아닙니다. 손만 뻗으면 만질 수 있는 곳에 주님이 계십니다. 바로 옆에 주님이 계십니다. 답은 가까이에 있습니다. 답은 바로 내 삶 아주 가까이, 배에 같이 타고 계시는 예수 그리스도 그분입니다.

1미터 앞에 주님이 계신다

하나님은 인간들에게 다 하나님을 찾는 마음을 주셨습니다. 그래서 급한 일이 생기면 "아이고, 하나님" 그럽니다. 스님도 급해서 처음에는 염불하다가 정말 죽게 되면 "아이고, 하나님" 소리가 나옵니다. 인간의 마음속에는 하나님을 찾는 본능이 있습니다. 마치 어린 아기들이 태어나면 어머니의 젖을 찾듯이 본능적으로 찾게 되어 있습니다. 급하게 어려움을 당하면 하나님을 찾게 되어 있습니다. 그래서 참호 속에는 불신자가 하나도 없다는 말이 있습니다. 급하면 사람은 하나님을 찾게 되어 있습니다.

미국에 어떤 금광이 있었는데 어떤 사람이 캐다가 캐다가 금이 안 나와서 포기하고 가버렸답니다. 그 다음 사람이 그 금광을 인수해서 파기 시작했습니다. 앞의 광부가 버린 괭이가 있는데 새로 인수한 사람이 거기서 다시 파기 시작했습니다. 그런데 딱 1미터를 파고 들어갔는데 노다지가 나오기 시작했습니다. 깜짝 놀랐습니다. 1미터만 더 팠으면 그 전 사람이 금맥을 발견했을 텐데 포기하고 만 것입니다.

1미터 앞에 주님이 계십니다. 손만 뻗으시기를 바랍니다. 제자들이 타고 있는 배에 예수님이 계셨듯이 지금 우리 곁에 주님이 계십니다. 인생의 모든 두려움이 사라지는 비결이 여기 있습니다. 손을 뻗어 예수 그리스도를 만지면 됩니다. 우리 하나님은 아주 가까이 계십니다. 우리를 혼자 그냥 내버려두지 않으십니다. 아주 가까운 곳에서 우리를 지켜보고 계십니다. 우리를 돕기 위하여 기다리고 계십니다. 손만 뻗으면 그 하나님을 만날 수 있고, 그 손을 붙들 수 있습니다.

주님의 손을 붙들면 두려움이 사라집니다. 풍랑도 잠잠해집니다. 누구든지 주의 이름을 부르는 자는 구원을 얻으리라고 말씀하셨습니다.

주님이 말씀하시면 풍랑이 잠잠해진다

주님이 드디어 깨어났습니다. 제자들이 정신을 차렸습니다. 예수님을 깨웠습니다. "예수님, 일어나세요." 주님을 깨우자 주님이 일어나셔서 "풍랑아, 잠잠하라" 한마디 말씀하시자 풍랑이 그쳤습니다. 주님이 이런 말씀을 하셨습니다.

"제자들에게 이르시되 너희 믿음이 어디 있느냐 하시니 저희가 두려워하고 기이히 여겨 서로 말하되 저가 뉘기에 바람과 물을 명하매 순종하는고 하더라"(눅 8:25).

내 곁에 그 주님을 믿는 믿음, 그분을 깨우는 믿음, 그분을 내 마음에 모시는 믿음, 이 믿음만 있으면 모든 걸 다 해결할 수 있습니다. 하나님이 세상을 창조하신 사실을 믿으시기 바랍니다. 인간이 아무리 똑똑해도 하나님을 모르면 아무것도 아닙니다. 믿음을 가지면 모든 두려움이 다 물러갑니다. 그리고 행복과 기쁨을 발견합니다. 하나님이 살아 계신 것을 믿고, 예수님을 이 땅에 보내셔서 십자가에서 우리를 대신하여 죽게 하신 것을 믿으시기 바랍니다. 믿기만 하면 영생을 얻게 되는 것을 믿으시기 바랍니다. 하나님이 우리에게 요구하는 것은 하나밖에 없습니다.

요한복음 3장 16절에 이렇게 기록되어 있습니다. "하나님이 세상을 이처럼 사랑하사 독생자를 주셨으니 이는 저를 믿는 자마다 멸망치 않고 영생을 얻게 하려 하심이니라." 오직 믿기만 하면 구원을 받습니다. 하나님을 믿으면 그 하나님께서 우리 인생의 주인이 되시고, 인생의 모든 풍랑도 잠잠케 하시고, 나의 연약함도 붙들어주시고, 나의 부족함도 채워주시는 사실을 믿으시기 바랍니다.

조엘이라고 하는 사람이 있습니다. 그는 태어난 지 불과 20개월 만에 자동차 사고를 당해서 온몸의 85%가 화상을 입었습니다. 얼굴을 수십 번 수술했습니다. 스위스까지 건너가서 수술했습니다. 그런 그가 지금은 절세 미남이 되었습니다. 어떻게 조엘이 달라질 수 있었을까요? 거기에는 조엘의 아버지가 계셨기 때문입니다.

어릴 때 화상을 입고 온몸에 진물이 나고 할 때 그냥 두면 감염돼 죽습니다. 그래서 조엘의 아버지는 자신의 피부 조직을 떼어서 아들에게 이식했습니다. 한 번 떼어주는 것이 아니라 수십 번을 떼어야 합니다. 떼어서 붙이면 감염을 막을 수 있습니다. 어느 정도 되면 다시 또 이식을 해서 붙여야 합니다. 그 아버지의 말이 기가 막힙니다. 피부 이식을 하기 위해 떼어낼 때, 그 고통은 벌겋게 달아오른 다리미로 피부를 쫙 다리는 그런 느낌이랍니다. 얼마나 아팠겠습니까? 우리는 잠깐만 대어도 "아, 뜨거워" 하는데 쭉 다린다고 생각해보면 정말 대단한 고통입니다. 그러나 사랑하는 아들을 살리기 위해서 다리미로 다리는 것 같은 아픔을 참은 그 아버지 때문에 조엘은 사람이 되었습니다.

그런데 우리 하나님께서 우리를 살리기 위하여 하나님의 독생자 예수 그리스도를 이 땅에 보내주셨습니다. 예수님은 십자가 위에서 살이 찢어졌습니다. 온몸에 피가 흐르셨습니다. 머리에는 가시관이 옆구리에는 창이 박혔습니다. 양손과 발에는 못이 박혔습니다. 여섯 시간 동안 피 흘리셨습니다.

우리를 살리기 위하여 하나님의 독생자 예수님이 그렇게 피 흘리고 돌아가셨다는 사실입니다. 우리 하나님이 얼마나 세상을 사랑하셨습니까? "하나님이 세상을 이처럼 사랑하사 독생자를 주셨으니 이는 저를 믿는 자마다 멸망치 않고 영생을 얻게 하려 하심이니라"(요 3:16).

예수님께서 십자가에 못 박히신 모습을 한번 생각해보시기 바랍니다. 제가 어릴 때 예수 안 믿는 친구들은 이렇게 말했습니다. 석가모니하고 예수님하고 노름을 했대요. 그래서 예수님이 졌대요. 석가모니가 "돈 내라" 그러니까 예수님이 "없다" 그랬다면서 저를 놀렸습니다.

그런데 사실은 그게 아닙니다. 예수님이 십자가에 달려서 손을 벌리고 있는 선 하나님의 마음이 거기에 나타나 있는 깃입니다. "야, 내가 너희들을 사랑한다. 이만큼 사랑한다." 이미 모든 것을 우리를 위해서 주신 하나님께서는 두려워하는 우리에게 말씀합니다.

"두려워 말고 믿기만 하라. 부르기만 하라. 내가 여기 있으니 나를 깨우기만 하라. 나를 부르기만 하면 일어나서 너의 인생의 풍랑을 잠잠케 하고 너를 호수 저편, 바다 저편까지 안전하게 내가 건네주마." 주님께서 그렇게 우리에게 말씀하고 계십니다. 간단합니다. 믿기만 하면 됩니다. 믿음이 무엇입니까? 믿음이라고 하는 것은 영접하는 것, 받아들이는 것이라고 했습니다.

"영접하는 자 곧 그 이름을 믿는 자들에게 하나님의 자녀가 되는 권세를 주셨으니"(요 1:12).

믿음은 별게 아닙니다. 받아들이는 것입니다. 영접하는 것입니다. 예수님을 향해서 손을 뻗는 것입니다. 찾아오시는 주님을 내가 모시는 것입니다. "볼지어다 내가 문밖에 서서 두드리노니 누구든지 내 음성을 듣고 문을 열면 내가 그에게로 들어가 그로 더불어 먹고 그는 나로 더불어 먹으리라"(계 3:30).

영접은 마음을 열기만 하면 됩니다. 우리가 열면 주님이 들어오십니다. 손을 뻗어 주님을 만지면 주님이 일어나십니다. 주님이 내 인생에 찾아오십니다.

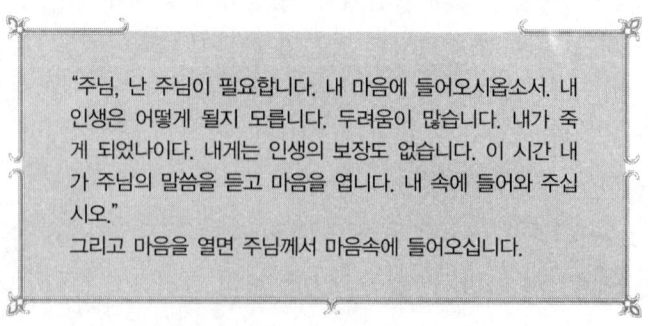

"주님, 난 주님이 필요합니다. 내 마음에 들어오시옵소서. 내 인생은 어떻게 될지 모릅니다. 두려움이 많습니다. 내가 죽게 되었나이다. 내게는 인생의 보장도 없습니다. 이 시간 내가 주님의 말씀을 듣고 마음을 엽니다. 내 속에 들어와 주십시오."
그리고 마음을 열면 주님께서 마음속에 들어오십니다.

"하늘의 축제"

누가복음 15장 3~7절

예수께서 저희에게 이 비유로 이르시되 너희 중에 어느 사람이 양 일백 마리가 있는데 그중에 하나를 잃으면 아흔아홉 마리를 들에 두고 그 잃은 것을 찾도록 찾아다니지 아니하느냐 또 찾은즉 즐거워 어깨에 메고 집에 와서 그 벗과 이웃을 불러 모으고 말하되 나와 함께 즐기자 나의 잃은 양을 찾았노라 하리라 내가 너희에게 이르노니 이와 같이 죄인 하나가 회개하면 하늘에서는 회개할 것 없는 의인 아흔아홉을 인하여 기뻐하는 것보다 더하리라

 우리나라에는 축제가 많이 있습니다. 함평에는 나비를 테마로 하는 나비 축제가 있고, 안면도에 가면 꽃 축제가 있습니다. 보령에 가면 진흙을 가지고 하는 보령 머드 축제가 있습니다. 또 무주에 가면 무주 반딧불 축제가 있습니다. 부산에도 축제가 많습니다. 자갈치 시장에서는 자갈치 축제가 있고 오륙도 축제도 있습니다. 어방 축제도 있습니다.

세계적으로도 많은 축제가 있습니다. 그 가운데 브라질에는 삼바 숙제가 있습니다. 이 기간 동안에는 계속 춤을 춥니다. 광란의 춤을 추는데 이 삼바 축제 기간 중에 많은 사람이 죽습니다. 너무 춤을 많이 추다가 피곤해서 죽는 사람이 있습니다. 그 축제 기간에는 브라질 사람들이 죄도 많이 짓습니다. 그래서 그 축제가 끝나고 나면 아버지가 누군지도 알 수가 없는 아이가 한 30만 명이 태어난다고 합니다. 그리고 축제가 끝나면 지은 죄를 고

백하려고 성당마다 문전성시를 이룬다고 합니다. 그렇다면 하늘나라에도 축제가 있을까요? 하늘나라의 축제는 어떤 축제일까요?

죄인 하나가 회개하면 하늘 축제가 열린다

예수님께서 하늘나라의 축제에 대한 힌트를 주시기 위하여 우리에게 재미있는 이야기를 하나 해 주셨습니다. 그것은 양에 관한 이야기입니다. 어떤 사람이 양 백 마리를 키웠습니다. 매일매일 그 양 백 마리를 셉니다. 하나도 잃어버리지 않기 위해서 아침저녁으로 셉니다. 그래서 풀 뜯어 먹으러 가기 전에 한 번 세고 돌아와서 셉니다.

어느 날 숫자를 세다 보니까 한 마리가 부족합니다. 아흔아홉까지 셌는데 한 마리가 없습니다. 다시 세어봅니다. 한 마리가 역시 부족합니다. 주인은 깜짝 놀랐습니다. 양 아흔아홉 마리를 우리에 두고는 한 마리 양을 찾기 위하여 밖으로 나갔습니다. 산을 넘었습니다. 들판을 건넜습니다. 물을 건넜습니다. 온 바위틈을 뒤지면서 잃어버린 양을 찾아서 이름을 부릅니다.

불러도 불러도 이 양은 없습니다. 목자의 무릎이 깨어집니다. 다리에서 피가 납니다. 손도 찢어졌습니다. 얼굴도 찢어졌습니다. 그래도 끝까지 찾으려고 온 사방을 다니다가 드디어 어느 벼랑 끝에서 '음매' 울고 있는 외로운 한 마리 잃은 양을 찾았습니다.

얼마나 좋은지 이 주인은 양을 어깨에 메고 노래를 부르면서 집으로 돌아왔습니다. 너무 좋은 나머지 동네 사람들을 모두 불렀습니다. "잃었던 이 양을 찾았으니 함께 즐깁시다." 그러고는 축제를 열었습니다. 이 이야기는 예수님이 해 주신 이야기입니다. 이 축제를 무슨 축제라고 부르면 될까요? 저는 이 축제를 새 생명 기쁨 축제라고 이름 붙이기를 원합니다. 잃었다가 찾은 기쁨을 나누기 위한 축제, 생명을 얻은 축제, 그 귀한 축제가 바로 하늘나라의 축제입니다.

하늘나라의 축제에 대해서 우리는 본문 말씀 7절을 통해서 어떤 힌트를 얻을 수가 있습니다. "내가 너희에게 이르노니 이와 같이 죄인 하나가 회개하면 하늘에서는 회개할 것 없는 의인 아흔아홉을 인하여 기뻐하는 것보다 더하리라."

지금 하늘나라 축제가 시작되고 있습니다. 한 명이 돌아올 때마다 하늘나라에서는 축제가 열립니다. **"기뻐하라, 함께 즐거워하라, 잃어버린 내 양을 내가 찾았노라."** 우리 하나님께서 그렇게 말씀하시며 지금 이 시간에도 축제를 열고 계십니다.

우리는 매 주일 예배를 드립니다. 예배드리는 우리의 모습을 보고 주님이 기뻐하시지만 잔치할 만큼은 아닙니다. 그러나 한 생명이 주님께로 돌아올 때는 잔치하며 기뻐하십니다. 축제를 여시며 기뻐하십니다. 잃어버린 자녀들을 찾으셨기 때문입니다.

하나님 아버지의 마음은 잃어버린 자에게 가 있다

본문 말씀은 하늘 축제의 역사와 그 성격을 잘 설명해 주고 있습니다. 잃어버린 양 이야기를 통해서 하나님은 하나님 자신의 이야기를 하고 계십니다. 오늘 여기 나타나는 하나님은 어떤 하나님입니까?

양 한 마리를 잃어버린 하나님이십니다. 백 마리의 양을 가진 사람은 바로 하나님을 의미합니다. 그런데 그 가운데 한 마리를 잃어버리셨습니다. 한 마리 때문에 하나님의 마음이 찢어지십니다. 백 마리 중의 한 마리는 백 분의 일밖에 안 됩니다. 그러나 하나님이 생각하는 한 사람은 백 분의 일이 아닙니다. 나머지 아흔아홉 명을 다 주어도 바꿀 수 없는 귀중한 한 사람입니다. 그것이 바로 하나님의 마음입니다.

어떤 가난한 집에 아들이 일곱 있었습니다. 그런데 그 마을에 사는 한 부자는 자식이 하나도 없었습니다. 그래서 일곱 가진 이 가난한 아버지를 만나기만 하면 아들 하나 달라고, 양자로 달라고 했습니다. 주기만 하면 돈을 많이 주겠다고 별의별 제안을 다 했습니다. 그러면 이 가난한 아버지는 내일 드릴 테니까 기다리시라고 합니다.

그 밤에 단칸방에 두루 누워 있는 일곱 아들들을 바라보았습니다. 큰아들을 보니까 너무너무 잘생겼습니다. 장남은 줄 수가 없어서 다시 둘째 아들을 보았습니다. 이 아들도 키가 크고 잘생겨서 절대 줄 수가 없었습니다. 셋째 아들을 보니까 너무너무 착한 아들입니다. 착한 아들을 도저히 줄 수 없을 것 같았습니다. 넷째 아들을 보았습니다. 이 넷째 아들은 꾀꼬리 같은 목소리를 가져 줄 수가 없었습니다. 다섯째를 보았습니다. 이 다섯째는 너무너무 성격이 좋아서 어딜 가나 다 어울리는 아이였습니다. 다섯째도 여섯째도 아무리 봐도 줄 수 없었습니다. 일곱째를 보니까 이건 막내라서 못 줄 것 같아 결국 밤새도록 이렇게 보고 저렇게 보다가 꼬박 밤을 새고 말았습니다.

아침이 되었습니다. 부자를 찾아갔습니다.

"저 죄송합니다만 못 드리겠습니다."

"아니, 일곱인데 하나 주면 어때?"

"줄 아들이 없습니다. 전부 다 사랑하는 내 아들이기 때문에 줄 수가 없어요." 이게 바로 아버지의 마음입니다.

하나님 아버지께서 우리 한 사람 한 사람을 보실 때 내가 연약하고 부족함에도 불구하고 얼마나 사랑하는지 모릅니다. 백 마리 중의 아흔아홉 마리는 다 우리에 있고 한 마리는 바깥에 있을지라도 이 아버지의 마음은, 하나님의 마음은 그 잃어버린 하나에 가 있다는 사실을 기억하기 바랍니다.

세상에는 왕따가 존재합니다. 왕따가 무엇입니까? 왕창 따돌림을 당한다는 뜻입니다. 어느 집단에 가도 꼭 따돌림 받는 한 사람이 있습니다. 학교에도 있습니다. 마을에도 왕따는 꼭 있는 법입니다. 이북에도 왕따가 존재하는 것을 아십니까? 이북의 왕따를 뭐라고 합니까? 모서리주기라고 합니다. 구석으로 몰아붙이는 것입니다. 따돌림 당하도록 하는 것입니다. 짐승의 세계에도 왕따는 존재합니다.

그런데 우리 하나님은 단 한 사람도 소외시키지 않습니다. 우리 하나님은 아무리 연약하고 부족해도 따돌리지 않으십니다. 전부 귀하게 보십니다. 하나님은 우리 인간을 하나님께 예배하고 하나님을 기쁘시게 하기 위한 존재로 지으셨습니다. 하나님을 예배하지 않고 다른 우상을 숭배하는 사람들이 있습니다. 하나님을 빌지 않고 물질을 비는 사람들이 있습니다. 권력을 비는 사람들이 있습니다. 내 주먹을 믿으라고 말하는 사람들도 있습니다. 순간적인 쾌락을 위해 살아가는 사람들이 있습니다.

예수님이 하신 이야기에 나오는 잃어버린 양은 아마 주인보다는 다른 사람을 따라가고 싶었을 것입니다. 주인이 늘 양들을 이끌고 다닙니다. 그런데 이 양 한 마리가 생각합니다. '왜 꼭 재미없는 데로만 나를 인도하나?' 풀을 먹으라고 하는데 고개를 들어보니까 저 멀리에 더 많은 풀들이 있습니다. '저기 가면 더 맛있는 게 있을 텐데 왜 나를 이리로 데려오나?' 양은 불만이었습니다. 어느 날 주인이 다른 쪽을 보는 사이에 도망가 버렸습니다. 마음대로 가서 자기가 먹고 싶은 풀을 다 먹었습니다. 자기가 하고 싶은 일을 다 했습니다.

성경이 말하는 죄의 의미가 무엇입니까? 바로 표적을 맞추지 못한다는 그런 뜻입니다. 인간은 하나님이 지을 때 하나님을 경배하도록 하나님께 영광 돌리도록 지었는데 인간들은 마치 잃어버린 한 마리 양처럼 자기가 원하는 대로 갔습니다.

그래서 하나님이 아닌 우상을 숭배했습니다. 하나님이 아닌 물질을 숭배하고, 하나님이 아닌 쾌락을 하나님처럼 생각하는 사람들이 많아졌습니다. 바로 그것이 죄입니다. 잘못 맞추는 것, 하나님께 경배하지 않고 다른 것을 숭배하는 것을 죄라고 말하고 있습니다.

이사야 53장 6절은 이렇게 말씀합니다. "우리는 다 양 같아서 그릇 행하여 각기 제 길로 갔거늘 여호와께서는 우리 무리의 죄악을 그에게 담당시키셨도다."

인간은 하나님을 떠나서 제 길로 갔다

인간은 하나님을 떠나서 각기 제 길로 갔습니다. 자기가 좋아하는 쪽으로 갔습니다. 마치 잃어버린 이 양처럼 자기가 원하는 방향으로 가서 자기가 원하는 일을 마음대로 하는 인간이었습니다. 그러나 잃어버린 양처럼 각기 제 길로 간 우리 한 사람 한 사람을 하나님이 그냥 버려두지 않으셨습니다. 오히려 생각하셨습니다. 하나님을 떠나 사는 사람을 보고 노하신 것이 아니라 자식을 잃은 아버지처럼, 한 마리 양을 잃은 목자처럼 불쌍히 여기셨습니다. 늘 생각하셨습니다. 늘 안타까워하셨습니다. 목자를 떠나 고생하는 양 때문에 마음이 슬프신 하나님 아버지이십니다. 아들을 잃어버린 아버지처럼 하나님을 섬기지 않고 다른 곳에 가 있는 수많은 사람들을 바라보시며 마음이 아프셨습니다.

원래 양은 심한 근시입니다. 바로 앞을 보지 못합니다. 그래서 방향도 잡을 수가 없습니다. 자기 마음대로 비틀비틀거리며 가는 것입니다. 이 양은 뿔도 없습니다. 그렇다고 해서 날카로운 발톱도 없습니다. 양은 강한 이빨도 없습니다. 아무 것도 없습니다. 스컹크처럼 냄새를 피울 수도 없습니다. 아무 것도 없습니다. 연약하기 그지없는 짐승이 양입니다.

우리 인간도 마찬가지입니다. 양처럼 연약한 존재입니다. 내일 일도 모르는 존재입니다. 오늘 여기 있지만 내일 무슨 일이 우리 인생에 벌어질지 아무도 모릅니다. 양처럼 연약하기 그지없습니다. 튼튼해 보입니다. 건강해 보입니다. 그런데 그냥 하루아침에 연약해질 수밖에 없는 그런 가능성이 우리 인간에겐 얼마든지 있습니다.

강한 것처럼 보이지만 약합니다. 부족합니다. 반드시 목자가 필요합니다. 누군가의 인도가 필요합니다. 우리 모든 인산은 양처럼 길을 잃기 쉽습니다. 자기 마음대로 갈 가능성이 얼마든지 있습니다. 그래서 하나님의 인도가 필요합니다. 하나님의 보호가 필요합니다.

저는 자식을 잃어버린 한 어머니를 알고 있습니다. 이 어머니는 딸을 잃어버리고 얼마나 슬펐는지 틈만 나면 자기 딸의 이름을 부릅니다. 그리고 밥을 먹다가도 갑자기 그 딸을 생각합니다. 일생 동안 딸을 기다리고 또 기다렸습니다. 아무리 찾아도 찾을 길이 없었습니다. 그 어머니는 얼마 전에 돌아가셨습니다. 평생을 자식 기다리다가 돌아가신 그 어머니의 안타까운 마음을 우리는 짐작해 볼 수 있습니다.

우리 하나님도 인간을 잃어버리셨습니다. 그런데 인간은 대책이 없습니다. 우리 하나님 아버지는 대책을 세우셨습니다. 잃어버린 그날부터 하나님께서는 찾으실 계획을 세우셨습니다. 그리고 준비하신 다음에 찾아 나서기 시작했습니다. 온 세상을 두루 다니시면서 모든 사람들을 주님 앞으로 인도하기 위하여 대책을 세우고 찾아다니시는 하나님으로 성경에 나타나고 있습니다. 찾아다니시는 하나님을 성경은 실제로 그리고 있습니다.

하나님은 잃어버린 자를 찾아다니신다

본문 말씀에 찾아다니는 하나님의 모습이 나옵니다.

"너희 중에 어느 사람이 양 일백 마리가 있는데 그중에 하나를 잃으면 아흔아홉 마리를 들에 두고 그 잃은 것을 찾도록 찾아다니지 아니하느냐"(눅 15:4).

우리 인간, 하나님이 만드신 아담과 하와는 하나님의 형상대로 지음을 받았습니다. 그런데 하나님을 거역했습니다. 하나님 말을 듣지 않았습니다. 하나님이 하지 말라고 한 그 선악과를 따 먹어버리고 말았습니다. 에덴동산에서 낙원에서 쫓겨났습니다. 하나님을 떠나서 살아야만 하는 신세가 되고 말았습니다. 죄 때문에 하나님은 인간들을 잃어버리셨습니다.

그러나 하나님은 모든 인간을 찾기 위하여, 잃어버린 양 한 마리를 찾기 위하여 집을 나선 목자처럼 우리를 찾기 위하여 계획하시고 사람을 보내기 시작했습니다. 구약성경을 보면 선지자들을 계속 보내셨습니다. 그리고 말씀합니다. "오라, 우리가 서로 변론하자. 너희 죄가 주홍 같을지라도 눈과 같이 희어질 것이요. 진홍같이 붉을지라도 양털같이 되리라." 하나님은 찾아다니며 모든 인간들을 부르셨습니다.

또한 이사야 55장 1~2절에서 이렇게 부르고 계십니다. "너희 목마른 자들아 물로 나아오라 돈 없는 자도 오라 너희는 와서 사먹되 돈 없이 값없이 와서 포도주와 젖을 사라 너희가 어찌하여 양식 아닌 것을 위하여 은을 달아 주며 배부르게 못할 것을 위하여 수고하느냐 나를 청종하라 그리하면 너희가 좋은 것을 먹을 것이며 너희 마음이 기름진 것으로 즐거움을 얻으리라."

수많은 선지자를 보내시고 인간을 부르셨습니다. 나중에는 하나님의 하나밖에 없는 아들 예수 그리스도를 보내셨습니다. 그리고 예수님은 이 땅에서 구석구석 다니시며 사람을 찾으셨습니다. 창녀들을 부르셨습니다. 버림받은 왕따들을 부르셨습니다. 병든 자들을 부르셨습니다. 고독한 사람들을 부르셨습니다. 슬픔에 가득 찬 자를 부르셨습니다.

아무도 거들떠보지 않는 사람들을 예수님은 부르셨습니다. 정치가도 찾으셨습니다. 학자도 찾으셨습니다. 부자도 찾으셨습니다. 가난한 자도 찾으셨습니다. 그리고 마지막에는 죄인처럼 무거운 십자가를 지고 피 흘리며 돌아가셨습니다. 그래서 누가복음 19장 10절에 이렇게 말씀하고 있습니다.

"인자의 온 것은 잃어버린 자를 찾아 구원하려 함이니라."

주님은 인자를 찾기 위하여 오셨습니다. 그리고 마지막에는 자기 몸을 다 던져서 십자가에 피 흘리고 돌아가셨습니다. 죽은 지 사흘 만에 부활하시고 또 하늘에 오르시며 먼저 믿은 사람들에게 땅 끝까지 가서 내 잃어버린 양을 찾아오라고 부탁하시고 하늘로 올라가셨습니다. 주님은 항상 우리를 들들 볶으십니다. 우리가 예배드릴 때마다 마음속에 늘 마음의 부담을 주십니다. '왜 너희들만 왔어? 내 잃어버린 양을 찾아와야지.' 우리가 함께 모여서 예배할 때마다 하나님은 우리 마음속에 감동을 주십니다.

'너희들만 예배드리지 말고 저 골목에 있는 저 구석에 있는 잃어버린 내 양들 찾아와야지.' 그래서 우리는 늘 하나님 앞에 기도하면서 한 사람이라도 찾기 위하여 노력해야 합니다.

'라이언 일병 구하기'라는 영화가 있습니다. 미국 대통령이 라이언이라고 하는 일병을 구해오라고 명령합니다. 특공대가 나섰습니다. 많은 특공대들이 전쟁터로 가서 여러 사람들 가운데 라이언이라고 하는 사람을 찾아내야 합니다. 그 과정에서 많은 사람들이 죽었습니다. 그런데 드디어 찾았습니다. "라이언, 꼭 살아서 돌아가라." 그를 찾으러 왔다가 죽어가는 병사가 말합니다. 드디어 라이언을 찾아서 그가 무사히 고향으로 돌아가게 합니다.

그 영화를 보면서 가슴이 뜨거웠습니다. 한 사람을 찾으시고 그 한 사람을 찾기 위하여 아들을 보내시는 하나님의 마음이 제 가슴 속에 전달되었기 때문입니다. 우리 하나님께서 한 사람 한 사람을 얼마나 사랑하시는지 그들을 구원하기 위하여 오늘도 사람을 보내고 있습니다. 라이언 일병 구하기는 바로 하나님의 이야기인 것을 기억해야 합니다. 한 사람 한 사람 구원하기 위하여 수천 년이 걸렸습니다. 수많은 사람들을 보내셨습니다.

하나님께서는 오랜 세월 동안 찾아다니셨습니다. 우리를 구원하시고자 다른 사람들을 보내셨습니다. 기어이 지금 이 순간까지 우리를 이끌어 주셨습니다.

주님께서 지금 우리에게 말씀하십니다.

"집에 와서 그 벗과 이웃을 불러 모으고 말하되 나와 함께 즐기자 나의 잃은 양을 찾았노라 하리라"(눅 15:6).

나의 잃은 양을 찾았노라고 주님이 말씀하십니다.

연어는 참 재미있는 물고기입니다. 원래 연어는 강에서 태어납니다. 그런데 태어나면 가만히 있지 않고 헤엄을 쳐서 북태평양까지 갑니다. 그 먼 거리를 헤엄쳐서 갑니다. 거기서 3년 내지 6년 동안을 자랍니다. 큰 연어가 되면 반드시 다시 태어난 곳으로 돌아옵니다. 네비게이션도 없는데 잘도 찾아옵니다. 그래서 자기가 태어난 그 강으로 다시 가는 것입니다. 꼭 그 지점으로 돌아갑니다. 거기 가서 알을 낳습니다.

회개하고 하나님 앞에 오면 하늘 잔치는 시작된다

동물들은 다 귀소본능이 있습니다. **하나님께서 우리 마음속에도 고향을 찾아가는 마음을 주셨습니다.** 명절이면 고향을 찾아가는 이유가 무엇입니까? 하나님이 그런 마음을 주셨습니다.

영혼의 고향을 찾는 마음, 하나님을 찾는 마음을 주셨습니다. 그래서 사람이 급하면 "아이고, 하나님" 소리가 먼저 나옵니다. 사람은 다 하나님을 찾도록 만들어졌습니다. 연어가 마치 고향에 가서 알을 낳듯이 하나님 앞에 오면 기쁨과 평화와 소망과 은혜의 열매가 주렁주렁 맺히게 될 것입니다. 어린 아이가 엄마의 품에 안겨 거기서 만족하고 기뻐하는 것처럼 인간은 자신을 지으신 하나님 앞에 올 때 가장 기쁘고 행복할 수 있습니다. 내 사전에 불가능은 없다고 말하며 알프스를 넘었던 나폴레옹을 기억하십니까? 이 나폴레옹이 마지막에는 모든 것을 다 잃어버리고 세인트 헬레나 섬에서 유배 생활을 하며 쓸쓸히 죽어갑니다. 그런데 그가 유배 생활을 하고 있을 때, 기자가 찾아왔습니다.

"당신에게 가장 행복했던 순간은 언제입니까?" 나폴레옹은 말합니다. "내가 알프스 산맥에서 전쟁을 하고 있던 어느 날이었습니다. 그런데 댕그랑댕그랑 골짜기에서 종소리가 들렸습니다. 아마도 그날이 주일이었던 것 같습니다. 내가 전쟁 중에 잠깐 멈추고 그곳에 가서 조용히 앉아서 예배를 드렸습니다. 저는 그때 눈물을 흘리면서 예배를 드렸는데 바로 그 순간이 내 인생 중에 가장 행복했던 순간입니다."

명예는 부질없습니다. 아무리 큰 권력을 가져도 그 권력이 영원토록 우리를 행복하게 만들지 못합니다. 쾌락의 자리도 마찬가지입니다. 그러나 하나님 앞에 나올 때 하나님 앞에서 우리는 영원한 행복을 맛보고, 기쁨을 맛보고, 참된 안식을 맛볼 수 있게 됩니다.

그런데 하늘의 축제에 참여하려면 몸만 와서는 안 됩니다. 하나님은 몸보다 마음을 원하십니다. 마음으로 회개하고 마음으로 하나님 앞에 돌아오는 것, 그것을 주님은 기다리고 계십니다. 그때 하늘 잔치는 시작될 것입니다. 내가 돌아와야 할 곳으로 돌아오는 것, 그것이 바로 회개입니다. 마음까지 내가 하나님을 위하여 하나님과 함께 살겠다고 결심해야 합니다. 이렇게 마음을 돌리는 것이 바로 회개입니다.

우리 하나님은 모든 것을 다 준비해 놓으셨습니다. 잔치 준비가 끝났습니다. 예수님을 보내셔서 이미 십자가 위에서 우리를 위하여 피 흘리고 돌아가게 하셨습니다. 그 예수님을 믿기만 하면 구원을 받을 수 있습니다.

구원의 두레박에 몸을 맡기라

어떤 사람이 개 한 마리를 키웠습니다. 이 사람은 너무너무 개를 사랑했습니다. 그런데 어느 날 이 사랑받는 애완견이 가출을 하고 말았습니다. 밖에 나가 살면 좋을 것 같아서 밖에 나가서 마음대로 다녔습니다. 그렇게 좋은 것만 먹고 사랑받던 개가 집을 떠나자 무엇을 먹기 시작했을까요? 길거리에 있는 변을 먹기 시작했습니다. 무슨 개가 되었을까요? 변견이 되었습니다. 형편없는 개로 전락하고 말았습니다. 돌아다니다가 그만 우물에 풍덩 빠지고 말았습니다. 큰일 났습니다. 이제 이 비싼 애완견이 죽게 생겼습니다.

그런데 마침 그 복판에 보니까 막대기 같은 것이 올라와 있었습니다. 개가 그 위에 올라갔습니다. 마치 서커스를 하듯이 균형을 잡고 바들바들 떨면서 살려고 서 있었습니다. 그리고 슬피 울었습니다. 그동안 이 개 주인은 쫓아다니면서 개를 찾아다녔습니다. 이름을 부르며 울면서 찾아다닙니다.

그러다가 드디어 개가 빠져 있는 그 우물에서 들려오는 울음소리를 들었습니다. 그리고 너무너무 반가워서 두레박을 내려주었습니다. 그런데 이 개는 두레박을 쳐다보고 만져볼 뿐 두레박에 가지를 못합니다. 바들바들 떨면서 거기 떨어지면 죽을 것만 같습니다. 그래서 균형을 잡고 꼼짝도 하지 않습니다.

주인이 위에서 말합니다. "애야, 올라와. 올라오면 내가 건져 줄 게." 그러나 꼼짝도 하지 않습니다. 고함을 지르는데 개는 알아듣지 못합니다. 끝까지 균형을 잡다가 넘어지려고 하는데 그제야 한번 발을 내밀더니 두레박 위로 개가 올라왔습니다. 주인이 위에서 끌어주었습니다. 개를 안고는 입을 맞추고 씻겨주고 동네 사람 다 불러서 잔치했습니다.

이 개의 모습이 우리 인간의 모습이 아니겠습니까? 서 있는 그곳에서 자기 힘으로 한번 버텨보려고 자기 힘으로 살아보려고 애를 쓰고 있는 인간이 얼마나 많습니까? 자기가 생각하는 기준에서 조금도 떠나지 않고 양보하지 않고 한번 버텨보고 살려고 하는 사람이 얼마나 많습니까? 그러나 아무리 좋은 자리라도 그 자리에서 스스로를 구원할 수 없습니다. 우리에게는 하나님이 필요합니다.

하나님은 구원의 두레박을 보내주십니다. 두레박에 몸을 맡기시기 바랍니다. 그러면 하나님께서 우리에게 구원을 베풀어주실 줄로 믿습니다. 주님께서는 모든 걸 준비하시고 우리에게 예수 그리스도를 보내셨습니다. 구원의 두레박을 내려 보내주셨습니다. 그 예수 그리스도에게 우리의 몸을 맡기고 삶을 맡기는 사람만 구원받을 수 있습니다. 오직 예수를 믿기만 하면 구원받을 수 있습니다. 믿는 것은 영접하는 것입니다.

요한복음 1장 12절에 "영접하는 자 곧 그 이름을 믿는 자들에게는 하나님의 자녀가 되는 권세를 주셨으니"라고 했습니다. 믿는 것은 영접하는 것입니다. 또 영접은 바로 요한계시록 3장 20절에 기록된 말씀 그대로입니다.

"볼지어다 내가 문밖에 서서 두드리노니 누구든지 내 음성을 듣고 문을 열면 내가 그에게로 들어가 그로 더불어 먹고 그는 나로 더불어 먹으리라."

그렇습니다. 마음의 문을 열기만 하면 주님이 들어오십니다. 문을 열기만 하면 들어오셔서 우리와 함께 먹고 마시며 잔치하시겠다고 말씀하고 계십니다.

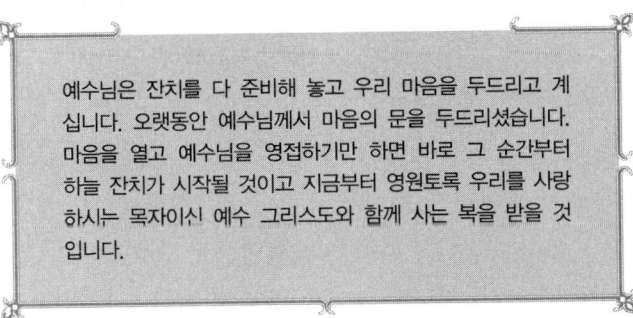

예수님은 잔치를 다 준비해 놓고 우리 마음을 두드리고 계십니다. 오랫동안 예수님께서 마음의 문을 두드리셨습니다. 마음을 열고 예수님을 영접하기만 하면 바로 그 순간부터 하늘 잔치가 시작될 것이고 지금부터 영원토록 우리를 사랑하시는 목자이신 예수 그리스도와 함께 사는 복을 받을 것입니다.

"인생의 분기점"

누가복음 23장 33~43절

해골이라 하는 곳에 이르러 거기서 예수를 십자가에 못 박고 두 행악자도 그렇게 하니 하나는 우편에, 하나는 좌편에 있더라 이에 예수께서 가라사대 아버지여 저희를 사하여 주옵소서 자기의 하는 것을 알지 못함이니이다 하시더라 저희가 그의 옷을 나눠 제비 뽑을새 백성은 서서 구경하며 관원들도 비웃어 가로되 저가 남을 구원하였으니 만일 하나님의 택하신 자 그리스도여든 자기도 구원할지어다 하고 군병들도 희롱하면서 나아와 신 포도주를 주며 가로되 네가 만일 유대인의 왕이어든 네가 너를 구원하라 하더라 그의 위에 이는 유대인의 왕이라 쓴 패가 있더라 달린 행악자 중 하나는 비방하여 가로되 네가 그리스도가 아니냐 너와 우리를 구원하라 하되 하나는 그 사람을 꾸짖어 가로되 네가 동일한 정죄를 받고서도 하나님을 두려워 아니하느냐 우리는 우리의 행한 일에 상당한 보응을 받는 것이니 이에 당연하거니와 이 사람의 행한 것은 옳지 않은 것이 없느니라 하고 가로되 예수여 당신의 나라에 임하실 때에 나를 생각하소서 하니 예수께서 이르시되 내가 진실로 네게 이르노니 오늘 네가 나와 함께 낙원에 있으리라 하시니라

미국에 가면 로키산맥이 있습니다. 이 산맥은 캐나다까지 이어집니다. 또 로키산맥 꼭대기에서는 물이 흐르고 흐릅니다. 그러다가 갑자기 한 지점에 이르면 바위 위에 그 물이 떨어집니다. 이 물이 바위에 부딪히는 순간에 물이 방향을 달리하여 한쪽 물줄기는 왼쪽으로 가고, 다른 물줄기는 오른쪽으로 갑니다. 그래서 이 바위를 나누는 바위라고 합니다. 이 나누는 바위에 물이 부딪히면 그 순간에 방향을 달리합니다. 한쪽은 대서양으로 흘러가고, 또 한쪽은 태평양으로 흘러갑니다. 완전히 다른 방향으로 갑니다. 그 조그마한 바위 하나가 완전히 시냇물

의 운명을 바꾸어 지금도 쉴 새 없이 흐르고 있습니다. 나누는 것은 로키산맥에 있는 바위뿐이 아닙니다. 역사에도 그런 사건들이 많이 있습니다.

우리는 십자가에서 선택의 기로에 서게 된다

본문 말씀을 보면 두 사람의 인생을 나누는 위대한 갈림길이 나옵니다. 예수님이 십자가에 달리셨습니다. 혼자만 달리신 것이 아니고 양편에 강도도 달렸습니다. 그런데 한편 강도는 예수님을 비방합니다. 당신이 하나님의 아들이거든 당신도 구원하고, 우리도 좀 구원해 달라고 비방합니다.

그런데 또 한편에 있는 사람은 그 강도를 오히려 꾸짖습니다. "야, 우리와 너는 죄가 있지만 이분은 죄가 하나도 없어. 그러지 마." 그러면서 예수님을 향해 말합니다. "주 예수여, 당신의 나라가 임할 때, 나를 기억해 주옵소서."

참 신기합니다. 예수님의 십자가를 두고 두 사람의 인생이 완전히 나누어집니다. 한 사람은 멸망을 당했습니다. 또 한 사람은 구원을 받았습니다. 예수님이 말씀하십니다. "오늘 네가 나와 함께 낙원에 있으리라"(눅 23:43).

예수 그리스도의 십자가는 바로 모든 인생을 나누는 위대한 나무입니다. 예수 그리스도 앞에서 우리는 선택의 기로에 서게 됩니다. 예수 그리스도를 영접하는 자는 영생을 얻고, 거절하고 믿지 않는 사람은 영원히 멸망을 받을 수밖에 없습니다.

고속도로에서 차를 몰고 우리 교회로 오려고 하면 반드시 우회전을 해야 합니다. 갈림길이 나오는데 그걸 놓치면 교회에 오기가 매우 어렵습니다. 반드시 우회전을 해야 합니다. 어떤 사람은 운전을 하고 가다가 이리 갈까 저리 갈까 망설입니다. 선택하지 못하고 우물우물하다가 그만 중간에 있는 가로대를 들이박고 마는 경우도 있습니다.

AD의 뜻이 무엇입니까? AD는 Anno Domini, 주님의 해 이후를 말합니다. 또 BC는 before christ, 예수 그리스도 이전을 말합니다. 예수 그리스도는 바로 BC와 AD, 주전과 주후를 갈라놓는 역사의 분기점입니다. 그리스도의 십자가 앞에서 내가 믿으면 나는 그리스도로 말미암아 영생을 얻지만 믿지 않고 거절하면 모든 기회를 잃어버리는 사람이 될 것입니다. 주님을 만나고, 주님과 더불어 행복해지기 바랍니다.

강도 두 사람도 인생의 갈림길에서 그리스도를 선택한 한 사람은 살고, 그렇지 않은 한 사람은 모든 것을 잃어버릴 수밖에 없었습니다. 코카콜라 회사의 창설자 아사 캔들러는 알코올 중독자였습니다. 얼마나 심했던지 매일매일 술에 취해 삽니다. 술에 취해서 비틀거리면서 걸어오는데 어느 날 마음속에 이상한 소리가 들려옵니다.

"본능의 요구를 거절한 자가 성공할 것이다. 본능의 요구를 거절하라." 그 소리가 마음속에서 들려옵니다. 집으로 돌아와 아내에게 말했습니다. "여보, 이상한데 나 오늘 집으로 돌아오는데 본능의 요구를 거절하라는 그런 음성이 내 마음속에 들려왔어. 무슨 말인가?" 그랬더니 아사 캔들러의 부인이 손을 잡고 울면서 말합니다.

"여보, 내가 당신을 위해서 기도하고 있었어. 하나님께서 당신의 그 악습인 알코올 중독에서 벗어나서 사업적으로 크게 성공하고, 많은 사람을 복되게 하는 그런 기업가가 될 것을 위하여

기도했는데 하나님이 들어주셨군요. 내 기도를 들어주셨군요. 여보, 기도합시다." 그러고는 부부가 함께 간절히 그 밤에 기도를 했습니다. 아사 캔들러는 그날 주님 앞에 마음을 열고, 예수님을 영접했습니다. 자기 약함을 맡겼습니다.

그날부터 그는 새로워졌습니다. 인생의 갈림길에서 그리스도를 선택했습니다. 알코올 중독에서 놓임을 받았습니다. 그리고 그날부터 수입의 십일조를 성별하여 하나님 앞에 드리기 시작했습니다. 하나님을 위하여, 이웃들을 위하여 귀한 일들을 많이 하는 세계적인 기업가가 되었습니다.

자신의 문제를 인정할 때 희망이 있다

우리는 항상 인생의 갈림길을 기억해야 합니다. 기회를 선용해야 합니다. 예수님 옆에 있었던 한 강도는 기회를 선용하여 갈림길에서 영생을 선택했습니다. 생명을 선택했습니다. 이 강도가 영생을 얻은 비결은 무엇입니까? 그는 자신이 부족하고, 죄인이며, 스스로의 문제를 인정하는 귀한 고백을 했습니다. 자기 탓이라고 생각했습니다. 모든 잘못은 자신에게 있다고, 자신이 죄인이라는 고백을 했습니다.

"하나는 그 사람을 꾸짖어 가로되 네가 동일한 정죄를 받고서도 하나님을 누려워 아니하느냐"(눅 23:40).

이 강도는 자기가 죄인인 것을 알았습니다. 나 때문이라고 말하는 사람이었습니다. 인생에 있어서 모든 것이 나 때문이라고 말하는 사람은 희망이 있습니다. 내가 부족해서 그렇다고, 내 잘못이라고 말하는 사람은 희망이 있습니다. 그런데 희망 없는 사람은 항상 이렇게 말합니다. "네가 잘못한 거야. 네가 바로 죽을 사람이야. 난 괜찮은데 너 때문에 그래." 이런 사람은 희망이 없습니다. 오늘 이 인생의 갈림길에서 영생을 선택한 강도는 자기 잘못을 알았습니다.

유명한 알렉산더 대왕이 하루는 노예선을 순시했습니다. 많은 죄수들에게 물었습니다.

"자네는 무슨 죄 때문에 들어왔나?"

"대왕이시여, 나는 죄가 없습니다. 억울하게 어떤 사람이 나를 모해해서 이렇게 들어왔습니다."

"자네는?"

"저도 죄가 없습니다."

"자네는?"

"저도 죄가 없습니다." 전부 죄가 없는 사람이라고 무죄를 항변하는 것이었습니다.

그런데 묵묵히 노를 젓고 있는 한 사람을 만났습니다.

"왜 들어왔나?"

"대왕이시여, 저는 마땅히 죄를 지었기 때문에 여기에 들어왔습니다. 그래서 저는 지금 죄 값을 갚고 있습니다." 그러면서 다시 노를 젓더라는 것입니다.

알렉산더 대왕은 이렇게 선포했습니다. "여기 왜 이 의인을 죄인들 틈에 섞어 두었느냐? 이 사람을 당장 석방하라." 알렉산더 대왕은 스스로 죄를 깨닫고 있던 한 사람을 석방해주었고, 결국 그는 훌륭한 신하가 되었다는 일화가 전해져 내려옵니다.

나는 죄인이라고 고백하는 자, 나는 하나님 앞에 죄인이고, 모든 것이 부족하다고 느끼는 사람, 이 사람에게 희망이 있습니다. 그러나 손가락질을 하면서 상대방을 향해, 다른 사람을 향해 너 때문이라고 말하는 사람은 희망이 없습니다.

이 강도는 또 한 가지를 고백합니다. 자기는 죄인인데 예수 그리스도는 의인이라고 말하고 있습니다. 예수님은 구주라고 말하고 있습니다. 여기 놀라운 변화가 있습니다.

"우리는 우리의 행한 일에 상당한 보응을 받는 것이니 이에 당연하거니와 이 사람의 행한 것은 옳지 않은 것이 없느니라" (눅 23:41). 예수님은 의인입니다. 예수님은 아무런 잘못도 없고 죄가 없는데 세상 죄를 지고 가는 하나님의 어린 양이라고 고백하고 있습니다.

예수 그리스도가 죄가 없고, 의인이고, 모든 인류를 위하여 십자가를 지고 돌아가셨다는 사실을 인정하는 사람, 그 사람이 역사의 갈림길, 인생의 갈림길에서 하나님이 원하시고 기뻐하시는 복된 인생의 길로 접어드는 사람이 될 것입니다.

인생의 실이 엉킬 때 예수 그리스도 앞에 갖고 나가자

어떤 직물공장이 있었습니다. 공장장이 신입사원들에게 말합니다. "자네들 말이야, 실을 쭉 감고 있다가 혹시 실이 엉키거든 스스로 풀려고 하지 말고 나를 불러. 내가 다 해결해 줄 터이니." 그러고는 갔습니다. 신입사원들이 드디어 실을 쭉 감기 시작합니다. 그런데 기계가 막 돌아가는데 실이 엉키기 시작했습니다. 그 문제를 자기들이 한번 해보려고 풀고, 또 푸는데 하면 할수록 점점 더 엉킵니다.

한참 뒤에 공장장이 왔습니다. "자네들, 내가 뭐라고 그랬나? 엉키기 시작하면 날 부르라고 그랬지? 왜 일을 몽땅 망치고 있는 거야. 내 말대로 하지 않고." 그래서 신입사원들이 꾸중을 많이 들었답니다.

인생의 실이 막 엉키기 시작할 때, 그걸 스스로 풀려고 하지 마십시오. 풀려고 하면 할수록 더 엉킵니다. 방법은 우리의 모든 것을 책임지는 예수 그리스도 앞에 그 문제를 가지고 가는 것입니다. 주님 앞에 가지고 가면 예수 그리스도께서 우리의 엉킨 모든 문제들을 풀어주실 것입니다. 엉킨 인생을 주님 앞에 가지고 가서 맡기기만 하면 그 모든 엉킨 것들은 풀어질 것입니다. 우리 인생이 엉킨 이유가 무엇입니까? 그건 바로 나의 부족과 나의 한계 때문입니다. 예수님의 크신 능력을 믿으면 그분이 내 인생을 풀어줄 것입니다.

그래서 드디어 이 강도가 자기는 죄인이고, 예수님은 의인이라고 고백한 다음에 예수님에게 나아왔습니다. 그리고 이렇게 말합니다. "예수여, 나를 기억하소서."

본문 말씀 42절에 보면 "가로되 예수여 당신의 나라에 임하실 때에 나를 생각하소서 하니"라고 기록되어 있습니다. 예수 그리스도를 인격적으로 만나야 합니다. 개인적으로 만나야 합니다. 예수 그리스도를 향해 "주님" 하고 불러야 합니다. 주님을 만나야 구원이 이루어집니다. 지금까지 나온 영화 가운데 가장 위대한 영화 한 편을 꼽으라고 하면 모든 사람이 다 이구동성으로 한 영화를 선택할 것입니다.

그것은 바로 '벤허'입니다. 벤허가 포로로 끌려가는데 목이 마르고 지쳐 쓰러졌습니다. 예수 그리스도가 다가오셔서 그에게 물을 마시게 합니다. 그는 이 만남을 통해서 살아납니다. 그 다음에 예수님이 십자가를 지고 가십니다. 벤허는 십자가에 달려 돌아가시려는 주님을 바라보고 말합니다.

"주님, 저 기억나십니까? 죽어가는 저에게 물을 주셨죠?" 주님은 지그시 바라보십니다. 주님을 바라보는 이 벤허의 눈길에 소망이 있습니다. 예수 그리스도를 만나는 사람은 누구든지 소망을 가집니다. 아무리 절망 가운데 있고, 꺼져가는 생명 같은 존재라도 예수 그리스도를 인격적으로 만나면 생명의 물을 얻을 수 있습니다. 만남이 없이는 안 됩니다.

이 영화의 원작은 남북전쟁 당시 루 월리스가 지은 소설입니다. 루 월리스는 하나님을 믿지 않았습니다. 어느 날, 그는 영원히 기독교의 신화를 말살하기 위한 작품 하나를 쓰려고 했습니다. 기독교를 송두리째 뿌리 뽑을 작품을 쓰려고 성경을 읽기 시작했습니다. 성경을 읽다가 그만 살아 계신 예수 그리스도를 만났습니다. 그리고 "나의 주여, 나의 구주시여, 나의 하나님이시여" 하고 무릎을 꿇고 예수님을 영접하게 되었습니다. 그렇게 하고 난 다음에 새로 쓰게 된 작품이 바로 벤허입니다.

예수 그리스도를 만나면 모든 게 달라집니다. 루 월리스도 인생의 갈림길에서 하나님을 거역한 사람이 될 뻔했습니다. 그가 성경을 보고, 말씀을 듣고, 주님을 영접했기 때문에 벤허 같은 위대한 신앙 작품을 남길 수가 있었습니다.

기회가 찾아올 때 생명의 길을 선택하라

기회는 항상 있는 것이 아닙니다. 갑자기 죽음이 나에게 찾아올 수 있습니다. 그렇기 때문에 중요한 것은 바로 지금입니다. 내 마음에 감동이 일어날 때, 하나님 앞에서 결단해야 합니다. 갈림길에서 머뭇거리지 말고 바로 결단해야 합니다. 그래야 우리의 인생의 갈림길에서 생명길을 선택할 수 있게 될 것입니다.

"예수여, 나를 기억해주소서" 말했는데 주님이 바로 선포하십니다. "오늘 네가 나와 함께 낙원에 있으리라"(눅 23:43).

구원은 즉각적입니다. 오랫동안 공을 들이고, 오랫동안 착한 일을 하고, 오랫동안 교회를 다녀야 구원을 받는 것이 아닙니다. 구원은 즉각적입니다. 예수 그리스도를 인정하는 순간, 그분을 모시는 바로 그 순간부터 구원받을 수 있습니다.

어떤 사형수가 있었습니다. 사형수 앞에 집행관이 와서 말합니다. "이보게, 자네에게는 두 길이 있네. 이 총살대가 눈에 보이는가? 총살대로 가서 사형을 받게. 그러나 또 한 길이 있는데, 그 옆에 있는 검은 문을 선택할 수 있어. 마음대로 선택해." 이 사형수는 절망 중에 있었습니다. '나 같은 것 이제 죽게 될 것인데 앞으로 무슨 선택이 내 인생에 있을까?' 그런 생각을 하다가 아무 소리도 하지 않고, 총살대 앞에 섰습니다. '빵' 하고 방아쇠는 당겨졌고, 그는 죽었습니다.

그 옆에 있는 사람이 울었습니다. "저 검은 문은 무엇을 의미합니까? 만약에 저 검은 문을 선택했으면 이 사람 어떻게 되었을까요?" 집행관이 말합니다. "검은 문을 선택했으면 그 사람은 자유인이 되었을 거야."

예수 그리스도를 선택하십시오. 거짓말처럼 들릴지 모릅니다. 예수 그리스도의 이름을 부르고, 그분을 영접하는 것이 어찌 나를 죄와 사망에서 벗어나게 하고, 영생을 얻게 한단 말입니까? 믿어지지 않는 굉장한 소식입니다. 그렇기 때문에 그것을 'Good news'라고 합니다. 복음이라고 합니다.

모든 세상 사람들이 그 소식을 듣고 믿지를 못합니다. 너무 엄청나기 때문입니다. 한번 믿었는데 영원히 사망으로부터 구원을 받는다는 그 소식을 누가 믿겠습니까? 그러나 믿는 사람은 영생을 얻게 될 줄로 믿습니다.

구원은 우리 모두에게 주어집니다. 생명의 길을 선택하실 수 있기 바랍니다.

우리는 버스를 자주 탑니다. 버스는 하루 종일 오지만 늦은 시간에는 끊어지기도 합니다. 제가 대학 시절에는 통금시간이 있었습니다. 하루는 학교에서 돌아오는 길에 시간이 늦어 버스가 끊어졌습니다. 그래서 저는 스스로 경찰서에 가서 자수했습니다. "절 잡으세요. 더 이상 버스도 없고 어떡해요?" 그렇게 말하니까 경찰이 물끄러미 보더니 "걸어가시오. 내가 안 잡겠소"라고 말합니다. 그날 밤에 터벅터벅 늦게까지 걸어서 집에까지 돌아간 그런 기억이 있습니다. 버스는 끊어집니다. 우리 인생의 버스도 끊어집니다. 기회라고 하는 버스도 끊어집니다. 끊어질 때가 옵니다.

천국행 버스는 무료입니다. 누구든지 타기만 하면 됩니다. 지금도 이 버스가 앞에 멈춰 있습니다. 그러나 천국행 버스도 끊어질 때가 옵니다. 타지 못할 때가 옵니다. 기회는 늘 있는 것이 아닙니다. 갑자기 죽음이 찾아올 수 있기 때문입니다.

어떻게 하면 그리스도를 선택할 수 있습니까? 오늘 이 강도처럼 수순을 밟으십시오. 먼저 내가 죄인인 것을 고백하십시오. "나는 죄인입니다. 하나님을 떠나 살았고, 믿지 않았던 죄를 용서해 주옵소서"라고 죄를 고백해야 합니다. 두 번째는 예수님만 구주가 되시는 것을 고백해야 합니다. "예수님, 예수님은 나의 구주가 되십니다." 주님이 이렇게 말씀합니다.

"내가 진실로 진실로 너희에게 이르노니 내 말을 듣고 또 나

보내신 이를 믿는 자는 영생을 얻었고 심판에 이르지 아니하나니 사망에서 생명으로 옮겼느니라"(요 5:24).

하나님의 말을 듣고, 보내신 이를 믿는 자는 영생을 얻는다고 말씀하셨습니다. 예수님을 믿기만 하면 영생을 얻습니다. 믿는 것이 무엇입니까? 믿는 건 아주 간단합니다. 받아들이는 것, 영접하는 것입니다.

그래서 요한복음 1장 12절에 이렇게 말씀합니다. "영접하는 자 곧 그 이름을 믿는 자들에게는 하나님의 자녀가 되는 권세를 주셨으니." 믿는 것은 받아들이는 것입니다. 그리고 영접은 내 마음을 여는 것입니다. "볼지어다 내가 문밖에 서서 두드리노니 누구든지 내 음성을 듣고 문을 열면 내가 그에게로 들어가 그로 더불어 먹고 그는 나로 더불어 먹으리라"(계 3:20).

열기만 하면 됩니다. 우리가 할 일은 마음을 열고 천국행 버스에 올라타기만 하면 됩니다. 주님은 문밖에 서서 두드리고 있습니다. 오랜 세월 예수 그리스도는 우리의 문을 두드려왔습니다. 오랜 세월 동안 두드려 오셨습니다.

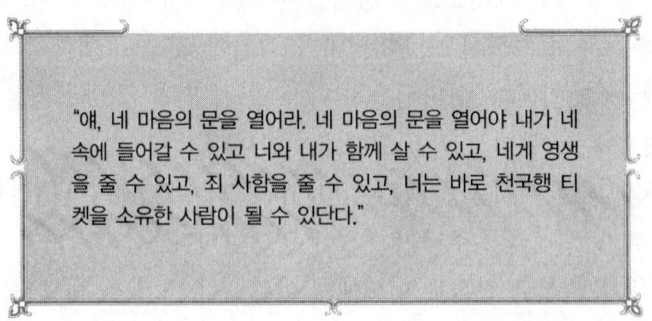

"얘, 네 마음의 문을 열어라. 네 마음의 문을 열어야 내가 네 속에 들어갈 수 있고 너와 내가 함께 살 수 있고, 네게 영생을 줄 수 있고, 죄 사함을 줄 수 있고, 너는 바로 천국행 티켓을 소유한 사람이 될 수 있단다."

"진실한 친구를 원하십니까?"

요한복음 11장 1~11절

어떤 병든 자가 있으니 이는 마리아와 그 형제 마르다의 촌 베다니에 사는 나사로라 이 마리아는 향유를 주께 붓고 머리털로 주의 발을 씻기던 자요 병든 나사로는 그의 오라비러라 이에 그 누이들이 예수께 사람을 보내어 가로되 주여 보시옵소서 사랑하시는 자가 병들었나이다 하니 예수께서 들으시고 가라사대 이 병은 죽을 병이 아니라 하나님의 영광을 위함이요 하나님의 아들로 이를 인하여 영광을 얻게 하려 함이라 하시더라 예수께서 본래 마르다와 그 동생과 나사로를 사랑하시더니 나사로가 병들었다 함을 들으시고 그 계시던 곳에 이틀을 더 유하시고 그 후에 제자들에게 이르시되 유대로 다시 가자 하시니 제자들이 말하되 랍비여 방금도 유대인들이 돌로 치려 하였는데 또 그리로 가시려 하나이까 예수께서 대답하시되 낮이 열두시가 아니냐 사람이 낮에 다니면 이 세상의 빛을 보므로 실족하지 아니하고 밤에 다니면 빛이 그 사람 안에 없는 고로 실족하느니라 이 말씀을 하신 후에 또 가라사대 우리 친구 나사로가 잠들었도다 그러나 내가 깨우러 가노라

줄리어스 시저라고 하는 사람을 아십니까? 그는 로마 사람입니다. 이 사람은 황제였습니다. 그 당시 모든 지역을 다 점령한 패권자였습니다. 그런데 안타깝게도 자기 친구의 칼에 찔려서 죽었습니다. 그가 마지막 숨을 거두는 순간 그를 따르던 친구들, 옆에 있던 친구들이 그를 죽였습니다. 고개를 들어서 보니 등 뒤에서 그를 찌르는 친구는 그야말로 자기가 평생토록 의지하고 사랑을 나누고 우정을 나눴던 친구 부루투스였습니다. 이 시저가 마지막 죽으면서 남긴 말은 너무나 유명합니다.

"부루투스 너마저도?" 그렇게 그는 쓸쓸히 죽어갔습니다.

모든 사람들은 마지막까지 믿을 수 있는 친구를 가지기 원하고 있습니다. 그런 친구를 가지고 있습니까? 모든 사람들은 이런 친구 하나를 얻기 위하여 온갖 노력을 다 기울입니다. 그러나 정말 진실한 친구는 이 땅에 별로 없는 것 같습니다. 보나르는 "참다운 것은 좋을 때에는 초대해야 나타나고, 어려울 때는 부르지 않아도 나타난다"라고 했습니다.

좋은 친구는 그 사람이 잘되고 잘나가고 돈도 많이 벌고 승진을 거듭하고 성공할 때에는 잘 나타나지 않습니다. 그 때는 주로 이해관계에 걸려 있는 사람들이 많이 나타납니다. 진짜 좋은 친구는 어려울 때, 곤란할 때가 되면 나타납니다. 가짜 친구들은 전부 사라지게 되는 법입니다.

참으로 내가 어려울 때 나를 사랑하고 끝까지 나와 동행할 수 있는 친구를 가진 사람은 얼마나 복되겠습니까? 그런 친구를 혹시 가지고 계십니까? 제가 소개하려는 이 친구는 우리가 약해졌을 때도 사랑하고, 우리가 강할 때도 사랑하고 부할 때나 가난할 때, 혹은 버림받았을 때도 우리를 절대로 버리지 않는 가장 진실한 친구 '예수 그리스도' 이십니다.

진실한 친구는 어떤 친구인가?

그렇다면 본문에 나타나는 이 귀한 친구, 진실한 친구는 어떤 친구일까요? 예수 그리스도의 가장 진실한 친구는 사랑하는 친구로 나타나고 있습니다.

"이에 그 누이들이 예수께 사람을 보내어 가로되 주여 보시옵소서 사랑하시는 자가 병들었나이다"(요 11:3).

여기 '나사로' 라는 사람이 나옵니다. 이 나사로의 이름은

'하나님은 나의 도움이시다' 라는 뜻을 가집니다. 그는 원래 예루살렘에서 3킬로미터 떨어져 있는 조그마한 마을 베다니에 살고 있었습니다. 촌사람이었습니다. 특별히 가진 것이 없습니다. 많이 배운 것도 없습니다. 높은 관직을 가진 사람도 아닙니다. 그럼에도 불구하고 예수님은 그를 사랑하셨습니다. 그를 친구로 삼아주셨습니다. 조건 없이 사랑하는 사랑, 이 귀한 사랑을 예수님은 나사로에게 베풀어주셨던 것입니다.

세상 사람들에게 친구로 삼기 원하는 사람의 조건을 이야기하라고 하면 몇 가지를 이야기할 수 있습니다. 돈 없는 가난뱅이보다는 돈이 많은 친구를 사귀었으면 좋겠다고 생각합니다. 또 지위가 낮은 사람보다는 지위가 높은 사람을 친구로 사귀고 싶어합니다. 못 배운 사람보다는 많이 배운 사람을 친구로 사귀는 것이 좋다고 생각합니다.

그래서 어떤 부모들은 자녀들에게 "공부 못하는 애들하고는 놀지 마라"고 한답니다. 또 강남에 있는 어떤 부모들은 자녀들에게 "얘들아, 가난뱅이랑은 놀지 마라"고 한답니다. 25평 사는 아이들과는 놀지 말라고 하는 말들도 공공연히 한다는 웃지 못할 이야기도 있습니다.

진실한 친구는 조건을 따지지 않는다

선교사로 남미 칠레에서 복음을 전하고 있을 때 저는 정말 친구들을 많이 사귀었습니다. 가난한 사람을 주로 사귀었습니다. 없는 사람들, 배우지 못한 사람들을 참 많이 사귀었습니다. 어느 날 제법 어깨에 번쩍이는 견장을 단 경찰 한 사람을 만났습니다. 어깨에 별이 달려 있어서 눈이 번쩍 뜨였습니다. 나에게도 이제는 높은 계급을 가진 친구가 생긴다고 생각하니 기분이 좋았습니다. 그 친구와 더불어 우정을 나누기 시작했습니다. 얼마 지난 다음 그 사람 계급이 무언지 궁금했습니다. 저는 그때까지만 해도 별인 줄로만 생각했습니다. 그런데 다른 사람들에게 계급을 물어보니 제가 완전히 착각하고 있었습니다.

그 나라의 계급은 우리나라와 완전히 달랐습니다. 별은 붙어 있으되 그건 별이 아니었습니다. 그냥 붙어 있는 장식품이었습니다. 소령 정도에 해당하는 사람이었습니다. 그 순간 저도 모르게 실망이 되었습니다. 이게 사람의 마음입니다. 사람은 높은 지위에 있는 사람을 사귀기를 참 좋아합니다. 그러나 우리 주님 예수 그리스도는 낮은 직위에 있는 사람도 상관없이 그대로 사랑해 주셨습니다.

진실하신 친구 예수 그리스도에게는 조건이 중요하지 않습니다. 그 당시 버림받았던 세금쟁이들도 예수 그리스도는 사랑해 주셨습니다. 그들의 친구가 되어주셨습니다. 소외당한 많은 사람들의 친구가 되어주셨습니다. 가난한 자들, 병자들의 친구가 되어주셨습니다. 그래서 그의 별명을 '세리와 죄인들의 친구' 라고 했습니다.

계급이 낮아도, 건강하지 못해도 좋습니다. 나이가 많아도, 어린 사람들도 괜찮습니다. 학력이 낮아도 괜찮습니다. 과거가 어떠해도 상관이 없습니다. 혹은 성격이 괴팍해도 상관이 없습니다. 세상에서는 성격이 괴팍한 사람하고는 절대로 친구하길 원하지 않습니다. 이기적인 사람도 친구로 삼고 싶어 하지 않습니다. 그러나 우리 주님은 어떤 세상 사람도 다 친구로 삼길 원하는 사랑의 주님이십니다. 나사로는 과거에 한센씨병 환자였습니다.

그럼에도 불구하고 예수님은 그를 친구로 삼아 주셨습니다. 예수님의 이 귀한 사랑을 성경은 이렇게 기록하고 있습니다.

"사랑은 여기 있으니 우리가 하나님을 사랑한 것이 아니요 오직 하나님이 우리를 사랑하사 우리 죄를 위하여 그 아들을 화목제로 보내셨음이니라"(요일 4:10).

우리 주님의 사랑이 무엇입니까? 우리를 사랑하셔서 아들을 이 땅에 보내주시고 그 아들 예수님이 우리를 위해 십자가 위에서 죽으셨다는 사실입니다. 이 사랑은 변함이 없는 사랑입니다. 사랑할 때 조건은 필요 없습니다.

예수님은 무조건적으로 사랑해 주는 친구이다

우리 주님의 사랑은 건강할 때도 사랑하고, 병들었을 때도 사랑하고, 실망시킬 때도 사랑하고, 가난할 때도 사랑하고, 버림받았을 때도 사랑하는 놀라운 사랑입니다. 친구 되신 주님께서는 우리를 위하여 이렇게 사랑해주시기를 원하시는 것입니다.

저는 결혼 주례를 많이 했습니다. 할 때마다 묻는 질문이 있습니다. "병들었을 때나 건강할 때나 부유할 때나 가난할 때나 이 사람을 끝까지 사랑하길 원합니까?"라고 물으면 아주 대답들을 잘합니다. 대답은 잘하지만 세상 사람의 사는 모습을 보면 건강할 때 사랑하다가도 병들었을 때는 그 사람에게서 마음이 떠나는 것을 봅니다. 성공했을 때는 좋아하다가도 실패했을 때는 그 사람에게서 마음이 떠나는 것을 얼마든지 봅니다.

그러나 우리 주님의 사랑은 변함이 없는 사랑입니다. 조건이 없는 사랑입니다. 끝까지 변하지 않는 사랑입니다. 우리의 상황이 어떠하든지 주님은 계속해서 우리를 사랑해주시는 사랑의 주님이신 것입니다. 성경은 그 사랑을 이렇게 기록하고 있습니다.

"유월절 전에 예수께서 자기가 세상을 떠나 아버지께로 돌아가실 때가 이른 줄 아시고 세상에 있는 자기 사람들을 사랑하시되 끝까지 사랑하시니라"(요 13:1).

아일랜드에 조셉 스크리븐이라는 아주 잘생긴 청년이 있었습니다. 전도양양한 그 청년이 드디어 결혼을 하게 되었습니다. 아리따운 약혼자와 결혼식을 준비하고 있습니다. 그러나 비보를 접했습니다. 이 약혼자가 그만 수영을 하다가 물에 빠져서 죽었다는 슬픈 소식이었습니다.

입장을 바꿔 생각해 보면 정말 기가 막힌 일입니다. 그는 절망하고 말았습니다. 그래서 죽으려고 생각했습니다. 그러나 모진 목숨을 끊을 수가 없었습니다. 괴로워하다가 절망 가운데 캐나다로 여행을 갔습니다. 그러나 그 땅에서 놀라운 일이 벌어졌습니다.

절망하고 있던 스크리븐의 마음속에 친구 예수님이 찾아오셨습니다. 그는 예수님을 믿게 되었습니다. 예수 그리스도를 믿게 된 순간부터 삶이 변하고 마음이 변하게 되었습니다. 그는 기쁨 중에 고통당하고 있는 많은 노인들을 찾아다녔습니다. 그리고 나무를 베어주고 물을 길러주는 귀한 봉사를 했습니다. 이런 일을 하면서 점점 마음속에 기쁨이 넘치는 것을 경험했습니다.

이상합니다. 분명히 고독 가운데 있고 절망을 당했지만 놀라운 기쁨을 체험할 수 있었습니다. 사랑하는 친구 때문이었습니다. 그는 노래를 지어서 이렇게 불렀습니다.

죄짐 맡은 우리 구주 어찌 좋은 친군지

걱정 근심 무거운 짐 우리 주께 맡기세.
죄짐 맡은 우리 구주 어찌 좋은 친군지
사람들이 어찌하여 아뢸 줄을 모를까.

이 아름다운 노래가 청년이 절망 가운데 사랑의 친구 예수님을 만나고 지은 귀한 노래입니다.
　우리가 언제 예수님의 친구가 될 수 있습니까? 누구든지 손을 뻗어 예수 그리스도를 도움으로 여기고 그를 향하여 손을 들면 주님은 그를 친구로 삼아 주십니다. 누구든지 예수님의 사랑을 원하며 그 앞에 오는 자들에게 주님은 기꺼이 친구가 되어주시고 끝까지 사랑해주십니다.
　영원한 친구, 절대로 버리지 않는 무조건적으로 사랑하는 놀라운 사랑의 친구가 되어주신다는 것입니다. 그 복된 친구를 우리의 친구로 삼는 은혜가 함께하시기를 바랍니다.

진실한 친구는 희생하는 친구이다

　예수 그리스도는 또한 희생하는 친구이십니다. 이 세상에는 입으로 사랑한다고 고백하는 사람들은 많습니다. 하지만 자기 잇속을 챙기는 친구가 너무나 많습니다. 말로는 사랑하지만 행동으로는 사랑하지 않습니다. 자기에게 손해가 돌아오면 모든 것을 버릴 수 있는 사람이 얼마든지 많습니다.
　그러나 우리의 진실하신 친구 예수 그리스도는 입으로도 사랑한다고 말하지만 손해가 돌아와도 끝까지 사랑하며 희생할 수 있는 마음을 가진 복된 친구입니다.
　"그 후에 제자들에게 이르시되 유대로 다시 가자 하시니 제자들이 말하되 랍비여 방금도 유대인들이 돌로 치려 하였는데 또 그리로 가시려 하나이까"(요 11:7, 8).

얼마 전에 예수님은 유대 지방에 가셨다가 사람들에게 돌에 맞을 뻔한 위기를 경험하셨습니다. 그 당시 많은 사람들이 예수님을 죽이려 했습니다. 그러므로 유대 지방으로 가는 것은 예수님에게 안전하지 못한 일이었습니다. 그럼에도 불구하고 예수님은 유대 베다니 마을에 있는 자기의 친구를 위하여 가겠다고 결심합니다. 희생하는 친구의 모습을 너무나 잘 보여 주고 있는 말씀입니다. 우리 친구 예수님은 희생하는 친구입니다.

하늘 보좌를 버리시고 이 땅에 오셔서 자기 몸을 직접 십자가 위에 던지신 놀라운 희생의 친구입니다. 위험이 기다리고 있는 곳이지만 아랑곳없이 찾아가기를 원하는 친구, 그가 바로 희생하는 친구 예수 그리스도이십니다.

세상 친구는 모두 한계가 있습니다. 아무리 가까워도 이해 관계가 걸려 있으면 더 이상 가려고 하지 않습니다. 또한 아무리 좋은 친구라도 죽음의 벽은 넘을 수 없습니다. 위험한 일 앞에서는 회피합니다. 자기가 갈 수 있는 곳까지만 함께 가줄 것입니다.

그러나 예수 그리스도는 인간의 모든 한계를 넘어서 모든 것을 다 잃어버리까지, 희생하기까지 사랑하시는 놀라운 친구이십니다. 주님은 이렇게 말씀하셨습니다. "사람이 친구를 위하여 자기 목숨을 버리면 이에서 더 큰 사랑이 없나니"(요 15:13). 예수님은 바로 그런 친구였습니다. 자기 목숨을 사랑하는 친구를 위하여 십자가 위에서 버리셨습니다.

예수님은 우리를 위해 모든 것을 희생하셨다

예수님은 하늘 보좌를 버리고 이 땅에 오셨습니다. 그리고 죄악과 질병과 고통으로 고생하는 사람들을 위해 자기 몸을 십자가 위에 던지고 죽으셨습니다. 주님은 친구를 위해 희생할 줄 아는 좋은 친구이십니다.

멕시코 지방에 '나코자리' 라는 마을이 있습니다. 어느 날 화물을 실은 기차 한 대가 도착했습니다. 공교롭게도 화물칸에는 다이너마이트가 실려 있었는데 잠시 기관사가 내려서 일을 보는 사이에 불이 붙고 말았습니다. 기차에 실린 엄청난 양의 다이너마이트가 폭발하면 나코자리 주민들은 모두 죽게 될 것입니다. 사람들이 비명을 지르고 있습니다.

그때, 그 기관사가 급하게 기차로 올라갔습니다. 기차 운전을 시작합니다. 그는 '가르시아' 라는 사람이었습니다. 급하게 기차를 몰아서 마을 어귀에 있는 터널 속으로 들어갔습니다. 조금 더 가니 "쾅" 하는 소리와 함께 기차 안 모든 다이너마이트가 폭발하고 말았습니다. 물론 기관사 가르시아도 함께 죽었습니다. 그러나 그의 희생적인 죽음 덕분에 나코자리 마을 사람들은 한 사람도 죽지 않았습니다.

우리 예수 그리스도의 삶이 바로 이와 같습니다. 죄악으로 인해 모든 사람이 영원히 멸망당할 수밖에 없었습니다. 그런 인간을 위해 친히 십자가 위에 오르셔서 이 세상 모든 죄를 지고 피 흘리며 죽으셨습니다. 우리가 죽어야 하는데 주님이 대신 우리의 모든 죄짐을 지고 홀로 죽으셨다는 사실입니다.

이사야 53장 5절 말씀입니다. "그가 찔림은 우리의 허물을 인함이요 그가 상함은 우리의 죄악을 인함이라 그가 징계를 받음으로 우리가 평화를 누리고 그가 채찍에 맞음으로 우리가 나음을 입었도다."

우리가 죽어야만 했습니다. 그러나 예수님이 직접 우리를 위하여 죽으셨습니다. 우리가 매 맞아야 했습니다. 그러나 주님이 대신 맞으셨습니다. 우리가 영원히 멸망당해야 했습니다. 그러나 주님께서 죄를 지고 홀로 십자가에 죽으셨습니다. 우리의 질병을 고치고, 우리의 모든 곤고를 지셨습니다. 우리에게 평화를 주시기 위하여 주님이 십자가 위에서 몸을 버리셨습니다.

그는 우리를 위해 참으로 고귀한 희생을 하신 희생의 친구이십니다. 이미 모든 것을 희생하신 예수 그리스도께서 오늘 우리 한 사람 한 사람의 친구 되기 원하여 찾아오셨습니다. 여러분, 그분을 친구 삼지 않으시겠습니까? 희생하는 친구, 나를 위하여 모든 것을 버리신 그 예수 그리스도를 친구로 삼는 복된 여러분이 되시기를 축원합니다.

자, 그런데 이 친구 예수님은 또 어떤 특징을 갖고 계십니까? 성경은 오늘 한 가지를 덧붙입니다. 바로 주님은 살리는 친구라는 말씀입니다. '살리는 친구.'

여러분, 나를 매우 사랑하는 친구가 있다고 합시다. 그래서 그가 나를 위해 희생도 불사하는 친구라고 해도 직접 우리 문제를 해결할 수 없는 친구라면 이 친구는 완벽한 친구라고 말할 수 없을 것입니다. 그렇기 때문에 이 땅에는 우리를 가장 완전하게 이해하고, 도와줄 친구는 없는 것입니다.

예수님은 죽음의 문제를 해결해 주는 친구이다

아무리 사랑해도 죽음의 문제를 해결할 수 없습니다. 아무리 우리를 위해 살아주는 친구가 있다고 해도 죄 문제는 해결해줄 수 없습니다. 이것이 바로 세상 친구들입니다. 그러나 우리 친구 예수님은 우리를 사랑할 뿐 아니라 우리를 위해 희생하셨습니다. 희생하실 뿐 아니라 우리의 모든 문제, 죽음의 문제, 죄 문제, 우리의 근심, 염려까지도 다 직접 맡아서 해결하십니다.

우리를 살리는 친구인 것입니다. 어떤 형편에 처하든지 주님은 우리를 살리는 친구이십니다. "이 말씀을 하신 후에 또 가라사대 우리 친구 나사로가 잠들었도다 그러나 내가 깨우러 가노라"(요 11:11).

그렇습니다. 나사로가 이미 죽었습니다. 그럼에도 불구하고 이 살리는 친구, 능력의 친구는 "내가 깨우러 가노라" 이렇게 말씀하시며, 그 친구를 향하여 발걸음을 옮기고 있는 것입니다.

얼마 전에 사랑하는 친구 한 명이 암으로 죽었습니다. 죽기 전에 그를 찾아갔습니다. 얼마나 안타까운지 모릅니다. 20년 사귄 친구였습니다. 오래된 친구입니다. 그런데 친구가 죽어가고 있는데 저는 아무것도 그를 위해 해줄 것이 없었습니다. 제가 그 친구를 사랑하면 뭐합니까? 친구에게 도움이 되지 못하는걸요. 저는 마지막으로 친구의 손을 잡고 간절하게 기도해주었습니다. 얼마 뒤에 그 친구는 조용히 세상을 떠났습니다. 그렇습니다. 이게 바로 세상 친구의 모습입니다.

그러나 **진실하고 완벽한 친구 예수님, 그 예수님은 인간의 모든 문제, 죽음의 문제까지 해결할 수 있습니다.** 죄 문제를 해결할 수 있습니다. 인간의 모든 근심을 해결할 수 있습니다. 예수님을 자기의 친구로 삼는 모든 사람을 위하여 우리 주님은 구체적으로 살리시는 능력을 베푸십니다.

주님은 오늘 죽은 나사로를 위하여 다른 사람들 앞에 이렇게 말씀합니다. "내가 깨우러 가노라, 내가 살리러 가노라." "예수께서 가라사대 나는 부활이요 생명이니 나를 믿는 자는 죽어도 살겠고 무릇 살아서 나를 믿는 자는 영원히 죽지 아니하리니 이것을 네가 믿느냐"(요 11:25, 26).

죽어 있는 나사로를 살리신 주님은 이렇게 당당하게 말씀합니다. "나는 부활이요, 생명이니 나를 믿는 자는 죽어도 살겠고, 살아서 나를 믿는 자는 영원히 죽지 아니하니라." 누가 이런 말씀을 할 수 있겠습니까?

저는 이 산성교회에 부임한 후로 여러 번 장례식을 집례했습니다. 벌써 손꼽을 수 없을 만큼 수십 번 장례식을 집례했습니다. 그러나 우리 주님 예수 그리스도는 단 한 번도 장례식을 집례하신 적이 없습니다. 혹시 오늘 처음 나오신 분이 성경을 읽다가 "예수님, 장례식을 집례하시다" 이런 구절이 나오거든 가지고 오십시오. 그러나 아무리 찾아도 그런 부분은 없을 것입니다.

그렇습니다. 예수님은 장례식에 참여하신 적은 있지만 그 장례식은 전부 다 잔칫집으로 바뀌었습니다. 주님이 그 죽은 자를 살리셨기 때문입니다. 우리 주님은 한 번도 장례식을 집례하지 않으셨습니다.

예수님은 살리시는 친구이다

예수님은 능력의 주님이십니다. 참으로 주님은 들판에서 오천 명이 밥을 먹지 못하고 굶주리고 있을 때 보리떡 다섯 개, 물고기 두 마리를 가지고 먹이신 능력의 주님이셨습니다. 아무도 돌보지 않는 사람들을 일일이 찾아가셔서 희망을 주신 놀라운 친구셨습니다.

혼인 잔칫집에 술이 떨어져 곤경에 빠졌을 때, 물을 가지고 포도주를 만들어 주신 능력의 주님이십니다. 고민하는 사람들을 다 붙드시고 해결해 주시는 살리시는 주님, 기적의 주님, 능력의 주님이신 것입니다. 그는 살리는 친구이십니다. 능력의 친구이십니다. 모든 것을 하시는 친구이십니다. 구체적으로 내 모든 문제를 해결하시는 놀라운 친구, 능력의 친구, 살리는 친구, 그 친구 되신 예수님이 우리가 지금 바라보는 예수 그리스도인 것입니다.

어떤 사람이 이슬람교를 믿었습니다. 오랫동안 이슬람교를 믿었는데 갑자기 예수를 믿게 되었습니다. 동네 사람 가운데 한 사람이 하도 이상해서 물었습니다.

"당신! 그렇게 오랫동안 이슬람교를 믿었는데 왜 갑자기 예수를 믿게 되었는지 설명해 줄 수 있겠는가?"

"그야 간단하지. 자네, 길을 물을 때 죽은 사람에게 묻겠는가? 산 사람에게 묻겠는가?"

"그야 산 사람에게 물어야지."

"맞아, 내가 지금까지 믿었던 이슬람교는 죽어 지금 무덤에 묻혀 있는 걸 내가 몰랐네. 그러나 내가 지금 믿기 시작한 예수 그리스도 그분은 죽었다가 사흘 만에 다시 살아나셔서 지금도 내 곁에 계신다네. 그래서 내가 예수를 믿게 됐다네."

그렇습니다. 사랑하는 여러분, 이 땅에 많은 종교가 있습니다. 그러나 모든 종교 지도자들은 다 죽었습니다. 오직 한 분 예수 그리스도는 죽으시고 사흘 만에 부활하시고, 승천하셨습니다. 또 우리 곁에 계시며, 우리 속에 거하셔서 영원한 친구가 되어주십니다.

석가모니도 그렇게 말했습니다.

"너희 구원은 너희들이 이루라."

공자도 제자들에게 말했습니다.

"미래 일은 난 모르겠다. 죽음 저 위의 일은 모르겠다. 현재의 일도 모르겠거늘 죽음 이후의 일을 내가 어떻게 안단 말인가?" 솔직한 고백이었습니다.

그러나 우리 주님은 어떻게 말씀합니까? "내가 곧 길이요 진리요 생명이니 나로 말미암지 않고는 아버지께로 갈 자가 없느니라"(요 14:6). 이렇게 확실하게 말하는 친구가 도대체 이 세상에 누가 있다는 말입니까?

오늘 주님 앞에 처음 나온 여러분, 이 말씀을 기억하시기 바랍니다. "내가 진실로 진실로 너희에게 이르노니 내 말을 듣고 또 나 보내신 이를 믿는 자는 영생을 얻었고 심판에 이르지 아니하나니 사망에서 생명으로 옮겼느니라"(요 5:24). 예수를 믿으면 사망에서 생명으로 옮겨집니다. 심판에 이르지 않게 됩니다.

또한 요한일서 5장 12절에는 이렇게 말씀하고 있습니다. "아들이 있는 자에게는 생명이 있고 하나님의 아들이 없는 자에게는 생명이 없느니라." 하나님의 아들 예수님을 친구로 삼으면 영생합니다. 죄 사함을 받습니다. 그러나 아들이 없는 자에게는 생명이 없습니다.

사랑하는 여러분, 예수님은 우리를 죄에서 구원하십니다. 사망에서 구원하십니다. 절망에서 구원하십니다. 멸망에서 건지십니다. 그 예수님을 우리는 살리는 친구로 이 시간 영접하지 않으시겠습니까? 그분을 여러분의 친구로 삼는 귀한 복이 이 시간 함께하시기를 주님의 이름으로 축원합니다.

예수님을 친구로 삼는 길

그러면 어떻게 이 귀한 친구를 내 친구로 삼을 수 있을까요? 세상에서는 아주 높고 귀한 친구를 사귀려면 돈도 많이 들고 얼마나 어려운지 모릅니다. 그러나 우리 주님 예수께서 제시하시는 길은 너무나 쉽습니다. 이 예수님을 친구로 삼는 길은 간단합니다.

요한복음 1장 11, 12절입니다. "자기 땅에 오매 자기 백성이 영접지 아니하였으나 영접하는 자 곧 그 이름을 믿는 자들에게는 하나님의 자녀가 되는 권세를 주셨으니." 그렇습니다. 예수 그리스도는 우리의 친구가 되기 위해 이 세상에 오셨습니다. 그러나 많은 사람들은 예수님을 나몰라라 합니다. 영접하지 않았습니다.

그러나 그분을 그저 모셔들이기만 하십시오. 영접하기만 하십시오. 그러면 하나님의 자녀가 되고, 예수 그리스도의 친구가 되는 귀한 복을 받게 될 것입니다.

어떻게 모십니까? 영접하는 방법도 너무 간단합니다. 여러분, 마음을 열기만 히면 됩니다. 요한계시록 3장 20절 말씀입니다. "볼지어다 내가 문밖에 서서 두드리노니 누구든지 내 음성을 듣고 문을 열면 내가 그에게로 들어가 그로 더불어 먹고 그는 나로 더불어 먹으리라."

얼마나 간단합니까? 마음을 그저 한번 열기만 하면 주님 예수 그리스도가 마음속에 들어오시고, 우리 가정 속에 들어오시고, 인생 속에 들어오신다고 말씀합니다.

오늘 여기 우리 산성교회 성도들의 이끌림을 받아서 오신 여러분, 이 자리까지는 오셨습니다만 중요한 것은 이제 여러분 마음의 문고리를 벗겨내시고 문을 여는 것입니다. 여러분 손으로 문을 "삐그덕" 하고 여십시오. "주님 내가 마음의 문을 엽니다. 내 속에 들어와 주시옵소서."

이렇게 주님을 영접하는 순간 예수님은 약속하신 대로 여러분 마음속에 들어가서 여러분의 친구가 되고, 여러분을 살리고, 여러분을 새롭게 하고, 기쁘게 하고, 행복하게 하는 놀라운 친구가 되실 줄로 믿습니다.

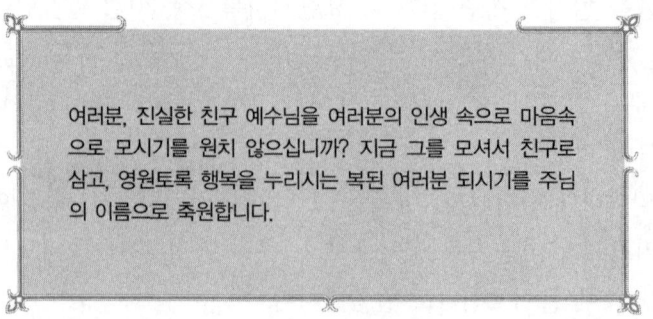

여러분, 진실한 친구 예수님을 여러분의 인생 속으로 마음속으로 모시기를 원치 않으십니까? 지금 그를 모셔서 친구로 삼고, 영원토록 행복을 누리시는 복된 여러분 되시기를 주님의 이름으로 축원합니다.

"무거운 짐을 지고 계십니까?"

마태복음 11장 28~30절

수고하고 무거운 짐 진 자들아 다 내게로 오라 내가 너희를 쉬게 하리라 나는 마음이 온유하고 겸손하니 나의 멍에를 메고 내게 배우라 그러면 너희 마음이 쉼을 얻으리니 이는 내 멍에는 쉽고 내 짐은 가벼움이라 하시니라

 세상에 짐을 지지 않은 사람은 아무도 없습니다. 저는 지난 2000년도에 북한 평양을 방문할 기회가 있었습니다. 평양의 모습은 아주 우중충했습니다. 제일 높은 건물 꼭대기에서 평양 시내를 쭉 내려다 보니까 낮에도 자욱했습니다. 밤에 불빛이 몇 개나 될까 하고 세어봤는데 다 합해도 10개가 되지 않았습니다. 얼마나 가난한 도시인지 낮에 밖으로 나가서 사람들의 모습을 보았는데 다 무엇인가 짐을 지고 있었습니다. 아이도 어른도 전부 짐을 지고 가는데 너무 궁금해서 견딜 수가 없었습니다.

그래서 옆에서 감시원 역할을 하는 안내원에게 물었습니다. 그랬더니 "그걸 내가 어떻게 알겠습니까? 모르겠습니다. 필요한 거 가지고 다니겠지요"라고 합니다. 저는 지금까지 거기에 뭐가 들어 있을지 궁금합니다. 아무도 가르쳐주지 않았기 때문에 더 궁금합니다. 그러나 저는 짐작할 수 있습니다. 북한의 경제 사정

이 어려워 그 짐을 가지고 다니면서 수시로 바꾸어 먹기도 하고, 또 물건이 생기면 거기 담기도 할 것입니다. 그러나 어디 북한 사람만 짐을 지고 가겠습니까? 우리 남한 사람들도 무거운 짐을 지기는 마찬가지입니다.

인생의 짐이 없는 이는 없다

짐을 지지 않은 사람은 아무도 없습니다. 아버지는 아버지대로 짐을 지고 있고 아내는 아내대로의 짐이 있습니다. 남편을 잘 돕고, 또한 자녀를 교육할 책임이 있습니다. 우리 아이들마저도 자기들의 짐이 있습니다. 학원이 한두 개가 아니고, 배워야 할 것이 한둘이 아닙니다. 전부 아침부터 저녁까지 무거운 짐을 지고 삽니다. 요즘은 경제 불황마저 겹쳐서 경제의 짐이 만만치 않습니다.

남대문에 모인 상인들이 불황이 너무 심하다고 서로 이야기를 하고 있었답니다. 그랬더니 스포츠용품 주인이 말합니다. "야, 이런 불황은 88올림픽 이후로 처음이야." 주유소 사장이 말하더랍니다. "이런 불황은 70년대 석유파동 이후로는 처음인 것 같아." 전자대리점 사장이 또 말하더랍니다. "일제시대 이후로 제일 큰 불황인 것 같아." 이번에는 서점 주인이 말하더랍니다. "야, 내가 생각해보니 세종대왕이 한글을 창조한 이후에 최고 불황 같아."

전부 어렵다고 아우성입니다. 얼마나 무거운 짐을 지고 있는지 모릅니다. 불안의 짐을 지고 있습니다. 내일 어떻게 될까, 혹시 직장에서 목이나 달아나면 어떻게 하나 불안해합니다.

요즘은 45세면 다 정년이고, 56세까지 직장에 있으면 도둑놈이라고 말합니다. 근심의 짐을 지고 있습니다. 미래의 짐을 지고 있습니다. 앞으로 내 인생이 어떻게 될까, 10년 뒤에 어떻게 될까, 우리 아이 입시는 어떻게 될까를 고민하며 걱정의 짐을 지고, 죄악의 짐을 지고 있습니다.

그러나 우리 마음속에는 깨끗한 삶을 살기 원하는 마음이 다 있습니다. 그뿐 아니라 혹시 이 세상을 죽고 난 다음에, 다 떠나고 난 다음에 미래가 어떻게 될 것인지 고민하고, 내세가 있을까를 생각합니다. "내세는 없어. 죽으면 끝이야"라고 말하면서도 마지막 순간이 되면 다 불안하다고 합니다. 혹시 천국이 있고, 지옥이 있으면 어떻게 될지 몰라 불안합니다.

그래서 사람들은 불안함을 벗기 위해서 얼마나 많은 노력을 하는지 모릅니다. 어떤 사람은 술집에 가서 술을 마십니다. "잊어버리자. 잊어버리기 위해선 마시는 게 제일이다. 즐기자. 잊기 위하여 즐기자." 쾌락에 빠지는 사람들도 있습니다. 너무 힘들고 어려우니 차라리 죽는 게 낫겠다고 생각하는 사람들도 있습니다.

그래서 자살한 사람들이 얼마나 많은지 모릅니다. 시장도 자살해 죽고, 장관도 자살해 죽고, 부자도 자살해 죽고, 가난한 사람도 자살해 주는 자살 공화국이 되고 말았습니다. 너무 힘들어 자살하는 사람이 자꾸만 늘어나고 있습니다.

그러나 이건 절대로 해결책이 안 됩니다. 술을 마셔서 잠시 고통을 잊을 수도 있겠지만 술 깨고 나면 더 괴롭습니다. 머리가 찢어질 듯 아프고, 가슴은 너 타들이갑니다. 열심히 즐겨보았자 근본적인 문제는 해결되지 않습니다. 죽어보았자 인생 문제를 해결할 수는 없습니다. 죽음 이후의 세계에 대해서 아무도 모릅니다. 죽는 것도 우리 인생의 해결책이 되지 않습니다.

인생이란 무엇인가?

톨스토이의 글 가운데 재미있는 사람 한 명이 등장합니다. 한 나그네가 열심히 길을 가다가 그만 발을 헛디뎌서 절벽에 떨어지게 되었습니다. 절벽으로 떨어지는데 확 나무 뿌리를 붙잡았습니다. 겨우 잡아서 대롱대롱 매달렸습니다. 이제 곧 떨어지면 죽습니다. 밑에 보니까 사나운 짐승이 입을 벌리고 있습니다. 나무 뿌리를 잡았는데 이 뿌리도 튼튼하지가 않은 듯 보였습니다. 올라가려고 하니까 올라갈 길은 없습니다.

그런데 저 나무 끝을 보니까 흰 쥐, 검은 쥐가 그 끝을 갉아먹고 있었습니다. 떨어지면 그냥 밑에 서 입을 벌리고 있는 맹수의 아가리 속으로 들어가는 것입니다. 절대 절명의 위기입니다. 그런데 바로 그 순간에 저 나무 끝에서부터 졸졸 흘러나오는 게 있습니다. 보니까 꿀이 나무 끝을 타고 대롱대롱 맺혀서 오는 것이었습니다. 나그네는 그 순간에 달콤한 꿀을 맛보고 있었습니다. 먹으니까 얼마나 맛있는지 모릅니다. 입맛을 다시고 있습니다. '이게 바로 인생이더라.' 톨스토이는 이렇게 그리고 있습니다.

아주 유한한 인생, 짧은 인생을 사는데 이 흰 쥐와 검은 쥐는 낮과 밤을 의미합니다. 낮과 밤이 계속해서 우리의 수명을 단축시켜 갑니다. 밑에 있는 맹수 아가리는 죽음입니다. 인간은 나무 뿌리를 잡고 사는데 이는 매일매일 단축되는 인생을 말합니다. 그래도 달콤한 꿀이 있습니다. 쾌락에 빠집니다. 그 꿀을 먹고 그 순간 달콤함을 맛보고 있습니다. 그게 바로 인생이라고 톨스토이는 그리고 있습니다.

인생의 짐을 벗는 비결

향락도 쾌락도 인생의 모든 문제를 해결할 수는 없습니다. 그러나 주님께서 오늘 우리를 향하여 주시는 귀한 말씀이 있습니다. 짐을 벗는 비결을 말씀하고 있습니다.

"수고하고 무거운 짐 진 자들아 다 내게로 오라 내가 너희를 쉬게 하리라"(마 11:28).

수고한 사람은 예수님에게로 오라고 말씀하고 있습니다. 신문을 펼쳐들면 광고가 얼마나 많은지 모릅니다. 광고는 대부분 거기만 전화하면 다 해결된다고 합니다. 그러나 '돈 급히 쓰실 분'이라는 광고를 보고 전화해서 돈 문제가 해결 되는 게 아닙니다. 아주 무시무시한 전화번호입니다. 잘못 걸었다간 도로 짐을 더 얹게 되는 그런 광고입니다.

'가게 월수 2천 보장!' 이라는 광고를 믿고 전화했다가는 바가지 쓰는 것입니다. 전부 거기로 오면 해결된다고 말하지만 그렇지 않습니다. '남향집, 싼 집, 전철 5분' 광고가 많이 있지만 그 광고를 그대로 믿고 샀다가는 큰일 납니다. 사실 믿지 못할 광고가 대부분입니다. 잘못하면 더 힘들어집니다.

갈 곳으로 바로 가야 합니다. 짐을 벗겨 주시는 분에게 가야 짐을 벗을 수가 있습니다. 방향을 바로 잡아야 합니다. 잘못된 방향으로 가다가는 인생의 짐이 더 무거워집니다. 인생이 더 복잡해집니다. 답답하다고, 궁금하다고 점쟁이를 찾아가지 마시기 바랍니다. 점쟁이들은 노하우가 있습니다. 무조건 오면 다 정답을 가르쳐줍니다. 시험 때문에 많은 사람들이 옵니다. 그러면 무조건 다 합격이라고 말을 해줍니다. 그리고 그 사람의 이름을 노트에 따로 적는답니다. 합격한 사람이 있으면 고맙게 생각하고 다시 오지 않습니다. 그런데 떨어진 사람이 오면 보여줄 증거가 필요합니다. 떨어졌다고 따지면 노트를 보여준다고 합니다. "그때 내가 사실은 떨어졌다고 여기 이름을 적었는데 내가 아무리 봐도 당신이 너무 실망할 것 같아서 그냥 거짓말을 했어. 여기 봐. 증거가 있지 않아."

동물 중에 아주 힘이 없는 토끼, 노루, 사슴 같은 동물은 어떻게 자는지 아십니까? 서서 잡니다. 불안해서 견딜 수 없으니까 부들부들 그 가는 다리를 떨면서 잡니다. 앉았다가는 맹수의 공격을 받을까봐 눈을 뜨고 잡니다. 그래서 소리만 나도 일단 뛰고 봅니다. 너무 불안하니까 바스락거리면 토끼도 노루도 사슴도 일단 도망가고 봅니다. 도망을 한참 가다가 돌아보면 별것도 아닙니다. 이게 약한 짐승의 특징입니다.

예수님께 가면 내 문제를 알아 주신다

그러나 하나님을 아버지로 삼는 자는 절대 두려워하지 않습니다. 우리는 약해도 하나님을 믿고 살면 하나님의 은혜로 말미암아 담대한 사람이 될 수 있습니다. 아무것도 염려하지 않는 사람이 될 수 있습니다. 도망가고 보는 사람이 아니라 담대한 사람이 될 수 있습니다.

오직 예수님께로 가야 합니다. 우리 하나님께서 말씀하십니다. "다 내게로 오라." 천지를 지으신 하나님이 이 세상을 사랑하사 독생자 예수님을 보내주셨습니다. 그 예수님 앞으로 가야 합니다.

디트로이트 시는 자동차로 유명한 고장입니다. 그런데 눈이 굉장히 많이 오는 날 어떤 사람이 운전을 하고 가다가 차가 멈춰

서버리고 말았습니다. 큰일 났습니다. 자기 나름대로 열심히 고쳐보려고 해도 고쳐지지가 않습니다. 한참 낑낑거리고 있는데 지나가던 차가 섰습니다. 노신사 한 사람이 내렸습니다.

"내가 한번 봐 드릴까요?"

"선생님은 누구십니까?"

"아니, 글쎄 제가 좀 봐 드릴 테니까 한번 맡겨보시오." 그러더니 이 노신사가 팔을 걷어붙이더니 손을 보기 시작했습니다. 불과 5분 내에 차를 깨끗이 고쳤습니다.

"자, 이제 시동 한번 걸어보시죠?"

"아이고, 정말 감사합니다. 내가 한 시간 이상 손보아도 안 됐는데 선생님은 어떻게 대번에 고칩니까?"

"으흠, 나 누군지 알고 싶소? 내가 바로 포드란 사람이오. 바로 이 차를 만든 사람이지요. 발명한 사람이지요." 포드 자신이 만든 차였기 때문에, 설계자였기 때문에 문제의 원인을 안 것이었습니다.

그 차를 만든 사람이기 때문에 그 차를 압니다. 우리를 만드신 하나님 아버지는 우리를 알고 계십니다. 내 생각을 알고, 내 약점을 알고, 내 강점을 알고, 내 마음속의 괴로움을 알고, 내 속에 있는 슬픔도 다 아십니다. 하나님께서 우리를 보시고 "네가 나에게 왔구나. 잘 왔어. 네 마음속 생각을 내가 다 알고 있어. 네 모든 문제도 내가 알고 있어. 잘 왔다. 내가 너를 지었노라. 내가 너를 이 땅에 보내었노라. 네가 오늘 왔으니 내가 너무너무 기쁘다"라고 말씀하고 계십니다.

예수님께 가면 내 짐을 져 주신다

하나님께서 기쁨으로 손을 벌리고 맞고 계십니다. "수고하고 무거운 짐 진 자들아 다 내게로 오라." 나를 지으신 하나님, 나를 사랑하시는 하나님, 나를 아시는 하나님, 나를 위해 죽으신 예수 그리스도, 내 짐을 지신 분, 내 짐을 져주기를 원하는 그분, 예수 그리스도 앞에 우리는 왔습니다.

그리고 주님은 우리에게 말씀하십니다. "이제 왔으니까 네 짐하고 내 짐하고 바꾸자."

"나는 마음이 온유하고 겸손하니 나의 멍에를 메고 내게 배우라 그러면 너희 마음이 쉼을 얻으리니"(마 11:29).

주님이 말씀하십니다. "나의 멍에를 메고 내게 배우라 네 짐은 내게 주고 내가 주는 짐을 네가 져라. 우리 짐 서로 바꾸자." 주님께서는 우리가 지고 있는 근심의 짐을 다 지기 원하십니다. 염려의 짐을 지기를 원하십니다. 걱정의 짐을 지기를 원하십니다. 우리 속에 있는 모든 슬픔의 짐을 지기를 원하십니다. 내가 해결할 수 없는 그런 곤란한 짐을 다 지기를 원하십니다. 물질의 짐은 물론 질병의 짐까지도 지기를 원하십니다.

저는 지금까지 살아오면서 하나님께서 인생의 짐을 다 져주시는 그런 체험을 했습니다. 저는 이십 대 때 아주 몸이 허약했습니다. 얼마나 허약했던지 제 별명은 '비 사이로 막 가'였습니다. 비가 올 때는 우산을 쓸 필요가 없을 정도로 날씬했기 때문입니다. 그런데 하나님께서 질병의 짐을 다 져주셨습니다. 가난의 짐도 다 져주셨습니다. 모든 짐을 다 져주셨습니다.

하나님께서는 저에게 좋은 것으로 다 채워주셨습니다. 나쁜 짐, 무거운 짐은 다 주님이 대신 지시고, 저의 인생을 위하여 좋은 것, 영광의 면류관, 의의 면류관, 존귀한 면류관, 보석 같은 것들을 쥐어주셨습니다. 우리가 지고 있는 짐들을 하나님께 내어 맡기고, 하나님이 우리에게 주시기 원하는 안식의 짐, 축복의 짐, 기쁨의 짐, 행복의 짐을 넘치도록 지기 바랍니다.

옛날에는 엿을 팔면서 무슨 짐이든지 가지고 오도록 하는 엿장수가 있었습니다. 그 엿장수에게 많은 아이들이 가서 엿을 물건과 바꾼 기억이 있습니다. 우리 동네에도 한 엿장수가 있었는데 이 엿장수는 머리가 좋았습니다. 엿이 잘 안 팔리면 와서는 동네 꼬마들에게 고함을 지르면서 "야, 이 엿 지금부터 공짜야!" 그러면서 엿을 던져주기 시작했습니다. 그러면 우리 개구쟁이들은 그 엿을 하나 얻어먹으려고 막 모여들었습니다.

엿을 한번 먹는 순간에 우리는 전부 미쳐버렸습니다. 엿이 너무 맛있었습니다. 그래서 집으로 달려가기 시작했습니다. 그러고는 집에 있는 것을 다 가지고 옵니다. 저는 달려가서 어머니 고무신짝을 가지고 왔습니다. 신고 있던 고무신짝을 그냥 가지고 뛰어와서는 엿장수하고 엿을 바꾸어 먹었습니다. 얼마 뒤에 어머니가 그 사실을 알고는 뛰어나와서 "내 고무신, 내 고무신" 하십니다. 저는 엿을 먹고 어머니는 고무신을 다시 찾아가셨던 그런 일도 있었습니다.

예수님은 내 무거운 짐을 행복의 짐으로 바꿔 주신다
하나님 앞에 나오면 모든 것이 바뀝니다. 시골 장터처럼 모든 것이 바뀝니다. 내가 가져온 무거운 짐이 하나님이 허락하시는 놀라운 행복의 짐으로 바뀝니다. 주님께서 우리에게 다 바꾸자고 말씀합니다. 뭐든지 가지고 와서 나하고 바꾸자고 말씀합니다. 주님이 내 짐을 져 주시기를 원합니다. 근심, 걱정 대신에 기쁨의 짐을 져 주시기를 원합니다. 염려 대신에 평안의 짐을 가난의 짐 대신에 부유의 짐을 지기를 원하십니다. 질병의 짐 대신에 건강의 짐을 지기를 원하십니다.

어떤 사람이 실제로 문서를 끼우는 클립 하나를 가지고 물건을 바꾸기 시작했습니다. 인터넷에 올려서 바꿀 사람을 찾았더니 마침 압침을 가진 사람이 나와서 바꾸었습니다. 또 바꾸고, 바꾸었더니 나중에는 아주 멋진 별장에서 1년 동안 공짜로 사는 권리까지 얻게 되었습니다. 별것도 아닌 것을 바꾸었더니 커졌습니다. 그런데 우리 하나님은 누구든지 아무리 미미한 사람도 아무리 골치 아픈 문제를 많이 가진 사람도 가서 믿음으로 내어놓기만 하면 다 바꾸어 주십니다.

연약한 자들이 왔을 때, 주님은 건강으로 바꾸어 주십니다. 가난한 자들이 왔을 때, 부유함으로 바꾸어 주십니다. 마음이 불안한 자가 왔을 때, 그 마음을 담대함으로 바꾸어 주십니다. 근심이 가득찬 자가 왔을 때, 그 마음을 평안함으로 바꾸어 주십니다. 앞길이 까마득하고 잘 보이지 않는 사람이 왔을 때, 하나님은 분명한 소망으로 바꾸어 주실 줄 믿습니다.

이사야 53장 5절에 "그가 찔림은 우리의 허물을 인함이요 그가 상함은 우리의 죄악을 인함이라 그가 징계를 받음으로 우리가 평화를 누리고 그가 채찍에 맞음으로 우리가 나음을 입었도다"라고 했습니다.

여기도 바꾸는 이야기가 나옵니다. 그가 상함은 우리의 죄악을 인함이고, 그가 징계를 받음으로 우리가 평화를 누리게 되었습니다. 그가 채찍에 맞으심으로 우리가 나음을 얻었습니다. 이 얼마나 놀랍습니까? 주님은 십자가 위에서 말씀합니다.

"바꾸자! 나하고 바꾸자! 너희들의 모든 슬픔 내가 지고 가노라. 너희들의 모든 질병 내가 대신 지고 가노라. 바꾸자, 오기만 와라. 그리고 마음을 열면 내가 다 줄 테니까 내려놓아라." 그게 바로 십자가입니다. 예수님이 십자가 위에서 우리 인생의 모든 문제를 다 바꾸어주십니다.

예수님이 주시는 짐은 가볍다

누구든지 예수 그리스도를 마음속에 구주로 영접하기만 하면 인생의 모든 짐들은 다 바뀔 것입니다. 바뀔 뿐 아니라 이젠 주님이 말씀합니다. "같이 메고 가자." 인생의 짐을 같이 메고 가자고 말씀합니다.

"이는 내 멍에는 쉽고 내 짐은 가벼움이라 하시니라"(마 11:30).

이 세상에는 쉬운 짐이 하나도 없습니다. 가벼운 멍에도 없습니다. 뭐든지 책임을 맡으면 얼마나 힘든지 모릅니다. 사장도 힘들고, 회장도 힘들고, 대통령도 힘듭니다. 세상에 쉬운 짐은 하나도 없습니다. 아버지 역할도 힘들고, 남편 역할도 힘듭니다. 아내 역할도 힘이 듭니다. 자식 노릇하기도 얼마나 어려운지 모릅니다. 세상의 짐 중에 어렵지 않은 짐은 하나도 없습니다.

그런데 쉬운 짐이 여기 있습니다. 예수님이 우리에게 주시는 짐입니다. 내 짐은 쉽고, 내 멍에는 가볍다고 말씀하셨습니다. 우리 예수님은 원래 목수 출신입니다. 그래서 소가 메는 멍에를 아주 잘 만드는 기술이 있었습니다. 척 보고 난 다음에 그냥 만들면 얼마나 잘 맞는지 안성맞춤입니다.

그래서 예수님은 그 갈릴리 마을에서 소문난 목수였습니다.

소를 데리고 오면 소 두 마리가 동시에 멍에를 집니다. 예수님은 척 보고 난 다음에 그대로 만드셨습니다. 등에 얹으면 들어맞는 소리가 '짝' 하고 납니다.

예수님이 주시는 멍에는 얼마나 정확한지 모릅니다. **예수님은 한 사람 한 사람을 위하여 안성맞춤인 멍에를 주십니다. 꼭 맞는 짐을 주십니다.** 가장 행복한 짐을 주십니다. 가장 기가 막힌 인생을 선물로 주십니다.

어떤 노인이 아주 근심 낀 얼굴로 앉아 있더랍니다. 지나가는 사람이 물었답니다. "할아버지! 할아버지는 은퇴도 하신 분 같은데 뭐 그렇게 힘든 짐을 많이 지었다고 인상이 그렇게 어두우십니까?" 그랬더니 이 할아버지가 하시는 말씀이 기가 막힙니다. "얘야, 세상에 제일 무거운 짐이 뭔지 아느냐? 난 이제 알았다. 질 짐이 하나도 없는 것, 그게 제일 무겁다."

직장 다니는 짐보다 사실은 다 그만두고 가만히 있는 짐이 훨씬 더 무겁습니다. 인생은 항상 무겁습니다. 시간이 남아돌아도 무겁고, 시간이 너무 없어도 무겁습니다. 저는 시간이 없어서 힘듭니다. 너무나 바쁩니다. 이래도 부족하고, 저래도 부족합니다. 다 무겁습니다. 그러나 주님이 주시는 짐은 너무나 쉽습니다.

예수님과 함께 메는 멍에는 가볍다

주님은 우리의 짐을 벗겨주시고, 주님의 멍에를 메어 주십니다. 두 소가 함께 메는 멍에처럼 예수님이 주시는 멍에는 같이 메는 멍에입니다. 나 혼자 메면 어렵지만 같이 메면 쉽습니다. 멍에는 혼자 메는 것이 아니라 같이 메는 것입니다. 오른쪽에는 예수님이 계시고, 난 왼쪽 멍에만 메면 됩니다.

나는 힘이 없어도 오른쪽에 계신 예수 그리스도가 힘을 써 주십니다. 난 그냥 가면 됩니다. 나와 함께 계시는 예수 그리스도가 우리 인생의 방향을 잡아주십니다. 이게 예수 믿는 기쁨입니다. 방향도 주님이 잡아주시고, 모든 힘도 주님이 써 주십니다. 나는 그저 주님과 같이 가기만 하면 됩니다.

예수님을 믿는 신비는 바로 그것입니다. 주님께 내 인생을 맡기고, 주님과 함께 멍에를 지고 가는 것입니다. 지금 하고 있는 모든 일들을 주님과 함께하면 아무 힘도 들지 않습니다. 주님과 함께 멍에를 지면 다 할 수 있습니다. 남아 있는 인생길을 주님과 함께 갈 수 있기 바랍니다.

우리는 지금까지 걸어오면서 많은 발자국을 남겼습니다. 그러나 주님이 묵묵히 동행하시면서 가장 어려울 때는 우리를 업고 걸으셨습니다. 하나밖에 없는 발자국을 본 그 남자의 모습을 기억하십니까? 주님과 함께 인생길을 가면서 발자국 하나만을 남기고 가는, 주님의 등에 업힌 그런 복된 삶의 주인공이 될 수 있기 바랍니다.

어떤 사람이 길을 가다가 앞에 무거운 돌이 있었습니다. 아들을 보고 돌 좀 치우라고 했습니다. 이 아들이 돌을 치우려고 하는데 아무리 치우려고 해도 치워지지가 않습니다.

"아빠, 못 하겠어."

"한번 힘껏 해봐."

낑낑대면서 있는 힘을 다해서 돌을 치웁니다.

"아빠, 안 되겠어."

"네가 할 수 있는 거 다 해봤냐?"

"다 해봤어. 안 되겠어."

"잘 생각해봐. 한 가지 안 해봤잖아?"

"뭐? 내가 지금까지 다 해봤는데?"

"아니야, 한 가지는 안 해봤어. 너 나에게 부탁해봤냐?"

"아, 그러면 되겠구나. 아빠 좀 도와줘."

"그래." 이렇게 해서 아들은 아버지와 함께 돌을 치울 수가 있었습니다.

우리를 사랑하시는 하나님 아버지에게 인생을 부탁하시기 바랍니다. 주님께 부탁하고, 주님과 함께 인생의 돌을 치울 수 있기 바랍니다. 그러면 하나님께서 우리 인생의 모든 문제를 해결해 주십니다. 주님은 내 죄를 지고 가셨습니다. 십자가에서 나의 모든 저주를 지고 가셨습니다. 그리고 나에게 귀한 평안을 주셨습니다. 우리 인생을 위한 쉽고, 아름답고, 행복한 짐들을 다 허락해 주셨습니다.

그렇다면 우리는 주님을 어떻게 모시면 될까요? 주님이 나의 모든 짐을 져 주신 분임을 믿어야 합니다. 주님이 내 모든 인생의 짐을 져 주셨습니다. 이 세상 모든 사람들, 모든 존재들 중에 내 짐을 대신 져 줄 사람은 아무도 없습니다. 대신 죽어 줄 사람도 없습니다. 대신 울어 줄 사람도 없습니다. 그런데 예수 그리스도께서 십자가 위에서 나를 위하여 대신 죽어 주셨습니다. 마음을 열고 그분을 영접하기만 하면 주님이 직접 들어와 주십니다.

"볼지어다 내가 문밖에 서서 두드리노니 누구든지 내 음성을 듣고 문을 열면 내가 그에게로 들어가 그로 더불어 먹고 그는 나로 더불어 먹으리라"(계 3:20).

마음을 활짝 열고 예수 그리스도를 영접하시기 바랍니다. 주님께서 영원토록 우리와 함께하셔서 우리의 인생을 큰 기쁨과 복으로 채워주실 줄 믿습니다.

"천국행 비자를 받으셨습니까?"

빌립보서 3장 20~21절

오직 우리의 시민권은 하늘에 있는지라 거기로서 구원하는 자 곧 주 예수 그리스도를 기다리노니 그가 만물을 자기에게 복종케 하실 수 있는 자의 역사로 우리의 낮은 몸을 자기 영광의 몸의 형체와 같이 변케 하시리라

우리 인생은 계획할 수가 없습니다. 갑자기 모든 일이 다가옵니다. 갑자기 태어났고, 또한 죽음도 우리가 예상하지 못한 가운데 갑자기 찾아오게 됩니다. 사람들은 여행을 참 좋아합니다. 그래서 여행 중에는 절대 아픈 법이 없습니다. 훨씬 더 건강해집니다. 그런데 여행을 하기 위해서는 몇 가지 준비를 해야 합니다.

국내에서 여행할 때는 보따리만 챙기면 되지만 외국으로 여행을 하려고 하면 꼭 비자(visa)를 받아야 합니다. 물론 비자가 필요 없는 나라도 있습니다. 그러나 아직도 까다롭게 비자를 요구하는 나라가 많이 있습니다. 그 대표적인 나라가 미국입니다. 미국은 얼마나 도도하고 까다롭게 구는지 모릅니다. 비자 세금도 많이 받고, 한번 비자를 받으려면 돈도 많이 듭니다. 아주 까다롭게 굽니다. 이것저것 준비해야 할 서류가 얼마나 많은지 모릅니다. 그런데 이 땅에 태어날 때 비자 받고 태어난 사람은 아

무도 없습니다. 그냥 가만히 있었더니 이 땅에 오게 되었습니다. 어머니 뱃속에 가만히 있었더니 숨도 어머니가 다 쉬어 주셨고, 가만히 있었더니 열 달 쯤 되니까 밖으로 나오게 된 것입니다. 비자 없이 왔습니다. 한국 비자도 받지 않고 왔습니다. 공짜로 왔습니다. 영사관에 가서 서류 수속도 하지 않았습니다.

그런데 언젠가 우리는 저 세상으로 가야 합니다. 이 땅에 태어날 때 이런 세상이 있다고 생각하고 태어나셨습니까? 아무도 상상을 안 하셨을 것입니다. 어머니가 뱃속에 있는 아기에게 말합니다. "얘야, 너 조금만 있으면 멋진 세상이 기다린다. 나비도 날아다니고, 꽃도 피고, 여기는 종달새도 운단다. 여기는 산도 있고, 강도 있고, 바다도 있단다."

아무리 말해도 아기는 이해할 수 없습니다. 왜냐하면 이 세계가 너무 다르기 때문입니다. 그런데 아기들이 열 달 동안 어머니 뱃속에 있다가 밖으로 나오니까 너무나 놀라운 세상이 기다리고 있습니다. 너무 깜짝 놀라서 울음을 떠뜨립니다. 그런데 그건 아무것도 아닙니다. 우리가 이 땅을 떠나가고, 저 다음 세상으로 갈 때는 그것과 비교할 수도 없는 엄청난 광경을 보게 될 것입니다.

하나님 나라는 비자가 필요하다

이 땅에 태어날 때는 비자 없이 왔습니다. 그런데 다음 세상, 우리가 죽고 난 다음의 세상은 둘로 나누어집니다. 한쪽 나라는 비자 없이도 그냥 갈 수 있는 나라입니다. 쉽게 갈 수 있는 나라입니다. 또 다른 나라는 반드시 비자가 필요한 나라입니다. 그곳은 바로 하나님 나라입니다.

비자가 필요 없는 나라는 지옥입니다. 천국과 지옥이 반드시 나누어집니다. 천국과 지옥이 이 세상을 살고 난 모든 인간들 뒤에 기다리고 있습니다. 미리미리 준비하시기 바랍니다. 하나님의 나라 천국에 들어가기를 원하는 사람은 여행 전에 미리 준비해야 합니다. 그때 가서 준비하려고 하면 때늦습니다. 천국은 돈으로 갈 수 없습니다. 기술이 좋아도 갈 수 없습니다. 천국은 학식이 있어도 갈 수 없습니다. 줄이 좋아도 갈 수가 없습니다.

우리 교회 주변에 계란 장수가 다니는데 그 계란 장수 아주머니가 이상한 말을 합니다. "계란이 달랑달랑 하시는 분은 미리미리 준비하이소." 계란도 달랑달랑 하기 전에 미리미리 준비해야 합니다. 하물며 우리가 다음 세상으로 여행하려고 하는데 미리 준비해야 하지 않겠습니까? 그걸 모르고 그냥 살다가 갑자기 여행을 떠나면 문앞에서 입국 거절을 당합니다. 가고 싶어도 갈 수가 없습니다. 천국 비자 없는 사람은 지옥밖에 갈 수 없습니다.

저 세상으로 가는 여행은 가고 싶어서 가고, 가기 싫어서 안 갈 수 있는 여행이 아닙니다. 이 땅의 여행은 가기 싫으면 안 가도 합니다. 그런데 저 다음 세상은 의무적으로 가야 합니다. 때가 되면 무조건 떠나야 됩니다. 어느 날, 하나님께서 부르시면 무조건 그 여행에 참여할 수밖에 없습니다.

초등학교 때, 교실에 앉아 있으면 선생님이 출석을 부릅니다. 마찬가지로 하나님이 출석을 부르면 전부 대답하고 저 세상으로 떠날 여행에 나서야 됩니다. 왕도 떠나야 합니다. 대통령도 떠나야 합니다. 국회의원도 떠나야 하고, 부자도 떠나야 합니다. **천국 비자는 살아 있는 동안에 받아야 합니다.** 죽고 나면 늦습니다. 천국 문앞에 서서는 발급받을 수가 없습니다. 반드시 지금 받아야 합니다. 그런데 어디서 발급을 받습니까?

천국 비자를 받는 하늘나라 영사관은 어디일까요? 이 땅에 있는 모든 교회가 하늘나라의 영사관입니다. 미국 영사관에 가면 기분이 좋지 않습니다. 줄을 서야 하고 이리저리 살피면서 주머니에 무엇인가 들어 있지 않은지 살피며 다 빼앗습니다. 그리고 한 사람 한 사람 번호표를 줍니다. 불러서 아래위로 훑어봅니다. 조금만 이상하면 안 줍니다.

그런데 하늘나라 영사관의 특징은 될 수 있으면 주려고 합니다. 누구든지 믿기만 하면 조건을 보지 않고, 자격을 보지 않습니다. 누구든지 주님 앞으로 나오는 사람은 다 비자를 찍어주려고 준비하고 있습니다. 얼마나 절차가 쉬운지 모릅니다.

믿음만 있으면 천국행 비자를 받는다

하늘나라에서는 영사관에 미리 다 전문을 보냈습니다. 부자도 가난한 자도 따지지 말고, 배운 자도 못 배운 자도 따지지 말고, 누구든지 믿기만 하면 천국 비자를 받을 수 있도록 하라고 말씀을 주셨습니다. 그리고 비자뿐 아니라 아예 영주권과 시민권까지 주도록 준비해 놓으셨습니다.

오직 우리의 시민권은 하늘에 있습니다. 그런데 누가 발급받을 수 있을까요? 이 비자를 발급받을 수 있는 사람은 모든 사람입니다. 자격 제한이 전혀 없습니다. 그러나 오직 한 가지 기준이 있습니다. 그것은 바로 믿음입니다.

에베소서 2장 8~9절을 보면 이렇게 말씀합니다.

"너희가 그 은혜를 인하여 믿음으로 말미암아 구원을 얻었나니 이것이 너희에게서 난 것이 아니요 하나님의 선물이라 행위에서 난 것이 아니니 이는 누구든지 자랑치 못하게 하려 함이니라."

믿음으로 구원을 받습니다. 다른 자격은 보지 않습니다. 그래서 요한복음 1장 12절을 보면 이렇게 말씀합니다. "영접하는 자 곧 그 이름을 믿는 자들에게는 하나님의 자녀가 되는 권세를 주셨으니."

오직 믿기만 하면 하나님의 자녀가 됩니다. 믿기만 하면 자격은 충분합니다. 그래서 비자를 주십니다. 믿기만 하면 도장을 바로 찍어주십니다. 저는 이북에서 평양 사람들이 이렇게 말하는 것을 들었습니다. "내일 아침은 뭘로 조직하시갔습니까?" 조직이란 말을 참 잘 사용합니다. 내일 아침 뭐 드시겠냐는 소리를 뭘로 조직하시겠느냐고 합니다.

그리고 또 잘 쓰는 말이 있습니다. "그대로 접수하갔시요." 접수하겠다는 말은 받아들이겠다는 말이고, 영접하겠단 말이고, 믿겠단 말입니다.

우리가 해야 할 것은 하나밖에 없습니다. 그대로 접수하면 됩니다. **'아멘' 하고 접수하기만 하면 바로 그 순간에 우리의 천국행 비자에 도장이 찍힙니다.** 그러면 언제 받아야 합니까? 바로 지금 받아야 합니다. 왜냐하면 내일이 우리에게 보장되지 않았기 때문입니다. 내일 다시 만날 수 있는 보장을 가지고 사는 사람은 없습니다. 헤어지고 난 다음에 100% 다시 만날 수 있으리라고 보장하는 사람은 아무도 없습니다.

죽음은 언제 올지 모르니 미리 천국 비자를 준비하라

저는 남미 칠레에서 선교사로 있을 때 뉴스를 참 재미있게 보았습니다. 아나운서들은 뉴스를 다 진행한 다음에 작별할 때에 꼭 이렇게 말합니다. "노스베레모스 마니아나 시디오스 끼레야 시." 그 말은 곧 "내일 다시 만나겠습니다. 만약에 하나님께서 우리를 그렇게 허락해주신다면요." 그 말이 너무너무 멋집니다.

오늘 아침에 건강하게 나간 사람이 저녁에 시신이 되어 돌아올 수도 있습니다. 그게 인생입니다. 아무도 보장을 못합니다. 시간이 확실하다면 그때까지 마음대로 살다가 딱 그 시간 5분 전에 비자를 받고, "아멘! 내가 믿습니다"라고 하면 좋겠지만 아무도 그걸 모릅니다. 죽음은 갑자기 찾아오기 때문입니다. 예고를 하지 않습니다. 언제 찾아올지 모릅니다.

하나님이 우리에게 생명을 허락해야 사는 것입니다. 그래서 지금이라고 하는 시간밖에 없는 것입니다. 과거는 지나가버렸습니다. 미래는 아직 오지 않았습니다. 그러나 지금은 내가 여기서 숨을 쉬고 있습니다. 그렇기 때문에 지금 우리는 그 비자를 받아야 합니다. 바로 지금, 성경은 이렇게 말씀하고 있습니다.

"가라사대 내가 은혜 베풀 때에 너를 듣고 구원의 날에 너를 도왔다 하셨으니 보라 지금은 은혜받을 만한 때요 보라 지금은 구원의 날이로다"(고후 6:2).

사육신의 한 분이신 그 유명한 성삼문을 아십니까? 이분은 단종복위운동에 가담했다가 결국은 세조에 의해 죽었습니다. 새남터 북소리를 들으며 참수를 당했습니다. 세조가 어린 단종의 왕위를 물려받습니다. 옥새를 물려받는데 이 성삼문의 가슴이 터집니다. 그런데 세조는 속으로 그걸 원하면서도 겉으로 안 받는 척, 거절하는 척했습니다. "제가 어떻게 감히 이 옥새를 받을 수 있단 말입니까? 아니 되옵니다. 거두어 주시옵소서." 이러면서 세조가 연극을 하고 있었습니다. 그 모습을 본 성삼문이 너무 기가 막혀서 울음을 터뜨렸습니다. 그때부터 성삼문의 목숨은 죽은 목숨이었습니다. 드디어 성삼문이 붙들렸습니다. 고문을 당했습니다. 이제 다음날이면 죽습니다. 새남터에 끌려가 죽기 전 그는 시를 남겼습니다.

> 이제 내가 저승길을 가는데
> 오늘 밤은 어디서 쉬어 갈까?
> 저승길에는 여관도 없을 텐데.

이런 시를 남기고 그는 죽었습니다. 저승길로 가는데 저승길에 무슨 여관이 있습니까? 쉴 데가 어디 있습니까? 지금 준비할 수 있기를 바랍니다. 갑자기 찾아오는 죽음, 그것을 대비하는 길은 지금 비자를 받는 일입니다.

미국의 유명한 존 F. 케네디 대통령은 40대에 대통령이 되었습니다. 젊고, 잘생기고, 아주 용감했습니다. 그런데 그가 그만 오스왈드라는 사람에게 총에 맞아 죽었습니다. 그가 피살당하고 난 그 다음날 신문은 그의 죽음에 대해 이렇게 대서특필했습니다. "그렇게도 핸섬하고, 그렇게도 젊고, 그렇게도 의욕적인 뉴 프론티어의 기수 당신이 죽다니." 그러고는 뒤에 이렇게 해석했습니다. "다음은 당신일 수 있습니다." 죽음은 갑자기 찾아올 수 있는 것입니다. 그러므로 미루지 말고 지금 비자를 받아야 합니다.

자기 죄를 인정하면 천국 비자를 받는다

성경에 천국의 비자를 받은 사람들의 사건이 여러 가지 나옵니다. 예수님이 십자가 위에서 달려 돌아가시는데 예수님 양쪽에는 강도 두 사람이 같이 십자가에 못 박혀 있었습니다. 그런데 그중의 한 사람은 비자를 받고 천국에 갔고, 다른 한 사람은 비자를 못 받았습니다. 그 마지막 순간에 왜 한 사람은 비자를 받고, 다른 한 사람은 비자를 못 받았겠습니까? 한 사람은 미리 준비했습니다. 그러나 또 한 사람은 준비를 하지 않았습니다. 어떤 준비를 했을까요? 천국행 비자를 받은 이 죄인은 미리 준비했습니다. 자기가 죄인인 것을 인정했습니다.

"우리는 우리의 행한 일에 상당한 보응을 받는 것이니 이에 당연하거니와 이 사람의 행한 것은 옳지 않은 것이 없느니라 하고"(눅 23:41).

천국 비자를 받은 사람은 스스로 죄인이라고 고백합니다. 누가 천국행 비자를 받을 수 있습니까? "나는 죄인이다, 나는 부족하다, 나는 죄인이다"라고 인정하는 사람입니다. 내가 죄인이라고 생각하는 사람만 비자를 받을 수 있습니다. 모든 사람들이 이 세상에 살면서 많은 죄를 짓지만 자기는 절대로 죄인이 아니라고 말하는 사람이 많습니다.

자기를 죄인으로 인정하는 것, 이것이 비자 받는 첫걸음입니다. 만일 누구든지 죄 없다고 하면 스스로 속이는 자라고 말씀했습니다. "모든 사람이 죄를 범하였으매 하나님의 영광에 이르지 못하더니"라고 말씀했습니다. 또 "죄의 삯은 사망이요 하나님의 은사는 예수 그리스도 안에 있는 영생"이라고 말씀했습니다.

왜 우리가 죄인일까요? 우리는 지금까지 하나님을 믿지 않고 살았습니다. 그뿐 아니라 물려받은 죄가 있습니다. 인간은 모두

다 죄인입니다. 하나님을 떠나서 하나님께 순종하지 않고 살아온 모든 인간은 조상 때부터 물려받은 죄가 있습니다. 하나님이 지으신 아담과 하와가 하나님 앞에 순종하지 않고 선악과를 따 먹은 그 죄로 인하여 모든 인간은 죄인이 되었습니다.

그러므로 우리는 죄를 인정하고 더 나아가서는 "예수님이 나의 구주이십니다"라는 고백을 해야 합니다. 나를 위해 죄 없이 죽으신 주님이 구주이신 것을 믿는 사람은 천국행 비자를 받을 수 있습니다.

베드로전서 3장 18절에 "그리스도께서도 한 번 죄를 위하여 죽으사 의인으로서 불의한 자를 대신하셨으니 이는 우리를 하나님 앞으로 인도하려 하심이라 육체로는 죽임을 당하시고 영으로는 살리심을 받으셨으니"라고 했습니다. 죄 없는 의인으로서 불의한 자를 대신했다고 했습니다. 예수님이 우리의 구주이신 것을 인정하는 사람은 구원을 받을 수 있습니다. 한 걸음 더 나아가서 지금 그를 믿고 영접해야 합니다. 바로 지금 영접해야 합니다.

자신의 죄를 인정한 강도는 일생을 살면서 선한 일도 별로 못 했습니다. 준비한 것이 별로 없었습니다. 그러나 마지막 자기의 생명이 얼마 남지 않은 그 순간에 죄인인 것을 알았습니다. 그리고는 입으로 고백했습니다. "주 예수여 당신의 나라가 임할 때 나를 기억하소서." 그러자 주님께서는 천국행 비자를 받도록 해 주셨습니다.

구원은 즉각적입니다. "누구든지 저를 믿는 자마다 멸망치 않고 영생을 얻게 하려 하심이니라"고 말씀하셨습니다. 주님은 우리에게 비자를 주시기 원하십니다. 영주권을 주시기 원하십니다. 시민권을 주시기 원하십니다.

주님을 향하여 마음을 열기만 하면 주님은 언제든지 우리 속에 들어오셔서 우리와 더불어 먹고 마시며, 함께 사시고, 또한 우리가 죽을 때 우리를 천국으로 인도하십니다. 영원토록 하나님 나라의 복을 누리고 사시기 바랍니다.

```
판 권
소 유
```

다시 태어나는 기쁨
- 새생명 기쁨 축제 설교 모음 -

2007년 12월 1일 인쇄
2007년 12월 5일 발행

지은이 | 허원구
발행인 | 이형규
발행처 | 쿰란출판사

주소 | 서울 종로구 이화동 184-3
TEL | 02-745-1007, 745-1301, 747-1212, 743-1300
영업부 | 02-747-1004, FAX / 02-745-8490
본사평생전화번호 | 0502-756-1004
홈페이지 | http://www.qumran.co.kr
E-mail | qumran@hitel.net
　　　　 qumran@paran.com
한글인터넷주소 | 쿰란, 쿰란출판사

등록 | 제1~670호(1988.2.27)

책임교열 | 전상수 · 오완

값 10,000원

ISBN 978-89-5922-416-6 93230

* 이 출판물은 저작권법에 의해 보호를 받는 저작물이므로 무단 복제할 수 없습니다.
　잘못된 책은 교환해 드립니다.